产品经理成长笔记

郝瑞琪 著

电子工业出版社
Publishing House of Electronics Industry
北京·BEIJING

未经许可，不得以任何方式复制或抄袭本书之部分或全部内容。
版权所有，侵权必究。

图书在版编目（CIP）数据

产品经理成长笔记 / 郝瑞琪著. — 北京：电子工业出版社，2023.8
ISBN 978-7-121-45668-8

Ⅰ.①产… Ⅱ.①郝… Ⅲ.①企业管理－产品管理 Ⅳ.①F273.2

中国国家版本馆CIP数据核字（2023）第094198号

责任编辑：康　静
印　　刷：北京缤索印刷有限公司
装　　订：北京缤索印刷有限公司
出版发行：电子工业出版社
　　　　　北京市海淀区万寿路173信箱　邮编 100036
开　　本：787×1092　1/16　印张：13.25　字数：339.2千字
版　　次：2023年8月第1版
印　　次：2023年8月第1次印刷
定　　价：62.00元

凡所购买电子工业出版社图书有缺损问题，请向购买书店调换。若书店售缺，请与本社发行部联系，联系及邮购电话：（010）88254888，88258888。
质量投诉请发邮件至 zlts@phei.com.cn，盗版侵权举报请发邮件至 dbqq@phei.com.cn。
本书咨询联系方式：（010）88254609 或 hzh@phei.com.cn。

序1　膜拜篇：产品大牛的语录

都说产品经理是 CEO 的学前班，在未成为 CEO 之前，我们先来膜拜一下产品大牛们的经典语录吧。

周鸿祎（代表作：360 安全卫士）：在产品方向上，一定要先学会做减法，而不是做加法。要先找对一个点并做到极致，否则什么功能你都做，最后都不突出，没有鲜明的卖点。

张一鸣（代表作：字节跳动）：如果我们要做，就认真找到能解决问题的办法。也许暂时做不到最好，但要一直保持从根本上解决问题的心态。

马化腾（代表作：腾讯 QQ、王者荣耀、微信等）："10/100/1000 法则"，产品经理每个月必须做 10 个用户调查，关注 100 个用户博客，收集反馈 1000 个用户体验。这个方法做起来有些笨，但很管用。

李开复（代表作：创新工场）：产品经理是未来创业做 CEO 最好的"预科"，因为产品经理扮演着产品、技术、市场、客户、运营、设计中的核心角色。

张小龙（代表作：QQ 邮箱、微信等）：要保持足够的敏锐度，务必专注把产品做精，同时保证好产品拥有快速迭代的能力。

乔布斯（代表作：苹果）：要完美设计某个产品，你就必须先熟悉它，投入很大的热情，反复地咀嚼回味，真正地了解它。

埃隆·马斯克（特斯拉汽车 CEO）：如果你是一位联合创始人或者首席执行官，产品的每一个细节你都得亲力亲为。如果你都不去做那些烦人的事情，你的公司将难以成功。

史玉柱（代表作：脑白金、巨人）：只要是面向消费者的生意，都要研究消费者。

任正非（华为创始人）：面对客户要敢于说真话，这样就会产生真实为客户服务、创造价值的解决方案！

马云（代表作：阿里巴巴/淘宝）：CEO 就是要把自己的产品用最简单的话告诉全国人民。最优秀的模式往往是最简单的东西。

雷军（代表作：小米）：天下武功，唯快不破，互联网竞争的利器就是快。

樊登（代表作：樊登读书会）：增长的核心一定是内容足够好，要有让用户尖叫的产品。

俞军（代表作：PM 12 条）：用户不是自然人，而是需求的集合。

纯银 V（代表作：蝉游记）：普通职员和高级职员最大的区别，不在于经验或者才能，而是普通职员靠上级安排的任务来驱动自己，高级职员靠责任感与成长目标来驱动自己。

郝瑞琪：产品就是要懂你所想，有你所需。

序2 产品从萌芽到诞生

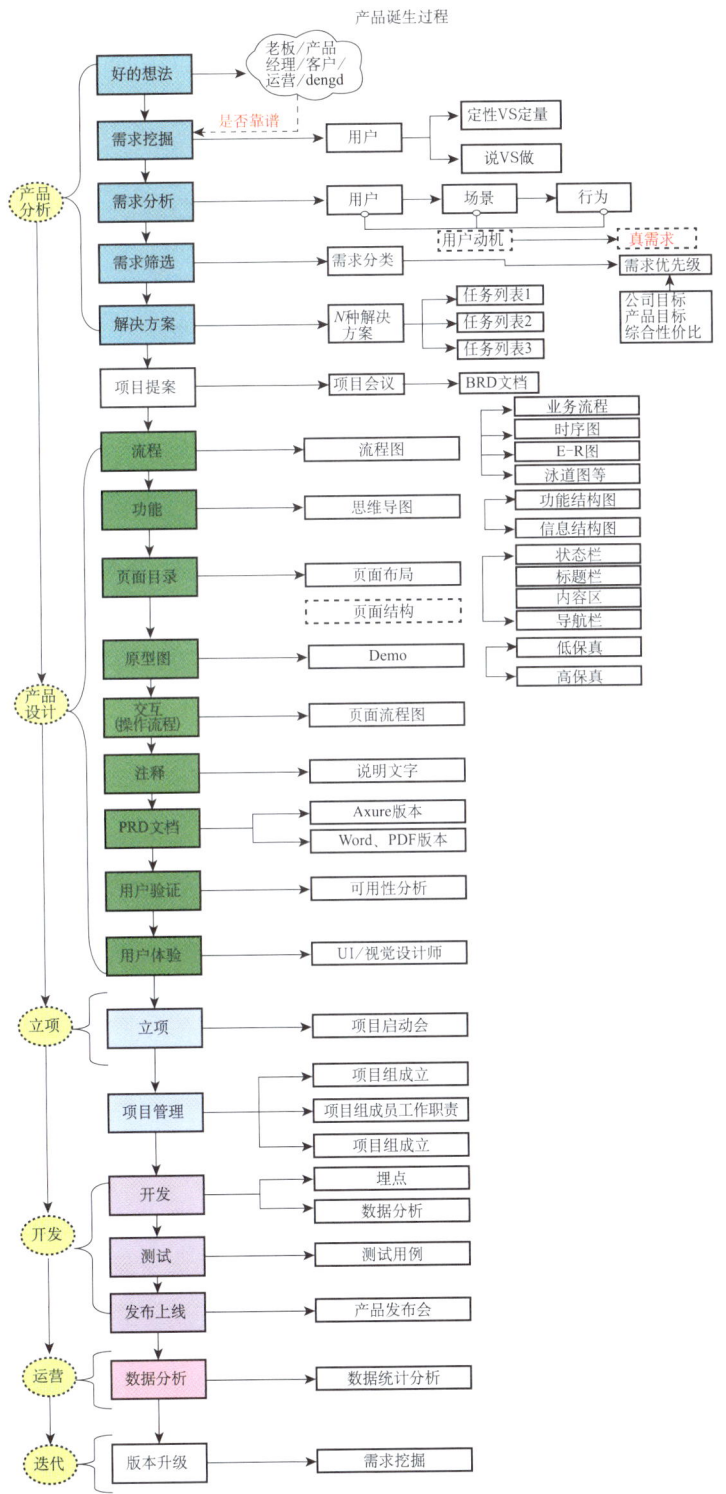

前　　言

最近几年，随着企业"+互联网"的广泛应用和企业"互联网+"的深入融合，从O2O、互联网金融、新零售、人工智能、智慧城市，再到当前炙手可热的5G、短视频、直播带货、协同办公、在线教育、区块链，每年都有资本热衷的方向，现在一切产品都在互联网化。CNNIC（中国互联网信息中心）2022年8月31日发布的第50次《中国互联网络发展状况统计报告》，其中的数据显示，截至2021年12月，互联网上的网站数量为418万个。截至2021年12月，本地第三方应用商店App数量为252万款，苹果商店（中国区）App数量超过135万款。

整个互联网行业的发展阶段和业务需求，决定了现阶段对产品人才的需求量是巨大的，由艾瑞咨询发布的《2020年中国网络招聘行业市场发展研究报告》提到的人才需求量最高的TOP5行业薪资来看，互联网、计算机软件、电子技术等和计算机技术相关的行业薪酬最高，且整体表现出上涨趋势，随着今后5G、物联网等基础设施的搭建，互联网、计算机行业的薪酬还会走高，这些行业也会越来越受到求职者的欢迎。互联网企业在招聘专业人才的岗位中接近一半为技术岗位，其次为产品类、运营类、设计类。

然而反观产品经理这个行业，国内大学没有一所院校开设"产品经理"这个专业，从而导致了这个行业的人才稀缺，从BAT来看，基本都是内部转岗或者自学的。据不完全统计，技术人员和产品经理的配比大约在5∶1，也就是5个开发人员配置1个产品经理。目前国内技术人员人数从30万人增长到500万人，甚至更多，产品经理却没有跟上步伐，按照招聘行业2020年的企业需求预估，产品经理的缺口在50万人以上。随着5G的落地，传统行业的升级创新，行业对产品经理的需求会继续扩大，所以保守估计，互联网行业在短期内还需要100万个以上的产品经理从业者。

对于产品经理的薪酬，我们也从一些专业的招聘网站（比如：BOSS直聘、拉勾网、前程无忧等）进行了抽样统计和分析，"北上广"产品助理薪酬是6000元左右/月，1年以上工作经验产品经理的薪酬是1万元以上/月，5年以上的产品经理/总监年薪甚至高达50万元+个人股权，产品经理位居国内高薪职业排名前10名。

产品经理语录：产品经理是CEO的学前班，出任CEO，走上人生巅峰。

学习产品经理的方法

产品经理对于一个人的综合素质要求非常高，要求逻辑严谨清晰，具有良好的同理心和好奇心、强大的时间管理能力和项目沟通推进能力等。但以上大部分的能力都不是天生就具备的，很多都是需要通过后天不断学习才能达到的。

目前产品经理相关知识主要通过以下途径学习。

（1）阅读产品相关书籍

比如：《人人都是产品经理》《启示录》《用户体验要素》等书籍。

（2）参加产品经理培训班

比如：起点学院、黑马程序员等。

（3）浏览产品相关网站及大牛公众号

比如：知乎、简书、人人都是产品经理、钛媒体、36氪等。

（4）线下聚会/活动

比如混沌大学、人人都是产品经理，邀请的嘉宾都是BAT公司的产品大牛，干货满满，听完之后有种让人拨开云雾见天日的感觉。

（5）线上视频学习平台

比如网易云课堂、腾讯课堂等，都会有一些产品经理相关的视频教学，不过90%都是收费的，需要花钱购买进行播放。

本书适合人群

本书的核心内容是基于各位"老铁"的实战经验写出来的，同时内含一个完整的产品从0到1的案例故事，本书适合以下几类小伙伴阅读。

（1）对产品经理感兴趣，想入行产品经理的大学生

如果你对产品经理感兴趣，并且想找互联网产品经理相关工作，那么可以通过本书知道什么是产品、什么是产品经理，通过通俗易懂的文字系统掌握产品经理的思维和策略，对你求职面试会有很大的帮助，提升你进入知名互联网公司的概率。

（2）互联网行业相关岗位转行

很多小伙伴对目前的工作不太满意，希望突破职位瓶颈，增加对业务的全盘思考和构建产品能力，为转行产品经理打下坚实基础。

（3）从业经验在3年以内的产品经理

每一个产品经理的经验都是独一无二的，对于拥有3年之内工作经验的产品经理来说，阅读本书能进一步完善自己的现有知识体系，提升产品能力模型。

（4）运营人员

运营人员与产品经理是相辅相成的，本书将让你全面了解产品经理的工作流程和思维方式，有利于提升你的产品认知，有利于与产品经理高效交流，有利于进行科学决策。

（5）互联网创业者

很多创业公司经常面临以下问题：产品开发周期长、上线后没用户、广告投放后无人下载App、用户不活跃、用户注册后没有成交额等。

通过阅读本书，可以看到产品的生命周期各阶段的科学管理，用书中的方法梳理产品架构，让公司的产品最快地匹配市场的需求，实现盈利，成为初创公司的独角兽。

读者看完后，有什么收获

本书的目的在于通过浅显易懂的方式，面向非技术型产品经理讲解基础技术知识，打开技术领域这一神秘的大门，使非技术背景的产品经理在工作中更加游刃有余。产品经理的工作内容涉及面广，而且对个人综合能力的要求高，要做好产品经理就需要广泛涉猎，具备更多的横向知识体系，同时在产品这一纵向知识体系内做深做精。

本书可作为产品经理平时学习技术的基础资料，书中内容不涉及很深很具体的技术内容，主要以基本技术概念和实现原理介绍为主，配合一些具体例子加深读者的理解，力求帮助读者对产品经理视野有一个整体的认识，在设计产品或者与其他岗位沟通合作的过程中能更加顺畅。

感谢

感谢参与编写部分章节内容的小伙伴们：岳宗盼、王玥徽、董宇鹏、刚海洋、张浩。

感谢 umi 对书中图片进行设计和美化。

最后

做任何事情都是一个持续优化和完善的过程，对于本书中存在的不足，希望得到读者的指点和帮助，也希望同为产品经理或者即将成为产品经理的你，一起在奋斗的路上寻找更高的里程碑！

期待和小伙伴们一起成长，一起创造好的产品，改变用户生活的方方面面。

郝瑞琪
北京

目　　录

第 1 章　互联网公司的热门岗位都有哪些 ·············· 001

　1.1　产品经理 ································· 001
　1.2　技术 ····································· 004
　1.3　设计 ····································· 007
　1.4　运营 ····································· 008

第 2 章　产品经理每天都在做什么 ···················· 010

第 3 章　基础篇 ·································· 014

　3.1　项目目标 ································· 014
　3.2　产品从 0 到 1 ····························· 017
　3.3　逻辑篇：流程图 ··························· 039
　3.4　如何制作信息架构 ························· 045
　3.5　产品的生命周期 ··························· 047

第 4 章　能力提升篇 ······························ 050

　4.1　竞品分析 ································· 050
　4.2　原型设计 ································· 055
　4.3　PRD ····································· 063
　4.4　如何高效沟通 ····························· 072
　4.5　如何提升自己的演讲能力 ··················· 078

第 5 章　小试牛刀篇 ······························ 081

　5.1　To B 产品 ································ 082
　5.2　To C 产品 ································ 086
　5.3　外包产品 ································· 092
　5.4　如何制作产品手册 ························· 095

第 6 章　项目管理篇 ······························ 099

　6.1　什么是项目 ······························· 099
　6.2　为什么需要项目经理 ······················· 100
　6.3　产品经理 VS 项目经理 ····················· 101

| XI |

6.4	如何进行项目管理	102
6.5	项目管理工具	107

第 7 章　求职篇 … 111

7.1	求职目标	111
7.2	编写简历	112
7.3	简历的投递	121
7.4	面试	125
7.5	大厂面试真题解析	134

第 8 章　实战"电商"篇 … 143

8.1	后台权限分配模块	143
8.2	商品管理模块	148
8.3	订单管理模块	153
8.4	会员管理模块	157
8.5	营销模块：优惠券	162
8.6	财务对账模块	167

第 9 章　实战"中台"篇 … 169

9.1	什么是中台，到底要解决什么问题	170
9.2	业务中台：搭建的意义和价值	170
9.3	业务中台：0 到 1 搭建过程	171
9.4	业务中台实战实例：交易中心	180
9.5	数据中台：搭建目标和价值	186
9.6	数据中台：架构搭建过程	186
9.7	数据中台实战案例：标签营销	189

附录 A　产品术语 … 194

一、岗位相关术语	194
二、常用工具	195
三、产品文档	195
四、产品流程	195
五、常用数据	196

第 1 章　互联网公司的热门岗位都有哪些

互联网是当下最热门的行业，正值红利上升期，在资本狂热背景下，一众互联网创业公司纷纷兴起。互联网公司的各种职位在人数需求上逐年增加，薪资水平也水涨船高，这个行业高薪资的背后也存在大量的加班现象和激烈的竞争！你是做互联网的吗？你准备做互联网吗？互联网虽然涉及的是技术，但也没有那么高大上，只要你想，就努力试试吧！在产品、技术、设计、运营、市场和职能几大类中选择适合你的。建议刚毕业的大学生尽量进那些互联网+传统行业的公司，因为这就是未来！未来将很少有纯互联网技术的公司，也很少有纯粹的传统行业公司，互联网必定融合和改变几乎所有的行业！

拉钩大数据研究院发布的《2020 年新基建人才报告》，基于平台招聘与求职大数据，对"新基建"政策下的人才需求与流动趋势进行观察。报告指出，通过求职者对意向岗位的点击、收藏、投递等行为来看，Java 工程师、产品经理、Web 前端工程师是最受欢迎的"新基建"职位。

1.1　产品经理

如图 1-1 所示的数据统计来自职友集近一年 169637 份样本，截至 2021 年 1 月 1 日，产品经理一个月平均工资为 ¥16.4k，较 2019 年下降了 11%，其中工资为 20～30k 的占比最多，达 26%。数据统计依赖于各平台发布的公开薪酬，仅供参考。

产品经理定义

产品经理，英文全称 Product Manager，简称 PM，是企业中专门负责产品管理的职位。产品经理负责调查并根据用户的需求，确定开发何种产品，选择何种技术、商业模式等，并推动相应产品的开发组织，还要根据产品的生命周期，协调研发、营销、运营等，确定和组织实施相应的产品策略，以及其他一系列相关的产品管理活动。

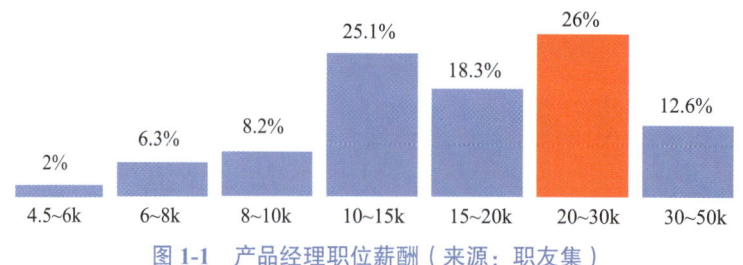

图 1-1　产品经理职位薪酬（来源：职友集）

职业分类

- 按岗位划分：产品专员、产品助理、产品 VP、产品总监、高级产品经理、资深产品经理。
- 按行业划分：电商产品经理、金融产品经理、医疗产品经理、游戏产品经理、硬件产品经理、移动产品经理、平台产品经理、教育产品经理、CRM 产品经理等。
- 其他分类方式，如图 1-2 所示。

图 1-2　产品经理分类

职业现状

产品经理是近几年很受热捧的职位，很多互联网 CEO 在公开场合公布自己的卧底身份"产品经理"，创新工场董事长兼 CEO 李开复是这样描述产品经理岗位的："产品经理是 CEO 的学前班。"周鸿祎也曾经说过："优秀的 CEO 往往都是一流的产品经理。"最有代表性的人物是乔布斯、张小龙、罗永浩、傅盛。因为公司最重要的竞争力就是产品，产品经理是每一个产品的设计者，产品的每次迭代很大程度上都是产品经理决定的。好的产品经理决定产品的使命、愿景、价值观，更会决定产品未来将会走向哪里，以及能够走多远。

以前，互联网的产品是由用户体验和需求驱动的。如今，越来越多的产品以收入和增长为驱动，为公司营收的增长负责，这与互联网行业的商业环境变化有关。

但是市场上也有很多产品经理是不合格的，他们每天做的工作就是画原型、处理用户反馈、各种沟通"跪求"，更像是一个会画图的协调员。

工作内容

产品经理的工作内容贯穿产品的整个生命周期，要求产品经理对各方面都有所了解或者熟悉，也就是"万金油"类型。下面罗列了产品经理的大致工作内容，在第 2 章中会进行详细介绍。

- 需求：需求采集、用户研究、需求分析、需求优先级排序、需求评审。
- 设计：产品方案设计、原型设计、UI 设计、UX/UE 设计。
- 文档：编写市场需求文档（MRD）、商业需求文档（BRD）、产品需求文档（PRD）、竞品分析文档、用户操作手册等。
- 开发：WBS 分解、里程碑、每日站会、项目周报等。
- 测试：测试用例、参与系统测试。
- 上线：产品测试过后，满足预期质量标准的，可以交付发布。如果发现有问题，就需要研发人员重新修改后再上线。
- 迭代：从新一轮的需求收集开始到产品上线，重复循环。

未来发展

- 综合素质：产品经理是一个对综合能力要求比较高的职位，随着互联网行业的发展和产业升级，企业对产品经理的要求也将越来越高，要求其不仅具有行业专业程度、领域经验，还要具有战略眼光、创新能力和商业思维。
- 岗位细分：岗位会越来越细分，薪资也会受到细分领域的影响，比如，策略产品经理、增长产品经理、平台产品经理、数据产品经理的薪水要高一些，如果属于金融、游戏、教育等热门领域，待遇也会相对提高。
- 产品 ROI：产品以"需求"为驱动，转变为以公司营收/用户增长为驱动。

职业发展路线

产品经理晋升有两条路线：一条是管理晋级路线，即管理职位等级不断晋级，另一条路就是专家晋级路线，即专家顾问路线。

- 管理晋级路线：产品专员→产品经理→产品总监 / 产品部经理→ COO → VP → CEO。
- 专家晋级路线：产品专员→产品经理→高级产品经理→产品专家 / 产品顾问 / 合伙人。

适合人群

产品经理对求职者的所学专业和以往从事岗位没有硬性要求，但是根据市场反馈，企业更偏向于录取理工科专业的求职者，比如计算机科学与技术、软件工程、大数据应用等，求职者不要求会写代码，也不要求会做设计，但是一定要懂行业规则、懂用户心理。只要你有一颗好奇心，一颗改变世界的心，产品经理的大门随时向你敞开。

- 大学生 & 产品小白（热爱互联网行业，逻辑清晰，喜欢抽丝剥茧，乐于分析事物本质）。
- 女生（公司 90% 的程序员都是男生，女生做产品经理在沟通方面有着天然的优势）。
- 互联网其他岗位转行至产品经理者（希望在岗位荣誉感和薪水上突破瓶颈，寻求更好的发展）。
- 多年传统行业工作经验者（通过自学或者参加培训班，系统学习产品技能和工具，成功转型）。
- 创业者（产品经理是未来创业做 CEO 最好的"预科"）。

1.2 技术

技术类职位薪酬如图 1-3 所示，数据统计来自职友集近一年 497009 份样本，截至 2021 年 1 月 1 日，2020 年开发工程师平均工资为 ¥13.8k，较 2019 年下降了 11%，其中工资为 10～15k 的占比最多，达 32.1%。数据统计依赖于各平台发布的公开薪酬，仅供参考。

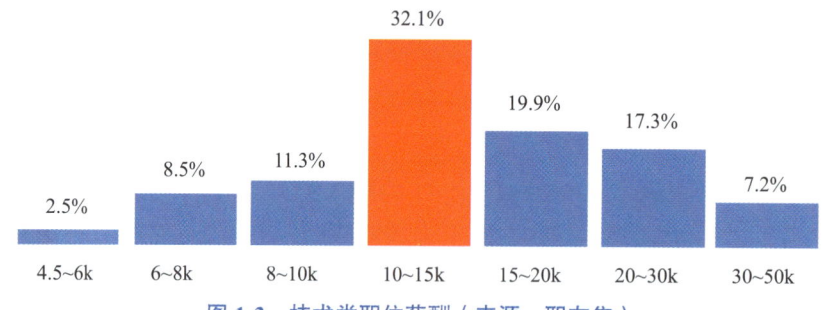

图 1-3 技术类职位薪酬（来源：职友集）

职业分类

前端开发、后台开发、移动开发、硬件开发、测试、运维、DB，每一类里面也分很多工种，具体详情如图 1-4 所示。

后端开发	全栈工程师		后端开发	Ruby	NET	GIS工程师	Python
	Hadoop	Perl	Delphi	VB	PHP	C++	Java	C
	语音/视频/图形开发		C#	数据采集	Node.js	Erlang	Golang

移动开发	UE4	JavaScript	iOS	移动开发	移动Web前端	Flash开发
	U3D	Android	COCOS2D-X	HTML5		

测试	自动化测试	移动端测试	软件测试	渗透测试	功能测试	性能测试
	游戏测试	测试开发	测试工程师	硬件测试		

运维/技术支持	系统管理员	运维开发工程师	系统安全	IT技术支持	运维工程师
	DBA	系统工程师	IT技术支持	网络工程师	网络安全

数据	数据仓库	数据分析师	数据架构师	数据	数据挖掘	ETL工程师
	数据开发					

图 1-4 职业分类

职业现状

Mob 研究院（全球领先的移动开发者服务平台）发布了《2020 程序员人群洞察报告》，报告中显示，2020 年，我国程序员人数突破 250 万人，但当前程序员市场却尚未饱和，未来随着 5G 技术、云计算、大数据和物联网的迅速发展，市场将持续涌现更多岗位和需求，在一定时期内，程序开发就业市场依然供不应求。

而且由于传统学历教育培养出来的大学生缺乏实战经验和项目经验，往往在教学上很难有质量保证，这就导致了每年新培养出的 IT 技术人才并不能百分之百地完全被企业接收。这样整个 IT 行业所面临的人才困境就更加严峻。

在众多程序员中，Java 和 Web 前端开发工程师岗位人才需求量最大，其中 Flash 开发和 U3D 岗位最难招，如图 1-5 所示。

报告指出，"90 后"已经成为程序员群体的主力军。具体来看，25～30 岁的从业者占比最大，为 46.84%；其次是 30～35 岁的从业者，占比为 25.67%；占比排名第三的是 20～25 岁的从业者，为 16.83%。程序员这个职业需要从业者投入大量的脑力和体力劳动，对从业者的创新能力、知识结构更新能力要求也较高，因此从业群体具有明显的年轻化特征。

工作内容

各种会议评审、了解需求、接收需求、写技术方案、写代码、写注释文档、写接口、调试 bug、联调测试，这些基本就能概括程序员的工作内容。做运维、DBA 和搞硬件的工作内容可能有点区别，但差别不大。

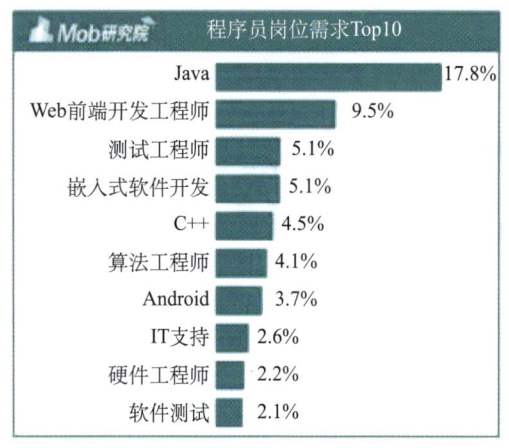
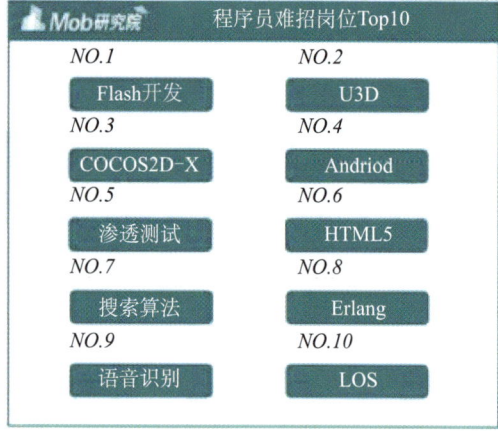

Java人才市场需求量最大

Java和Web前端开发工程师人才需求最大。Flash开发和U3D最难招，投递简历数少。

图 1-5　人才市场需求量（图片来自：Mob 研究院）

未来发展

从社会需求量来讲，软件开发人员的数量还远远跟不上软件行情的发展，随着后期 5G、人工智能的深入，互联网会进一步渗透社会各个领域。所以，后期对程序员的需求量还会进一步扩大。比如 5G、人工智能、大数据及区块链都必将需要更多的研发人员投入，平均收入依然会远高于其他行业。但是随着人工智能的发展，"代码搬运工"可能会被淘汰，唯有不断学习新技术，不断探索新领域，才能成为行业的稀缺性人才。

职业晋升路线

- 技术晋级路线：初级开发工程师→中级开发工程师→高级开发工程师→资深开发工程师→技术大咖（架构师）→CTO。
- 管理晋级路线：初级开发工程师→中级开发工程师→高级开发工程师→技术开发组长→项目经理→项目总监。

适合人群

做开发类工作，专业背景是计算机科学与技术、软件工程、计算机应用技术的会被企业优先考虑。

做开发类工作，首先需要能够静下心来思考，并且具有一定的逻辑分析能力和强烈的求知欲，如果还具有优秀的英文资料阅读能力、数学能力那就更加完美了。如今科学技术几乎日新月异，竞争的激烈程度让你必须保持持续的学习状态，不断地接触和钻研新兴事物，对互联网行业充满好奇，因此还要有一颗用程序改变世界的心。

技术类岗位相互转岗比较容易，但是如果是跨行转岗，则门槛相对较高。

1.3 设计

设计类职位薪酬如图 1-6 所示，数据统计来自职友集近一年 452225 份样本，截至 2021 年 1 月 1 日，2020 年设计师国内平均工资为 ¥8.8k，较 2019 年下降了 2%，其中工资为 15～20k 的占比最多，达 24.1%。数据统计依赖于各平台发布的公开薪酬，仅供参考。

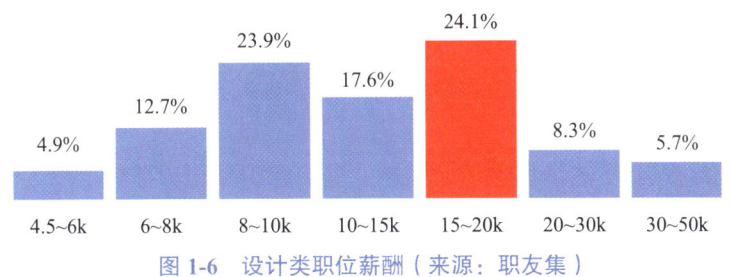

图 1-6　设计类职位薪酬（来源：职友集）

设计类职位的薪酬前景只能用"不温不火"来形容，与技术类职位相似，它也是具有很强专业性的职位，此类职位的薪酬前景并不十分令人满意。

职业分类

职业可以划分为 UI 设计、交互设计、视觉设计、用户体验几大类，当然还可以细分。

- UI（User Interface）设计：用户界面设计。UI 设计其实是个比较笼统的叫法，是指软件的人机交互、操作逻辑、界面美观的整体设计。它包含了交互设计和视觉设计两个方面。

  一个合格的 UI 设计师不仅要能设计出美观的界面，还要能最大限度地提升用户操作的效率，通过色调影响用户的操作习惯，用颜色或图形来明确产品功能/内容的主次和展示，降低用户的操作负担！由此可见，想要做好 UI 设计，视觉设计和交互设计相关知识都是必须要掌握的！

- IxD（Interaction Design）：交互设计或互动设计，通俗地说，就是设计软件和用户的互动方式，通过了解用户需求、目标，使用有效的互动方式让整个过程可用，并且要易用。用再直白一点的表述，它主要解决软件如何使用的问题。

- 视觉设计（Visual Design）：视觉设计也是个比较笼统的概念。它以"视觉"作为沟通和表现的方式，通过多种方式来创造符号、图片和文字，借此做出用来传达想法或信息的视觉表现。

- UE 或 UX（User Experience）：用户体验。用户体验主要解决来自用户和人机界面交互过程的问题。它是指用户使用一个产品时的全部体验，如他们的印象和感觉，是否成功，是否享受，是否还想再来/使用；他们能够忍受的问题、疑惑和 bug 的程度。

职业现状

互联网设计岗位里面最受关注的可能就是 UI 设计了，在几年前就有网友说 UI 设计行业

"已经饱和了",更有甚者说已经"烂大街了"。但是我不这样认为,UI 设计是互联网发展的产物,而随着科学技术的发展,以及 5G 的普及,互联网产品只会日益兴盛,有产品就需要有设计,所以不存在"UI 设计师已经饱和"这一说。那为什么还有很多设计师找不到工作呢?主要就是自身能力的问题,如今的"UI 设计师"大多数都处于初级设计师的级别,已不能满足企业对 UI 设计师的职业要求。现实中,企业要求 UI 设计师不仅要具备视觉设计的能力,还要具备交互设计的能力;不仅要懂用户,还要了解商业。

工作内容

沟通协调,需求确认,风格探索,设计落地,跟进总结,收集反馈。

未来发展

随着 5G 时代、智能硬件带来的发展,企业更加意识到用户体验的重要性,注重用设计思维来规划产品形态,对于设计师的需求也在不断加大。所以说,互联网设计师的发展前景只会越来越好。

但鉴于目前行业的情况,用户研究岗位的价值很难衡量,UI 和交互的界限也越来越模糊,未来很有可能存在岗位合并的情况,但"产品设计师"(指懂商业、懂用户、懂设计的综合型人才)依然是大趋所势。

总结:不管是当下还是未来,只有拥有"设计师思维"的全链路设计师才会是更为抢手的企业人才!

职业发展路线

设计类岗位晋升有两条路线:一条是管理岗位路线,另一条是专家顾问路线。

- 管理岗位路线:视觉 / 交互设计 / 游戏设计 / 用户研究→设计主管 / 设计经理→设计总监→ VP。
- 专家顾问路线:视觉 / 交互设计 / 游戏设计 / 用户研究→高级设计师→设计专家→资深专家。

适合人群

对专业背景没有硬性要求,美术相关专业或者设计类专业最佳,这样入行会快一点。设计类工作与程序开发一样都需要具备专业能力,且注重的是作品质量而不是工作经验丰富与否。

做设计工作,你要追求美,追求极致体验,需要坚持不断地学习,唯有热爱才能坚持。相比互联网其他岗位,设计师的生活更艺术范一些,更小资一些。

1.4 运营

运营类职位薪酬如图 1-7 所示,数据统计来自职友集近一年 835798 份样本,截至 2021

年 1 月 1 日，2020 年运营平均工资为 ¥8.9k，较 2019 年下降了 10%，其中工资为 8～10k 的占比最多，达 24.6%。数据统计依赖于各平台发布的公开薪酬，仅供参考。

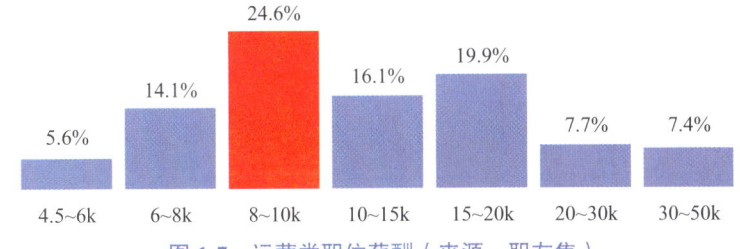

图 1-7　运营类职位薪酬（来源：职友集）

运营、产品、技术是互联网公司团队的三大驾马车，这从侧面也显示出了运营人员的重要性。比如活动、渠道、品牌、内容、数据分析、用户运营等，都是运营的范畴。运营在前期需要有一段较长时间的"事多 / 活杂 / 钱少"的阶段，只有经历过中大型项目的运营操盘，技能才会有所提升。

运营相比其他的岗位来说有着天然的优势，就是无论技术如何发展，无论产品经历多少次版本迭代，运营的核心理念都不会变，积累的人脉不会变。而且对从事行业没有限制，比如电商、社交、金融、游戏、教育、医疗、旅游、媒体等都需要大量的运营人员。

第 2 章 产品经理每天都在做什么

由于每次都会被人问"产品经理是什么岗位？""产品经理都需要储备哪些专业知识？""产品经理都做什么东西？"之类的问题，下面给大家介绍一下互联网产品经理的工作职能与职责概述。

对于从事互联网的人来说，了解互联网公司的各个岗位职责是非常重要的。你只有清晰地认识到整个架构是怎么运转的，才能知道平时这些岗位上的人是如何相互沟通和配合的，而一个产品的诞生也源自于此。

产品经理在一个公司里的组织结构是怎样的

从如图 2-1 所示公司组织架构中，我们可以看出：
负责整个产品部门：产品部（VP）。
负责一个 /n 个产品项目：产品总监。
负责一条产品线：产品专家、资深产品经理。
负责一个功能模块：高级产品经理、产品经理、产品助理、产品专员。
产品经理的职业发展路径如表 2-1 所示。

产品经理的主要职责有什么

（1）参与产品线规划，负责每个产品的战略定位。
（2）激发、管理和筛选新产品创意。
（3）组织市场研究，深入了解客户需求。
（4）组织将客户需求转化为产品定义。
（5）组织跨职能团队进行项目立项分析，提交决策评审文件。

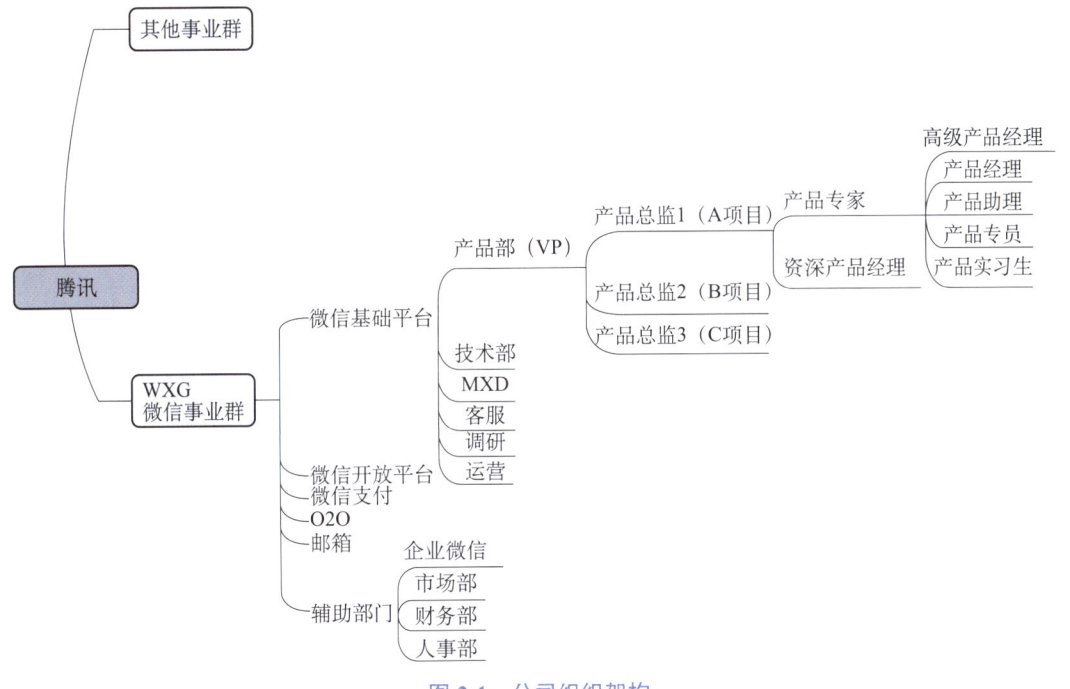

图 2-1 公司组织架构

表 2-1 产品经理的职业发展路径

岗 位	职 责
产品经理	负责战略、路线图及产品或产品线的特征定义，提供跨职能沟通，连接工程师、市场、销售和后勤
产品集经理	负责领导和指导团队，负责特定产品的产品团队，通常负责执行高管传达的战略
SVP 高级产品副总裁	领导一个大型的产品经理团队，与核心的工程师、销售、制造及市场领域的高管紧密合作以确保开发正确的产品来支持商业目标的实现
首席产品官	向 CEO 报告，通常从事制定产品战略、管理市场和产品开发等工作

（6）组织和领导跨职能团队进行新产品开发的设计、开发和测试工作。
（7）在组织和领导跨职能团队进行新产品开发的全过程中持续管理客户需求。
（8）组织和领导新产品上市工作。
（9）负责产品生命周期管理工作。
（10）负责产品退市管理工作。

由此可见，产品经理对一个新产品的全生命周期负责，而不只是对某个阶段负责。产品经理最根本的职责是对新产品的绩效负责，即对收入、利润及市场份额等指标负责。

产品经理的工作流程

1. 发现痛点、寻找痛点

想法可能来自产品经理的切身体会，可能来自用户的反馈，也可能来自领导的灵光一现，还可能来自亲朋好友的谈话中……

2. 找到目标用户

通过各种渠道，找到有该需求的同一类用户。

3. 需求调研

通过面对面沟通、调查问卷、焦点访谈等方式，对用户的需求进行收集和整理，并将用户需求收集在需求池中。

4. 用户画像

把用户访谈结果抽象成几类用户画像，方便研发人员理解需求的直接使用对象，并输出《MRD 文档》。

5. 竞品分析

了解满足当前需求的竞品情况，看看是否有，以及有的话，该如何借鉴和超越，输出《竞品分析文档》。

6. 提供解决方案

为了满足用户需求，需要解决哪些问题？用什么办法来解决这些问题？提供产品的解决方案，输出《需求规格说明书》《需求分析文档》《BRD 文档》等。

7. 制作流程图

梳理产品的使用流程，确保主流程通顺且完整，绘制业务流程图，细化功能逻辑关系，要求产出：业务流程图、页面流程图、状态图、UML 图等。

8. 思维导图（信息结构图和功能结构图）

用思维导出工具梳理需求功能的结构和不同栏目的子功能，方便后期进行版本控制和功能优先级排序。

9. 产品原型设计

产品原型，即产品核心页面的样子，按照上面的流程图把关键页面连起来，一般使用低保真原型即可，可使用的工具有 Axure、Word、墨刀等，输出一个可以演示的 Demo。

10. 写 PRD 产品需求文档

撰写用于研发、测试、UI 等同事开展后续工作的需求说明文档，文档简洁清晰，切忌堆字成书。

11. 需求评审——立项

召集相关人员召开立项会议，阐述项目需求、任务详情、任务分配（具体到团队中的每个人）。

12. 项目管理

对产品的功能模块进行排期，找相关同事进行时间确认。有些中小型公司，如果没有专职项目经理，产品经理通常要承担项目经理的职责，其目标就是让产品按照计划时间上线。

13. UI 设计

在颜值当道的年代，UI 设计师的水平直接决定了互联网产品（网站、App、网上店铺等）的颜值。一个好的 UI 设计师，能润物于无声，在浑然天成的设计中为产品注入新的价值，绝不是普通的打杂美工。

14. 研发

在开发的过程中，产品经理应该密切关注产品开发的进度，还需要考虑数据分析的需求，提前预留统计接口及安排必要的测试。

15. 测试

参与测试用例的设计与评审，测试结束后，应该形成完整的分析及报告文档（包括 buglist、性能及稳定性结果分析、版本上线风险分析等内容），输出给各项相关人员。

16. 发布上线

将 App 上传到各大应用商店，有些公司会召开新品发布会，邀请媒体和记者到场，扩大产品的传播效果。

17. 运营推广

基于产品用户群，扩大用户基数，利用各渠道做媒介让你的产品众所周知，通过分析用户的各种行为，划分用户等级，制定用户成长体系，帮助并引导用户跨越产品各个生命阶段。

18. 优化迭代

关注数据和用户反馈，收集并整理下一个版本的需求，列出优先级。

以上罗列了产品经理的工作流程，在实际工作中，很多产品经理都是负责上面提到的一条或者多条。

第 3 章　基础篇

3.1　项目目标

3.1.1　什么是产品

百度百科中定义"产品"的概念，如图 3-1 所示。

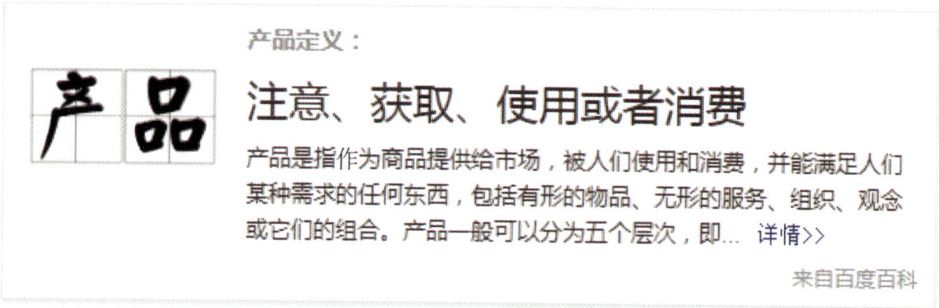

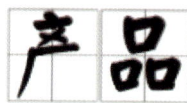

图 3-1　百度百科中"产品"的概念解释

这里用一句话描述"产品"定义：满足用户所有需求的产品和服务。比如一支笔、一部手机、一本书、一张充值卡、上门维修等，都是产品。产品无处不在，只要满足了用户某些需求的，就是产品。

下面我们看"贴吧之父"俞军老师定义的产品：用"创造用户价值"为工具，打破旧利益平衡，建立对己方有利的新利益链、新平衡的过程。产品创造的新价值越大，打破旧利益平衡就越容易，产品就会高速发展。不创造或只创造很小新价值的利益分配，是零和博弈，总是艰难的。企业也好，产品经理也好，做的大部分事情都是围绕用户价值最大化，发现它和实现它。产品设计的本质，就是利益分配。在新旧利益重新分配的过程中，不能硬把旧的利益"夺"过来重新分割，这非常难。这时候往往就需要引入新要素创造新价值。创造新价值，就是创新。用任何新要素审视现有生产方式和生活方式，如果能应用并创造新的用户价值，那就是创新。对此，俞军老师总结了一个公式：

$$用户价值 = 新体验 - 旧体验 - 切换成本$$

这个公式很容易理解，相比微信，子弹短信提供的语音信息，用户不需要付出"听语音的成本"，因为它直接转化成了文字。对于经常收大段大段微信语音的用户来说，这是一种非常好的新体验，所以这里的"新体验 - 旧体验"是正值。

但是，微信上沉淀多年的好友关系、海量的公众号资源、六七年的朋友圈记录等，都让"切换成本"变得非常高。所以，对于绝大部分微信用户而言，子弹短信的"用户价值"仍为负数，用户不会放弃微信。

即便是字节跳动曾重金押注的"多闪"，也无法突破微信的切换壁垒。试图挑战微信的三款社交产品如图 3-2 所示。

图 3-2　试图挑战微信的三款社交产品（聊天宝、多闪、马桶 MT）

3.1.2　什么是一款好的产品

如果有人问"您觉得哪些产品是好产品？"我猜想您肯定会说：苹果手机、微信、QQ、淘宝、支付宝、百度、搜狗输入法、王者荣耀、摩拜单车、美团、网易云音乐、猫眼、大众点评网等。

以上所有产品都算得上行业中的翘楚，因为它们已经影响到人们生活的方方面面。那么把以上的所有产品按图 3-3 所示维度进行拆解和建模，可以总结出一款好的产品具有以下几种因子。

第一，解决用户的基本需求，解决用户的痛点。

需求分为两种：基本需求和期望需求。基本需求就是需要，期望需求就是想要。比如手机，其基本需求是满足用户的通信需求，用户的期望需求则有很多，如拍

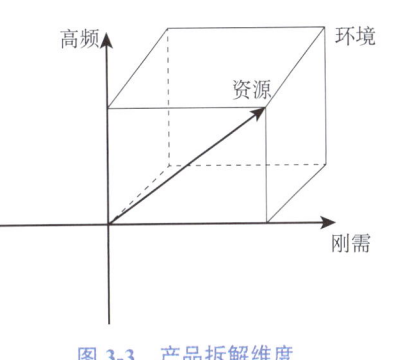

图 3-3　产品拆解维度

照、录像、晚上照明、户外指南方向、健身听音乐、睡前听广播等，这些都是期望需求。那么我们在产品的前期 V1.0 阶段，不能只考虑解决用户的基本需求，同时要坚持"少即是多"的法则。

以上普及了两个知识点，一个是需求的分类，另一个是需求的优先级；一个好的产品需要解决用户的刚需。如果一个产品不能解决用户的刚需，不能解决痛点的问题，那么这种产品对于用户而言则可买可不买。

第二，产品的用户群体大。

产品的用户基数一定要大，也就是受众用户覆盖人群广，如果受众覆盖范围特别窄的话，产品很容易出现很多个性化的需求，不利于产品的成长。而且一个产品不是大众化的产品，那么它的发展规模和速度很难有质的飞跃。例如，樊登老师曾经在他书中说的一个例子就是最好的诠释：他在 2001 年进入教育领域，当时国内的教育市场大有可为，到处有人在跑马圈地，而华章教育选择的是市场规模只有一个亿的 MBA 培训，辛辛苦苦将华章教育做到了行业第一后才发现，企业一年只能挣几百万元，虽然确实能赚钱，但现在看来，这并不是一个合适的创业项目。如果当时就像今天这样，能想明白整体市场规模对创业者的影响，很可能会选择高达千亿元市场规模的 K12 教育、公务员考试培训或外语考试培训等创业方向。

混沌研究社的李善友教授曾经与樊登博士交流，问道："为什么混沌研究社的师资很强大，云集了国内外很多商业大咖和专家，收费也很低，仅 600 元 / 年，但是销售额还不如只是一个人读书的樊登读书会？"樊登博士回答："因为你们面对的是创业者市场，这个市场本身就不大。"

第三，必须是一款高频使用的产品。

如果产品的使用频度特别低，用户就很难形成印象和拥有良好体验。2019 年很多 O2O 的到家服务因使用频度过低，就导致很多服务很难被用户接受。例如，清洗抽油烟机、空调加氟这类的服务产品，基本上一个家庭最多每年使用一次，甚至几年都不用一次，就很难形成群体效应，也很难引起质的飞跃。如图 3-4 所示的这些项目，对大部分的家庭都不会用到。

上门安装

家电安装	厨卫安装	灯具安装
门窗五金安装	水电气暖安装	相框饰品字画
墙地面安装	窗帘衣架安装	

图 3-4　低频使用的产品

第四，必须是一款简单易用的产品。

产品在冷启动期间，也要注意它的用户体验，如果一开始就给人以难用、不方便的印象，用户基本上就没有耐心再次试用你的产品。所以，我们的产品不管是处于冷启动、导入期还是成熟期，在体验上一定要"简单易用"。

2019 年我参加了一次新品发布会，主办方送了一个新品智能设备——智能门锁，到家后就迫不及待地安装好了，准备开始体验这个"高科技"产品。在使用的一个月中，发现 App 经常与智能门锁断开连接，每次连接都需要操作很多步骤，好几次都在门外滞留 30 分钟以上。最可怕的还有一次遇上附近地区进行电缆维修，智能门锁直接"罢工"，最后没办法，开车回公司取了备用钥匙后才打开房门，当晚我就找人把智能锁换掉了，现在这个智能设备还在家里的抽屉中闲置。我想表达的是：当一款产品投入使用的时候，一定要保证它是简单易用的，尤其是初创企业，在价格与品质上要寻找合适的平衡点。

3.1.3 如何做一款好的产品

做一款好的产品，需要经过以下七问：
- 产品的用户是谁？
- 产品的用户在哪里？
- 你的用户有什么痛点？痒点？
- 你能给用户什么解决方案？
- 用户现有的解决方案是什么？
- 用户是否愿意付费购买？
- 用户是否愿意将它介绍给他的朋友？

我们可以把以上七问命名为"PM 金字塔七问"（PM·7），根据 PM·7 建立一个理论模型，如图 3-5 所示。

根据 PM 金字塔七问，我们以共享单车（简称单车）为例，一起做个小练习，如表 3-1 所示。

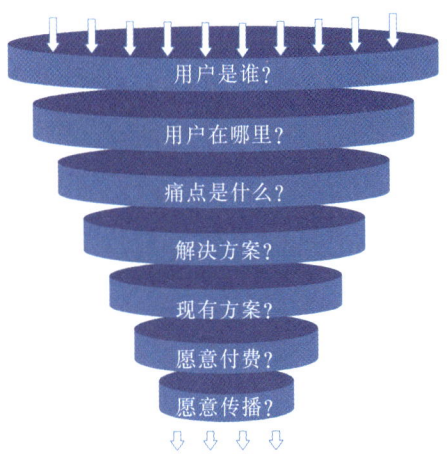

图 3-5 产品理论模型

表 3-1 产品小练习

PM 金字塔七问	产品的用户是谁？	上班族
	产品的用户在哪里？	地铁、CBD 写字楼
	你的用户有什么痛点？痒点？	下地铁后离家还有 1km，打黑车不安全，等公交车又太慢
	你能给用户什么解决方案？	骑自行车回家
	用户现有的解决方案是什么？	走回去 / 打黑车 / 等公交车
	用户是否愿意付费购买？	愿意付费
	用户是否愿意将它介绍给他的朋友？	如果能节省时间，又不多花钱，愿意推荐给朋友

3.2 产品从 0 到 1

很多朋友都不知道产品是如何诞生的，其实产品类同于工厂中的流水线，有个先后逻辑顺序，这里用一个图加以说明，如图 3-6 所示。

下面仍以共享单车为例，进行流程说明。
- 需求分析：用户从小区骑自行车到地铁站再坐地铁上班，下班后从地铁站再骑自行车回家。
- 功能定义：自行车［智能电子锁（GPS 模块、GSM 上网模块、物联网 SIM 卡、蓄电池），太阳能电池板］、手机 App（开锁 / 关锁、计费 / 结算、云服务器）。
- 信息架构导航设计：软件 App、注册登录、地图、充值、客服、活动。

017

- 共享单车操作流程，如图 3-7 所示。

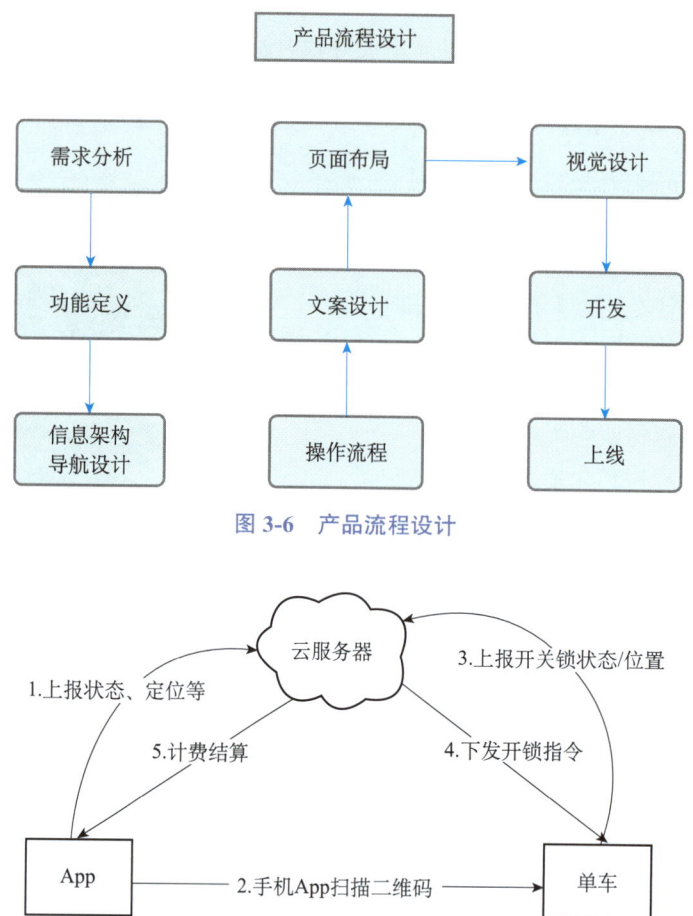

图 3-6　产品流程设计

图 3-7　共享单车操作流程

- 文案设计：解决"最后一公里"难题，科技推动出行，实现低碳出行、保护环境等目的。
- 页面布局：把用户操作的各个功能模块进行排列摆放，可以理解为原型图。
- 视觉设计：站在用户的角度，根据产品原型绘制 UI 效果图。
- 开发：通过程序代码，把产品变成现实。
- 上线：发布上线，用户在各大应用商店通过关键词检索，比如苹果 App Store、腾讯应用宝、OPPO 软件商店、华为应用市场、360 手机助手、小米应用商店、百度手机助手、豌豆荚等应用商店。

3.2.1　一个好的想法

想法有很多，但是有价值的想法不多，寻找到有价值的想法才是一个产品成功的关键因素之一。这里建议从以下三方面去发现探索。

1. 来自熟悉的行业和领域

从自己身边熟悉的行业和产品中寻找，最好是从自己所学、所接触、所了解的事物中来寻找，自然产生，自己热爱。

百度创始人李彦宏先生在回国创业之前，就曾经在硅谷著名搜索引擎公司 Infoseek 工作，而且还是 Infoseek 的核心工程师之一。微信创始人张小龙在加盟腾讯之前，曾开发国产电子邮件客户端——Foxmail，加入腾讯后，主导了亿万用户级别的 QQ 邮箱。

2. 来自跨界交流

不同知识背景、不同专业领域的人在一起相互讨论，分享想法，将不同的想法聚在一起，这些是想法的"温床"。

马云当年做阿里巴巴之前，从大学教师跨界到翻译社，再跨界到计算机服务公司，然后跨界到电子商务、支付平台、速运、金融、教育，他的每一次跨界，与不同类型的、不同专业领域朋友的交流与思想的碰撞，产生了一个又一个好的想法。

3. 来自发生在身边的每一件小事

我们对生活要保持一种探索的兴趣，始终保持一颗敏锐的大脑，多思考、多质疑很重要。滴滴打车创始人程维在阿里巴巴工作时，经常需要出差，因为打不到车，耽误了许多次航班，关于交通出行质量的问题困扰了他许久。直到这一刻，程维决定自己创业的方向，就是要改变中国人的交通出行质量。

建议：一个好的想法，一个好的产品，功能不宜太多，特别是在早期。因为你不知道这个市场会怎么样，所以应该把你的重要功能突出，如果能打动用户，就证明我们"赌"成功了，并顺势再添加其他功能，否则，在市场都没有被验证的情况下，我们就做出七八十个功能，最后成功或不成功都不知道用户喜欢或不喜欢自己的产品的原因。

3.2.2 需求分析

什么是需求

- 微信满足用户的社交需求。
- 手机满足用户通信的需求。
- 共享单车满足用户的出行需求。
- 外卖满足用户对美食的需求。
- 网易云音乐满足用户对高品质音乐的需求。

对于需求的概念，国内外并没有统一的定义，在这里我们站在用户的角度来定义需求。需求就是一个问题、一个痛点，可以认为需求 = 问题 = 痛点，我们提到的需求就是一个现实问题，一个用户痛点。

需求的来源

下面先罗列一些共享单车没有诞生之前的用户需求。共享单车在没有诞生之前，就已经有另外一种自行车来解决人们出行"最后一公里"的难题，这种自行车即政府有桩公共自行车，如图 3-8 所示。

图 3-8　政府有桩公共自行车

相信很多朋友都在路边看到过，平时也偶尔能看到几个人过去开锁骑行，这种自行车在国内已发展了3～5年，如图3-9所示，北京租赁公共自行车在2013年2月就开始运营了。在此期间，国内共享单车的鼻祖"OFO"创始人戴威，还在上大三，当上了学生会主席，每日奔波处理学生会的各种事宜。

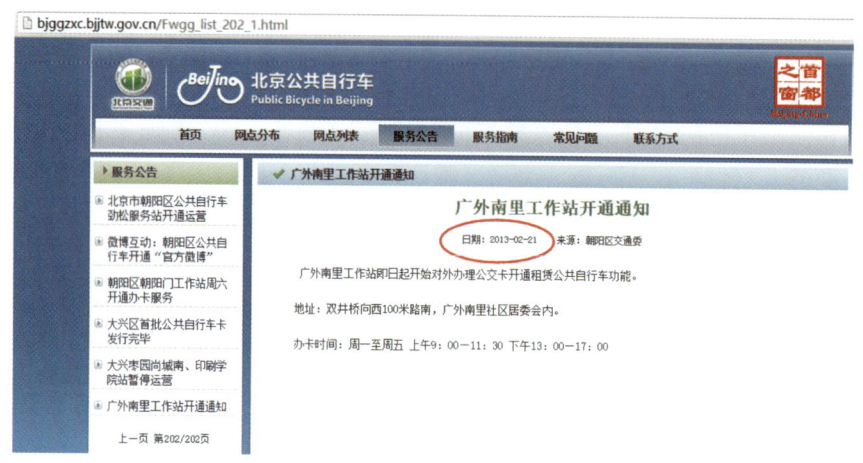

图3-9　北京公共自行车新闻（截图）

其实还有一个城市公共自行车发展得更早。2010年，笔者去杭州出差时就看到过这种自行车，从百度中也找到了国内最早的公共自行车信息，如图3-10所示。

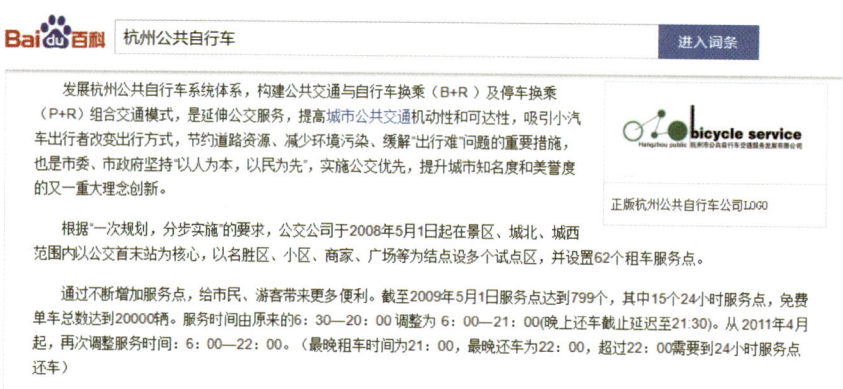

图3-10　百度搜索"杭州公共自行车"（截图）

杭州公共自行车于2008年就开始运营了，此说法在杭州公交集团旗下官网也得到了证实，如图3-11所示。

因此，可以看出这个需求一直就存在，并且有人已经解决了用户的需求，后来的OFO小黄车和摩拜等都在此基础上进行了大胆创新，也就是从"有桩共享单车"变成"无桩共享单车"。所谓把共享单车称为现代中国的"新四大发明"之一，确实有些受之有愧。

"有桩共享单车"解决的需求是缓解城市交通"两难"的绿色低碳交通，属公共性服务内容，有桩单车帮助政府解决市民"出行最后一公里"问题。

"哈啰、青桔、摩拜等无桩共享单车"解决的需求是帮助广大市民解决"出行最后一公里"问题。

杭州市公共自行车交通服务系统于2008年5月1日试运营，同年9月16日正式运营，截至2019年12月底，已具有4354个服务点，11.90万辆公共自行车，日最高租用量达47.30万余人次，累计租用量突破10.19亿人次，免费使用率超过96%。由于其便捷、经济、安全、共享的特征，以及“自助操作、智能管理、通租通还、押金保证、超时收费、实时结算”的运作方式，公共自行车已经成为杭州中外游客和市民出行必不可少的城市交通工具，杭州“五位一体”城市公共交通体系的重要组成部分。该系统通过了国家住建部市政公用科技示范项目验收并荣获国家华夏二等奖，被英国广播公司（BBC）旅游频道评为“全球8个提供最棒的公共自行车服务的城市之一”。在国内国外接连斩获广州国际城市创新奖和网络人气城市奖“双奖”、国家金卡工程金蚂蚁奖-优秀应用成果奖、第二届德黑兰“金砖块”国际城市管理奖、“中国好设计”银奖、艾希顿2017可持续交通项目奖等。

站在新的历史起点上，公司将坚持以科学发展观为指导，坚持以“建设低碳城市，引领绿色出行”为目的，坚持“国内首创，国际先进”的高标准严要求，建设、经营好公共自行车交通服务系统，推动企业健康、协调、可持续发展。

图 3-11　杭州公交集团信息（截图）

下面罗列共享单车上线后的用户需求。

A. 为什么我的苹果 8 经常到晚上扫码的时候开不了手电筒？

B. 如何举报把车停在家里的用户？或者如何举报损坏车辆及故意遮涂单车二维码的用户？

C. 车是坏的，骑不了！反馈维修之后锁车，系统仍然扣费！

D. 座位没法调节，个子高的人群骑起来不舒服。

E. 一次遇见一辆故障车，扫了码骑了一会才发现这车不能锁，当时不知道该怎么办就没管。可系统从那时开始算钱，一小时一块，都几天了才给我信息通知。“随时都有可能让人倾家荡产！”

F. 有些素质差的人将二维码都刮花了，刚才手动输入号码却输错了，该怎么办？

G. 自从规划摩拜单车的停放情况以来，感觉几乎没有见到过小区外的摩拜单车。投放车辆严重不均衡，在地铁站附近单车剩余量极其多，小区附近的单车几乎没有，这是怎么回事？

以上都是一些用户的需求，这些需求来自内部和外部，共享单车需求反馈如图 3-12 所示。下面罗列收集需求的 5 种渠道。

共享单车_APP需求反馈

发表时间	作者	评级	标题	内容
2020/12/11 9:40	失望的摩拜	1	扫码体验极差	光线暗扫不了，开灯有反光又扫不了，不如微信小程序 不知道APP存在的意义。
2020/12/11 9:32	zackli1973	1	太沉了	很多车的二维码被破坏，开锁太慢，坐垫前低后高不好骑
2020/12/11 8:56	停机为了	4	希望在设置中增加语言选项。	如题所示，希望能自行选择语言，而不是根据手机系统语言来改变。
2020/12/11 8:37	gatmpua	5	投放车辆骤然减少	自从规划摩拜单车的停放情况以来，感觉几乎没有见到过小区外的摩拜单车。投放车辆严重不均衡，在地铁站附近单车剩余量极其多，小区附近的单车几乎没有了是怎么回事？？？
2020/12/11 8:35	蹦蹦遇上你	5	199号段登陆不了	199号段获取验证码之后，登陆按钮是灰色的，不能点！

图 3-12　共享单车需求反馈

1. 来自内部

你的需求可能来自领导的一句话，也可能来自合作方，还可能来自竞争对手，甚至可能来自自己，试着将自己变成目标用户、典型用户，甚至重度用户，从自身角度出发去获取需求。

2. 来自专家

相信有 80% 的产品经理从业者都是没有行业背景的。即便有行业背景，也是"小白"的级别，所以产品经理的很多工作都围绕着专家来做，因为他们的用户群体就是这些专家。例如，设计医疗互联网产品，基本上 90% 的需求都来自国内三甲医院副主任以上医师，公司产品存在的价值就是服务于医生，在设计产品的时候都会倾向于医生的使用习惯。

3. 来自市场研究 / 报告

运用科学的方法，有目的地、系统地搜集、记录、整理有关市场营销信息和资料，分析市场情况，了解市场的现状及其发展趋势，为市场预测和营销决策提供客观的、正确的资料。

我们可以从 CNNIC（中国互联网信息中心）、艾瑞网、易观智库、友盟、中国信通院、国家统计局等网站获取到各行各业的行业报告。CNNIC 网站信息如图 3-13 所示。

图 3-13　CNNIC 网站信息（截图）

例如，2020 年上半年，作为"新基建"的重要领域，5G 和工业互联网建设取得积极进展。同年 4 月国家发改委的新闻发布会上，将区块链技术正式纳入新基建领域。区块链技术已经上升到国家战略层面，目前在电子发票、司法存证、跨境贸易等场景中得到应用。具体而言，一家金融公司在做电子合同、电子发票业务，在没有接入电子合同和电子发票之前，每次都需要将纸质材料打印出来，然后再邮寄回传，费时费力，效率低下，公司每年的合同、发票打印邮寄的费用就需要几十万元，现在引入了电子合同和电子发票，所有的操作都在线上进行，不受时间和空间的限制，也为公司每年在合同和发票上面就轻松节省几十万元。

无论是做市场研究，还是做用户研究，一个不可背弃的方面实际上是你的专业领域，教育行业有教育行业的规则，金融领域有金融领域的玩法，游戏行业有游戏行业的要法，医疗行业有医疗领域的门道……每个领域都有不同的经验积累和行动模式，如果你不能在一个领域深耕细作，而只是在市场研究或者用户研究这个大范围里来回徘徊，那么你永远都只会是一个掌握了纯熟的分析理论和方法而不会付诸实践的伪专家。

4. 来自产品经理的洞察力

通过聊天和观察可以主动了解大众需求。

问题：如何观察？

在日常生活中，保持敏感的心态、怀疑的态度，不断地问自己问题，通过不断观察和揣摩去把握和捕捉大众需求。

案例1：共享单车App更适合于抽屉式导航，焦点集中，界面不混乱。它被最大限度地曝光在用户眼前，传递出主要的信息，这种方式有效保护了用户对核心功能的体验。

案例2：很多朋友听过微信红包的设计来源：腾讯多年的习俗，就是每年春节回来第一天上班时，排队去领老板的红包，大家从1楼一直排到马化腾的办公室门口，有多夸张呢？有同事就像原来买春运火车票一样，凌晨三四点就去排队占位了。不仅仅是马化腾，腾讯总经理级别以上的管理层，也要在这一天给团队发红包。这就是一个时间和金钱成本都很高的事情——得提前准备一大堆红包放在那里，一个一个地发，要知道腾讯有3万人，深圳腾讯大厦有几千人。而且，发多少也是一个问题，发太少会被人说小气，但是即使每人发20元，也是一笔不小的数目。腾讯的产品经理敏锐地发现这个问题："要花那么多时间发红包，要花那么多钱发红包，为什么不将它做成在线随机产品？"然后快速优雅地解决了它"不只是抢的人爽，发的人也很爽，也得到精神满足"的需求。

5. 来自用户反馈

大家在浏览网页的时候，经常看到"在线客服"、"留言反馈"和"400热线"等图标，还有一些App会有"我的反馈"和"投诉建议"等功能，这些都是产品经理为了收集用户反馈而设计的功能。如果是手机App，可以在App Store和应用市场中查看用户的反馈，可以找出评论中有价值的信息。

通过以上5种方法，我们把需求收集了起来，再把需求放在一起，这个就是"需求池"。需求池是功能开发的依据，需要不断地进行内容更新和状态维护。国内产品经理需求池都喜欢用Excel制作，在这里给大家展示一下需求池模板，如表3-2所示。

表3-2 需求池模板

	需求描述	客户接受程度	风险程度	性价比	商业价值描述	商业优先级
需求1	描述……	80%	0%	25%	描述……	P1～P5
需求2	描述……	50%	100%			

需求池中除了表3-2中提及的内容外，还有需求提出人、提出时间、模块、使用场景、动机、急迫程度、开发量和性价比。

需求的分类

需求的分类可以从以下几个维度来说明。

1. 心理需求

马斯洛需求层次理论是人本主义科学的理论之一,由美国心理学家亚伯拉罕·马斯洛1943年在《人类激励理论》论文中所提出。书中将人类需求像阶梯一样从低到高按层次分为 5 种,分别是生理需求、安全需求、归属需求、尊重需求和自我实现,如图 3-14 所示。

图 3-14 马斯洛需求层次理论

用户在不用的层次会有不同的需求,比如在很多非洲贫困地区,他们刚刚解决温饱问题,在他们心里,水和食物就是他们的核心需求。当他们当中个别人的生命安全需求得到满足后,就可能开始追求尊重需求或者是自我实现,比如他们想要学习进步,想要社交,希望获得更多知识。于是书籍、报纸、手机等产品就是他们获取知识的核心需求。

2. 已满足需求和未满足需求

已满足需求:已经有了解决方案来满足的需求。

未满足需求:还没有解决方案可满足的需求。

例如,共享单车在第一代的时候,是没办法调整座椅高低的,这时候已满足需求就是解决"最后一公里出行"的问题,未满足需求就是骑行时很多人要不憋着脚,要不够不着,非常难受。

3. 显性需求和隐性需求

显性需求:用户清楚自己的需求。

隐性需求:用户不清楚自己的需求。而创新的核心是找出未满足的隐性需求,如图 3-15 所示。

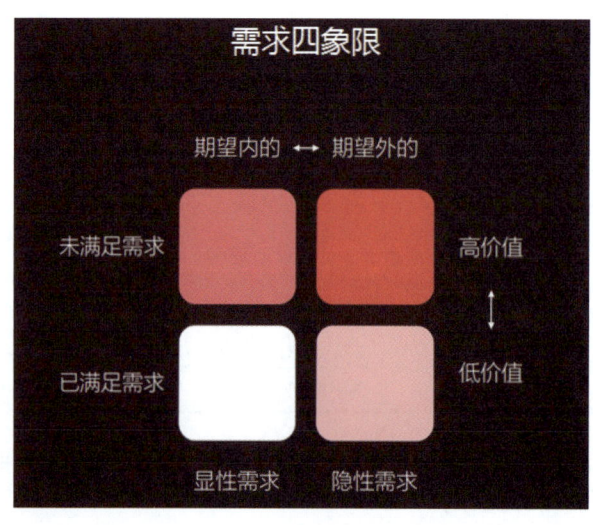

图 3-15 需求四象限

例如,"福特与马的故事"。100 多年前,福特公司的创始人亨利·福特先生到处跑去问客户:"您需要一个什么样的更好的交通工具?"几乎所有人的答案都是:"我要一匹更快的马。"很多人听到这个答案,于是立马跑到马场去选马配种,以满足客户的需求。但是福特先生却没有立马往马场跑,而是接着往下问。

福特:"您为什么需要一匹更快的马?"

客户:"因为可以跑得更快!"

福特:"您为什么需要跑得更快?"

客户:"因为这样我就可以更早地到达目的地。"

福特:"所以,您要一匹更快的马的真正用意是?"

客户:"用更短的时间、更快地到达目的地!"

通过不断的问答,福特完全清楚了用户的真实需求。在本例中,用户的显性需求是要一匹更快的马;而隐性需求是从 A 地快速地到达 B 地。然后福特就发明了汽车,很好地满足了客户的隐性需求。

这个例子告诉我们,我们需要挖掘客户真正想要的"隐性需求",而不是停留在现有客户所说事物的表面,傻傻地去找一匹很快的"马"。

4. 功能性需求和体验性需求

功能性需求:与用户目标及产品功能相关的需求。

体验性需求:易用性及使用品质相关的需求。

这个比较好理解,以手机为例,功能性需求就是 NFC 功能、手电筒功能;体验性需求就是在逆光、夜晚等特殊场景中,手机可以自动识别场景,拍出很炫酷的照片。

如何进行需求分析

需求分析的目的是把用户需求转化成产品需求,如图 3-16 所示。

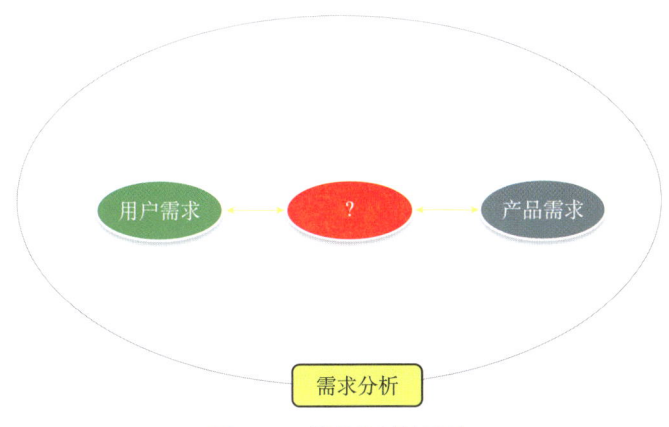

图 3-16 需求分析的目的

需求分析的三要素为用户、场景、行为,如图 3-17 所示。

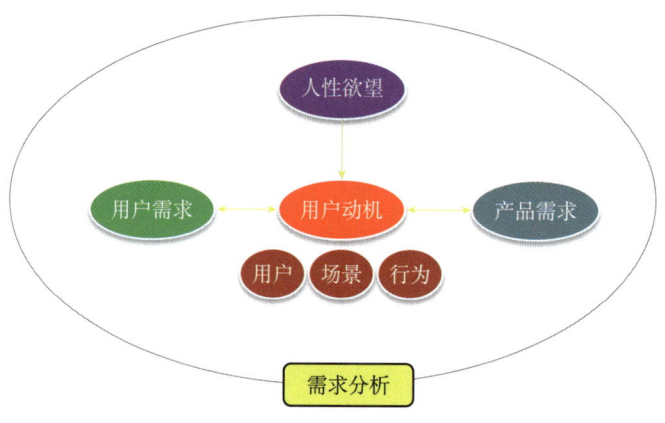

图 3-17　需求分析的三要素

1. 用户
需求所对应的用户（他是谁？），不同用户其角色需求不一致，要分清主次。

2. 场景
需求的应用场景（他在哪里？），分析场景，往往能抓住需求的动机。

3. 行为（路径）
实现需求的完整过程（他如何被满足？），分析关键路径，验证需求能否完整得到满足。

例如，共享单车的用户是谁？它的应用场景是什么？他的行为是什么？共享单车的需求分析如表 3-3 所示。

表 3-3　共享单车的需求分析

用户	应用场景	行为	目的
上班族	家—地铁 家—公司 地铁—公司	从家骑共享单车到地铁站，然后换乘地铁去公司上班； 从家骑车去公司上班，路上大约骑行 10 分钟； 下了地铁，骑共享单车去公司上班，大约骑车 10 分钟	上班、下班
大学生	宿舍—教学楼 教学楼—食堂 教学楼—图书馆 宿舍—图书馆 食堂—体育场	早上，从宿舍骑共享单车去教学楼上课； 中午从教学楼骑共享单车到食堂吃饭，然后从食堂骑共享单车到宿舍休息； 下午从宿舍骑共享单车到教学楼上课，再从教学楼骑共享单车到食堂吃饭； 然后从食堂骑共享单车去图书馆看书学习； 22:00 点之后从图书馆骑车回宿舍休息	学习、吃饭
游客	景点 A—景点 B 景点—小吃街 酒店—景点	游客先骑共享单车从故宫到王府井去购物； 再骑共享单车从王府井到镇国寺小吃街品尝美食；然后骑车回酒店休息	出行、旅游
大爷/大妈	家—菜市场 家—商超 家—公园/广场	大爷大妈早上从家骑车去逛早市，购买新鲜蔬菜；发现家里的牙膏快用完，骑车顺路去附近的永辉超市，牙膏买好后骑车回家准备做饭； 晚上吃饭后，骑车去人民广场跳舞	生活、休闲

如何处理用户需求

A. 尊重用户，一视同仁，海纳百川，求同存异，撸起袖子加油干。
B. 了解动机，判断执行，去伪存真，与时创新，一张蓝图绘到底。

需求排序方法：需求四象限。

四个象限分别是：重要、紧急、不重要、不紧急，如图3-18所示。

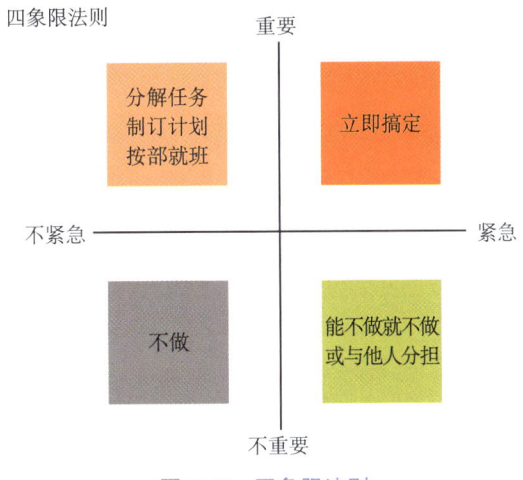

图3-18 四象限法则

从图3-18中可以看出需求四象限处理的优先级分别为：紧急重要＞重要不紧急＞紧急不重要＞不紧急不重要，如表3-4所示。

表3-4 需求四象限处理的优先级

象限序号	象限名称	处理方式	团队
1	紧急重要	马上处理，迅速实现	全体合作
2	重要不紧急	分解任务，制订计划	团队分工
3	紧急不重要	能不能就不做	
4	不紧急不重要	不做	

需求的重要性参考标准可从以下三个方面着手。

（1）主干逻辑、主干需求的重要性绝对高于分支需求。如电商类型商品，用户从挑选商品到下单，再到支付，就是其主干流程，该流程的任何问题都会影响整个业务。

（2）从业务目标出发。产品经理需要对业务效果负责，也需要对阶段性的产品发展目标负责，亦即产品需求的性价比问题。因此，需要优先处理"可产生最佳效果，对业务目标有最大化贡献"的需求，在有限的资源基础上，优先满足对业务目标的最大化贡献需求。其次，才是处理其他"可产生效果，对目标实现有提升效用"的需求。

（3）从用户维度出发。

需求的重要性依次为对核心/大部分用户有影响的＞对较小部分用户有影响的＞产品使用体验问题＞锦上添花的需求。

根据需求的紧急性来判断优先级，可以遵循以下原则：线上Bug＞不解决会造成一定不良影响的＞短时间内可控，但长时间会有不良影响的＞解决后会有较为明显的积极影响的。

下面我们还是以摩拜单车的需求举例。

需求池：

需求A：骑行太沉。

需求B：余额充值仅支持微信，可是我的钱都在银行卡里存着。

需求C：退押金速度太慢了，我都等半天了。

需求D：公司给报销交通费用，充值了200元，我想申请开发票。

我们根据重要和紧急程度把它们放在四象限中，如图3-19所示。

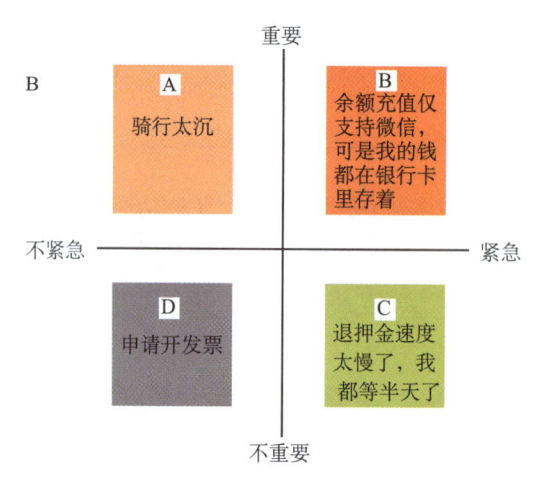

图 3-19　摩拜单车需求四象限法则分析

我们根据四象限法则，可以很轻松地确定以上需求的优先级是：B＞A＞C＞D。所以，产品经理目前应优先处理两件事：先解决用户充值问题，再解决用户骑行费力问题。

3.2.3　用户画像

什么是用户画像

用户画像，又称人群画像，是根据用户人口统计、社交关系、偏好习惯和消费行为等信息而抽象出来的标签化画像。Alan Cooper（"交互设计之父"）最早提出了"Persona"的概念："Personas are a concrete representation of target users." Persona是真实用户的虚拟代表，是建立在一系列真实数据（Marketing Data，Usability Data）之上的目标用户模型。通过用户调研去了解用户，根据他们的目标、行为和观点的差异，将他们区分为不同的类型，然后每种类型中抽取出典型特征，赋予名字、照片、一些人口统计学要素、场景等描述，就形成了一个人物原型（Personas）。

简而言之，用户画像是根据用户的基础属性、社会关系、消费能力、行为特征、心理特征来分析用户特征等信息而抽象出的一个标签化的用户模型。构建用户画像的核心工作就是给用户贴"标签"，而标签是通过对用户信息分析而来的高度精练的特征标志，如图3-20所示。

基础属性	社会关系	心理特征	行为特征	消费能力
年龄	父母	品牌偏好	经常加班	月收入
性别	老公	价格敏感	经常团购	月消费
年龄	孩子	喜欢攀比	喜欢刷抖音	信用卡
星座	同事	犹豫纠结	经常上淘宝	花呗额度
身高	朋友	果敢	开会不准时	VIP客户
学历	亲戚		上班常迟到	有房贷
职业			经常健身	有车贷

图 3-20　用户画像

需要特别注意的是：
- 用户画像要建立在真实的数据基础之上。
- 当有多个用户画像的时候，需要考虑用户画像的优先级，通常建议不能为用户画像超过三个的人员设计产品，这样容易产生需求冲突。
- 用户画像是动态的，需要不断修正迭代。

例子 1：摩拜单车的用户画像。

如图 3-21 所示，我们来看看摩拜单车的用户画像，就能理解为什么摩拜单车可以抓住用户的心。共享单车从诞生之日起，就把城市市场作为发力点，城市白领是其主力用户群，该群体对于品牌、品质和安全更加看重，用户黏性较高。与之相比，某品牌一开始局限于高校校园、专注于校园市场，2016 年年底开始走向社会，以学生群体为主力用户群，该群体更偏向价格敏感型，因而对于促销和"免费"有更高的认同度，但品牌忠诚度较低。

早前某权威机构公布的人群分析报告中指出，共享单车的用户以一线城市人群为主，使用设备以苹果、三星、小米、华为用户为主，其中，高端手机用户更偏爱摩拜单车，使用人群的设备价位在 4000 元以上的占到 12%；在人群偏好方面，摩拜单车的用户偏爱金融、旅游、出行、房产等应用，人群消费偏好指数中，摩拜单车用户偏好金融。

通过用户画像，不难看出摩拜单车的用户群体更高端、更稳定，也具备更高水平的消费能力。面对这样的用户群体，全面满足他们的用户体验，才是留住他们的重要法宝。

一些大公司还是很喜欢用 Personas 来做用户画像研究的，如微软、腾讯、京东、当当、IBM、海尔等。

Persona 一般需要具备哪些元素？

Persona 一般需要具备的元素有：姓名（Name）、照片（Photo）、年龄（Age）、家庭状况（Personal Details/Family Life）、收入（Income/Salary）、工作（Work / Job Details）、用户场景/活动（Use Scenario / Activities）、计算机技能/知识（Knowledge / Skills / Abilities）、目标/动机（Goals / Motives）、喜好/不喜爱（Likes / Dislikes）、人生态度（Quotes）。注意：对于手机浏览器的用户而言，使用手机浏览器的习惯与用户的生活方式（尤其是喜好、阶层）息息相关。

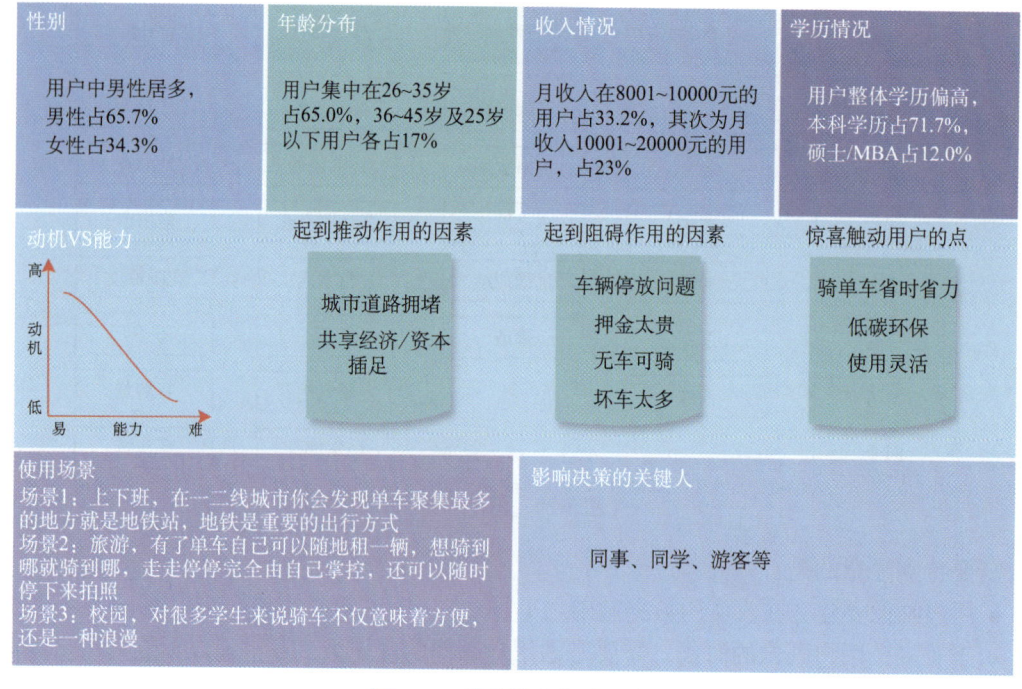

性别	年龄分布	收入情况	学历情况
用户中男性居多，男性占65.7%，女性占34.3%	用户集中在26~35岁占65.0%，36~45岁及25岁以下用户各占17%	月收入在8001~10000元的用户占33.2%，其次为月收入10001~20000元的用户，占23%	用户整体学历偏高，本科学历占71.7%，硕士/MBA占12.0%

动机VS能力	起到推动作用的因素	起到阻碍作用的因素	惊喜触动用户的点
（高—低 动机 vs 易—难 能力 曲线图）	城市道路拥堵 共享经济/资本插足	车辆停放问题 押金太贵 无车可骑 坏车太多	骑单车省时省力 低碳环保 使用灵活

使用场景	影响决策的关键人
场景1：上下班，在一二线城市你会发现单车聚集最多的地方就是地铁站，地铁是重要的出行方式 场景2：旅游，有了单车自己可以随地租一辆，想骑到哪就骑到哪，走走停停完全由自己掌控，还可以随时停下来拍照 场景3：校园，对很多学生来说骑车不仅意味着方便，还是一种浪漫	同事、同学、游客等

图 3-21 摩拜单车用户画像

例子2：如果你经常购买一些宠物粮食，那么电商网站即可根据你的购买情况替你打上标签"有宠物"，甚至还可以判断出你宠物的品种和大致年龄，从而贴上"有1~2岁的小猫"这样更为具体的标签，而这些所有给你贴的标签聚合在一起，就形成了你的用户画像，因此，也可以说用户画像就是判断一个人是什么样的人。例如：

```
{
  "ID": taobao9528,
  "姓名": "张依依",
  "性别": "女",
  "出生年月": 19951015,
  "籍贯": "上海",
  "居住地": "广州",
  "职业": "UI 设计师",
  "教育背景": {
    "学校": "复旦大学",
    "专业": "动画",
    "入学年月": 20131010
  }
}
```

为什么要做人物画像

- 整个团队非常清楚为谁服务，尤其是产品经理。产品经理需要了解用户是谁，他们从哪里来，又在哪里流失，从而找到新的增长点。帮助构建扎实的数据仓库，积累数据资产，并搭建多维数据分析模型，以实现数据驱动。
- 非常清楚用户的痛点和原因，将用户思维落地。通过行为、标签，实现用户分群、精细化运营，提高用户的活跃度。
- 精准提供营销解决方案，优化营销渠道，系统持续地提供价值。分析营销的展现、点击率、消费数据，结合付费转化，及时预警并筛选优质渠道。
- 改善产品体验。视频还原用户轨迹，优化应用的核心流程，为版本迭代提供数据指引。

如何做用户画像

前面说了那么多，你现在一定想知道如何针对自己的产品做一个用户画像吧！

第一步：找到核心用户。

找到核心用户，不仅仅是找到用户这么简单。首先我们要学习鉴别核心用户，这里告诉大家一个鉴别方法，即"如果明天没有了×××，你的感受会如何？如果有用户称自己的工作或者生活将受到很大影响，并且愿意通过付费等方式让网站维持下去，那么这个人就是核心用户"，然后我们根据这个方法去甄别核心用户。

例如，朋友小张在短视频平台发布一个"北京女神精英群"二维码，让大家扫码进微信群，不到1天就加入了100多人，但是很快问题出现了，群里有很多人发广告，还有很多男士潜入。最后她改变了策略，让用户先加她个人微信，然后让用户分享朋友圈后，信息保留至少1天，然后再同意入群。这样一来，人少了很多，但是用户更加精准了，接下来可以组织线下聚会，进行资源互惠，群中的有些人可以进行生意往来。

第二步：访谈、观察、交流。

通过第一步找到的一批核心用户，往往由于喜欢使用你的产品或者是认同你的价值观，进而产生信任感，才会陪你玩。你找到他们聊天，看他们的朋友圈，就会知道你的铁杆用户是一群什么样的人，也会知道他们的喜好。比如产品经理经常扮演客服角色，在VIP客户群中耐心解答用户的反馈，有时候还会与客户单独进行深入互动，了解用户的真实想法，对用户了解得越深，就越能知道你的产品应该用什么来打动客户，如何才能做到超出用户预期体验。

第三步：小步快跑，不断迭代。

所谓用户画像，其实就是一个一个标签的集合。这些标签是动态变化的，画像不是一个人，而是一类人群，在社会关系的流动中，画像标签会发生变化，这个很好理解。例如，一个人的学历标签随着时间的推移会发生变化，由幼儿园到小学，到初中，到大学，再到博士。

又如，短视频的美食红人"大LOGO吃垮北京"，打卡各种奢华地方，登录各种网红的榜单，相信很多朋友都刷到过。美食探店的博主很多，竞争非常激烈，大家都在绞尽脑汁，想做出自己的特色。有些人脑子里想着做自己的特色，可是做起来却没什么特色。只要是美食，什么都做。"大LOGO吃垮北京"在前期也进行了各种尝试，从普通小吃店到豪华餐厅都有涉猎，最后定位高端奢华美食。我们一起看一下他的视频内容的标签变化。

"大LOGO吃垮北京"的探店标签之前是"火锅、小资、苍蝇小馆、路边摊、轻奢、奢华美食、米其林"。随着不断对粉丝的心理和视频的数据反馈进行研究，他也在不断地调整和尝试，最后他在视频定位上进行了人群划分，按照人均消费进行了取舍，与其在谁都能消费得起的美食赛道与千万博主撕扯，不如另辟蹊径走高端路线，将标签变成了"奢华酒店、极品美食、名贵食材、尊贵享受"，在人迹稀少的奢华消费赛道上自由奔跑。也许再过几年，"大 LOGO 吃垮北京"的标签可能变成"全球高端美食博主、月球探店等"。

在互联网还有一种验证小步快跑的科学方法，叫作"A/B 测试"，通过在类似的时间段，推送风格相差不大的内容，通过热力图和转化率来推断用户更喜欢方案 A 还是方案 B，并在下一次测试中把这个点固定下来，继续改变其他的变量（比如视频长度、视频风格、视频描述、是否增加引导转发的语音提示等）。通过一系列的 A/B 测试，来验证用户最喜欢什么样的内容，找回最优方案。

用户画像如何指导产品和运营

对用户线上和线下行为深度洞察，构建全面、精准、多维的用户画像体系，为公司产品提供丰富的用户画像数据及实时的场景识别能力，帮助公司全方位了解用户。用户画像在公司的内容运营和营销转化方面有着巨大的商业价值。

内容运营例子："人人都是产品经理"是一个产品爱好者学习交流平台，受众用户是各行各业的产品经理。他们不断围绕产品经理画像标签，投其所好，提供丰富的产品相关内容，比如互联网业内动态、产品设计、交互设计、视觉设计、用户体验、产品运营、产品市场和项目管理等专业内容，并用 tag（标签）做分类以辅助 SEO（搜索引擎优化）。现在网站已经积累了大量的专业内容，以至于你在百度 /360/ 谷歌中搜索产品经理相关的关键词时，这个网站都会出现在你的第一页搜索结果中。这就导致了"人人都是产品经理"成了产品经理行业名副其实的 NO.1，每当有产品新人想加入这个行业时，都会优先到这个网站进行学习。

营销转化例子：某教育公司每年会举行一次全国大规模的 IT 比赛，每年比赛结束后，就会有一些企业来招聘优秀的人才。这时候，我们可以通过后台生成的用户画像标签，进行精准推送。如图 3-22 所示是某企业想招聘天津 / 北京高校参赛获得 Java 一等奖年龄不超过 25 岁的男生，这样我们通过画像标签就很容易圈选出这类学生用户，然后通过微信消息提醒或者发邮件告知学生。

图 3-22　由后台生成的用户画像

通过后台数据，我们可以很清晰地看出用户究竟喜欢哪些内容，通过不断地试错去迎合他们，但同时也应注意，不要只追求数据而失去品牌信任。

3.2.4　任务清单

我们继续以共享单车为例，在设计初期，我们需要分析用户路径与产品之间的交互行为，如图 3-23 所示。

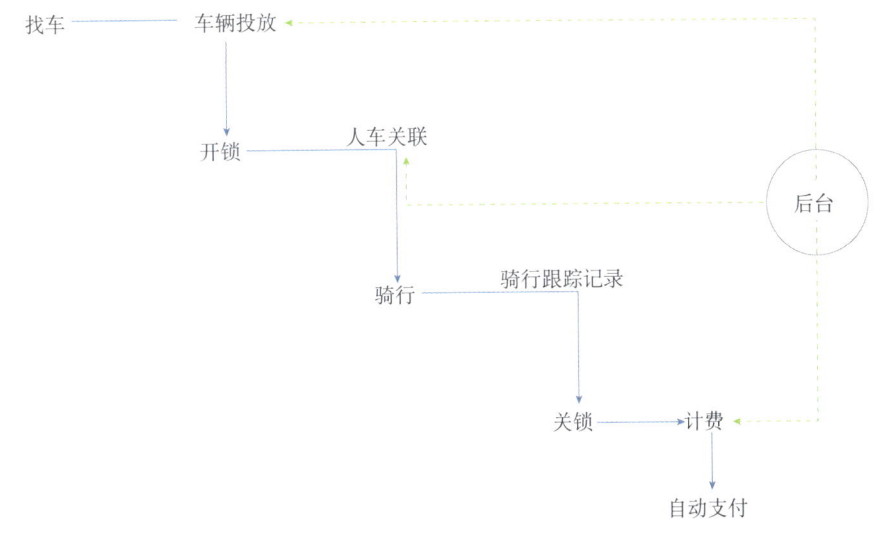

图 3-23　用户路径

根据图 3-23，我们再结合用户场景就可以轻松制作出用户的任务清单，以共享单车为例，用户第一步是找车，第二步是开锁，第三步是开始骑行，第四步是骑行结束，第五步是离开支付车费。为了更好地方便大家理解，摩拜单车详细的用户行为如图 3-24 所示。

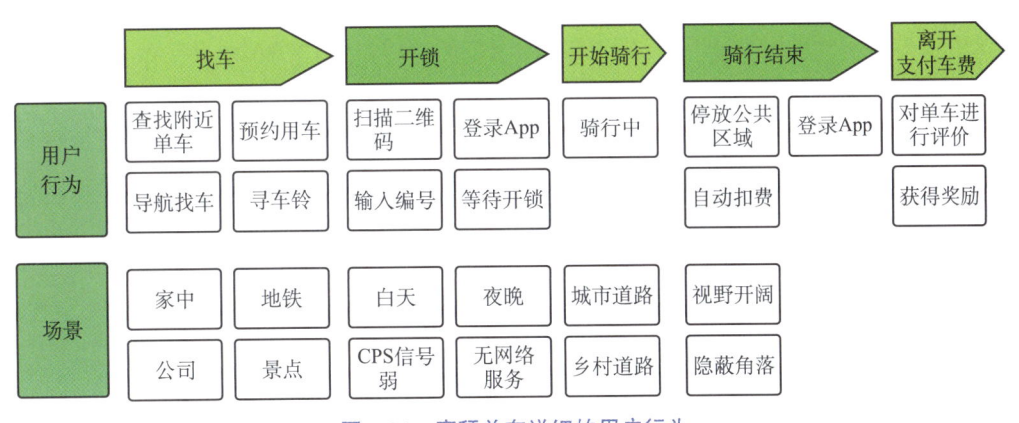

图 3-24　摩拜单车详细的用户行为

3.2.5　功能组合

功能结构图就是按照功能的从属关系画成的图表，在该图表中的每一个框称为一个功能模块。功能模块可以根据具体情况分得大一点或小一点，分解得到的最小功能模块可以是一个程序中的每个处理过程,而较大的功能模块则可能是完成某一个任务的一组程序,如图 3-25 所示。用通俗的话来说,功能结构图就是以功能模块为类别。

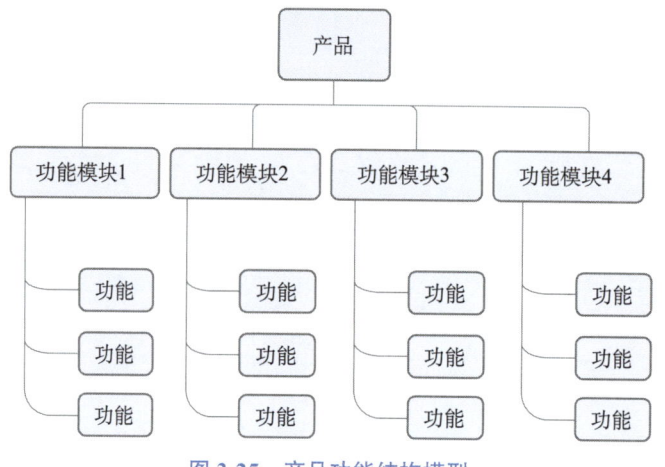

图 3-25　产品功能结构模型

产品功能结构图的作用

产品功能结构图是产品概念设计的运用工具之一,能够将不完全确定的设计问题或相当模糊的设计要求,以一种较为简洁和明确的方法表示。在绘制的过程中,能够帮助 PM 思考并厘清产品的功能模块及其功能组成。

拓展小阅读

以自己曾经负责的一个小产品举例,假如给你加 10 个人,投入 1000 万元,你会做什么?

boss 突然说,预算不够,只能给你 5 个人,投入 200 万元,你会砍掉哪些功能?

到了最后关头,boss 突然说,只能给你 2 个人,投入只剩下 50 万元,你会只留下什么功能?

这就是我们所说的先做加法,后做减法。在有限的资金、有限的人力、有限的时间内,被你做减法减剩下的,就是核心功能。

如何绘制产品功能结构图

在实际应用时,产品功能结构图通常在以下两种情况下绘制:
- 对未完成的产品在设计阶段绘制,确定产品功能结构。
- 对已完成的某个版本的产品绘制,用于分析并传递该产品的功能结构。

(1)在产品的设计阶段,如何挖掘并确定产品功能结构图中的主功能模块呢?

首先主功能模块应该是产品在完整业务流程中的各个核心功能模块,我们可通过业务流程中所涉及的功能需求去提炼出主功能模块,提炼完成后再通过业务流程检查一次,看是否有遗漏的主功能模块。

例如,假设我们参与了某共享单车的早期功能设计,其产品初期定位是一款智慧交通软件，那么其对应的核心业务流程可以简化为如图3-26所示。

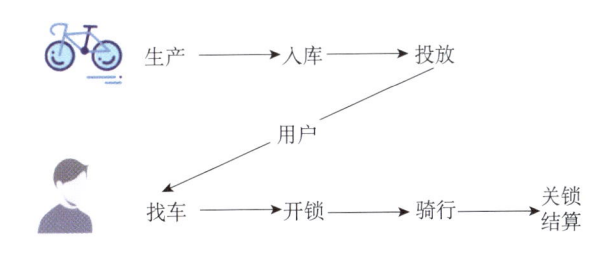

图 3-26　共享单车早期功能设计

这样我们就很容易得出产品设计阶段共享单车的主功能模块，如图3-27所示。

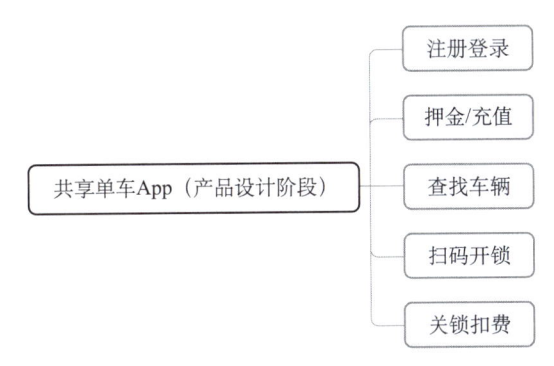

图 3-27　共享单车设计阶段的主功能模块

结合下面现有版本的产品功能结构图（见图3-28）对比一下，可以发现经过上百次迭代，其主功能结构几乎没有发生变化。

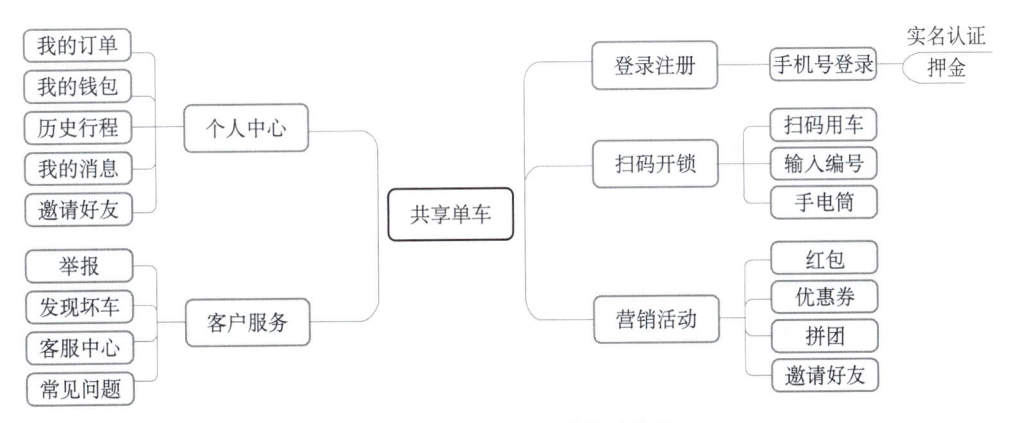

图 3-28　现有版本的功能结构图

当通过业务流程将主功能模块确定下来后，再根据业务需求对其进行功能的详细设计即可，如表3-5所示。

表 3-5 具体业务设计

主功能模块	子功能模块（支持功能）
注册登录	手机注册
	第三方验证注册
押金/充值	押金
	账户余额
	微信支付
	支付宝支付
查找车辆	地图
	车辆定位
	预约用车
	骑行费用说明
	寻车铃
扫码开锁	二维码扫描
	编号开锁
	蓝牙开锁
	手电筒
关锁扣费	费用明细
	骑行距离
	地图轨迹
	骑行时间
	消耗卡路里
	节能碳排量

如何给以上功能进行合理排序？万能的四象限法则同样适合功能优先级排序，如图 3-29 所示。

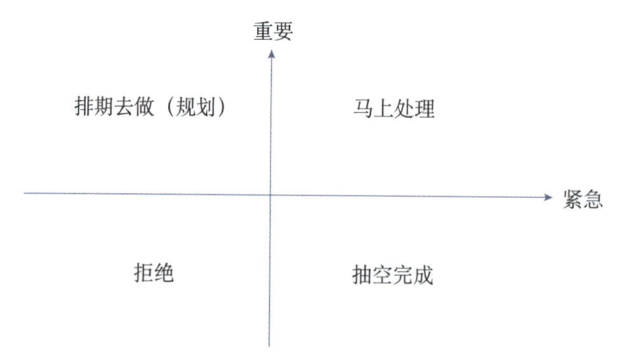

图 3-29 采用四象限法则进行功能优先级排序

针对以上功能，我们根据四象限法则和商业价值给它们设置一个优先级，如表 3-6 所示。

表 3-6　功能优先级

主功能模块	子功能模块（支持功能）	优先级	重要	紧急	开发成本	商业价值
注册登录	手机注册	P1	√	√		
	第三方验证注册		√	×		
押金/充值	押金	P1	√	√		
	账户余额	P1	√	√		
	微信支付	P1	√	√		
	支付宝支付	P1	√	√		
查找车辆	地图	P1	√	√		
	车辆定位	P1	√	√		
	预约用车		√	×		
	骑行费用说明		√	√		
	寻车铃		√	×		
扫码开锁	二维码扫描	P1	√	√		
	编号开锁	P1	√	√		
	蓝牙开锁		×	×		
	手电筒		√	×		
关锁扣费	费用明细	P1	√	√		
	骑行距离		×	×		
	地图轨迹		×	×		
	骑行时间		×	×		
	消耗卡路里		×	×		
	节能碳排量		×	×		

所以摩拜 V0.01 版本的核心功能是：手机注册、账户（余额/押金）、微信/支付宝充值、车辆定位、二维码扫描、费用结算，如表 3-7 所示。

表 3-7　摩拜 V0.01 版本的核心功能

优先等级	功能模块	理由
优先级 1	扫码开锁	使用 App 就是为了能够打开附近的单车
优先级 2	充值	用完共享单车，系统会进行扣费，如果账户中没有余额，则无法骑行
优先级 3	自动扣费	骑行结束后，需要共享单车上传数据，并进行费用结算
优先级 4	查看行程	地图上画出了什么图案是骑行后的乐趣，用户喜欢在朋友圈中炫耀
优先级 5	预约用车	在共享单车使用高峰期，可以提前预约单车，防止共享单车被抢光的情况
优先级 6	更多	

（2）对于已确定产品来说，如何绘制产品功能结构图呢？

对一款已确定产品，绘制功能结构图，最快捷的方法便是参考产品的 Tab 功能模块找出产品主功能模块，然后按照层级归属关系详细叙述该功能模块提供的下一级功能模块或功能，如有必要，其颗粒度可一直细化到功能操作的描述程度。

3.2.6　界面操作

在共享单车顶峰时期，市面上的单车品牌有几百家，那时候流行一句话"制约共享单车的最大因素是颜色不够用了"，其中主流颜色是：蓝、黑、红、黄、橘、绿。不管使用哪一种色彩，都要与用户群体有关。笔者作为使用共享单车的用户，比较喜欢的颜色是蓝色、橙色和黄色，因为这三种颜色让人感觉很年轻、活泼、有科技感。而且辨识度较高，尤其是黄色，颜色辨识度最好，在熙熙攘攘的人群中显得特别与众不同。经过几年的大浪淘沙，目前所剩的单车品牌已经是个位数，我们现在回过头看，目前街上的单车颜色有美团"黄"、滴滴"青（浅绿色）"、哈啰"蓝"。共享单车 App 首页效果图如图 3-30 所示。

如图 3-31 所示，扫码开锁这个界面中的功能少而精，它的目标就是让用户可以扫到二维码，并且骑走共享单车。这里有几个细节都是奔着这个目标而去的。

图 3-30　共享单车 App 首页效果图　　　　图 3-31　扫码开锁效果图

- 扫描框上方共享单车上三个红色发亮的二维码提醒用户共享单车可以扫描的位置。
- 在光线暗的情况下，可以使用闪光灯（打开手电筒）来照亮二维码。
- 如果无论如何都扫不到二维码，但是可以看到共享单车编号，也可以通过输入共享单车编号来解锁。

这里值得称赞的是：一旦扫描成功，共享单车开锁，就可以抛开 App 了。后续还车只需要把共享单车关锁，后台便会自动结算费用，如果余额不足，则会提醒用户充值，并且会影响下次使用，整个用车流程让人很舒服。

3.3 逻辑篇：流程图

产品经理工作中需要的图都有哪些？这里可以罗列一下：流程图；设计草图；线框图、交互原型图；视觉图、UI 图；信息结构图；站点地图；角色关系图；测试用例图；甘特图；时序图；UML 图。这里主要介绍流程图。

流程（Flow），顾名思义：水流的路程；事物进行中的次序或顺序的布置和安排。流程是自然而然就存在的，它可以不规范，可以不固定，可以充满问题。由一系列逻辑关系（因果关系、时间先后、必要条件、输入输出），完成一个完整行为的过程，可称为流程；要注意的是流程必须包含两个及以上的步骤。流程图的核心就在于如何排布事物进行的次序，在特定的情景下满足特定用户的特定需要的总结，不同的顺序可能造成截然不同的结果。

为什么要画流程图

- 产品经理在进行产品宣讲、客户培训时需要流程图。
- 产品经理对需求功能进行流程优化 / 迭代（版本控制）。
- 产品文档的基础（PRD 中有大量的流程图、开发过程基于流程图开展）。

流程图的基本元素

流程图的基本元素如表 3-8 所示。

表 3-8 流程图的基本元素

元素样式	元素名称	元素介绍
	开始 / 结束	流程图的开始或结束都以此元素样式为准
	节点	任何一个操作或者状态，都为一个节点
	判定	遇到不同处理结果时，采用此符号连接分支流程
	子流程	将流程中一部分有逻辑关系的节点集合成一个子流程，方便主流程频繁调用
	连接线	用来将任意节点连接起来，连线上可添加文字

流程图的结构

流程图中大致包含 3 种结构：顺序结构、条件结构（又称选择结构）、循环结构。基本上大多数流程图都是由这三种结构组成的，如图 3-32 所示。

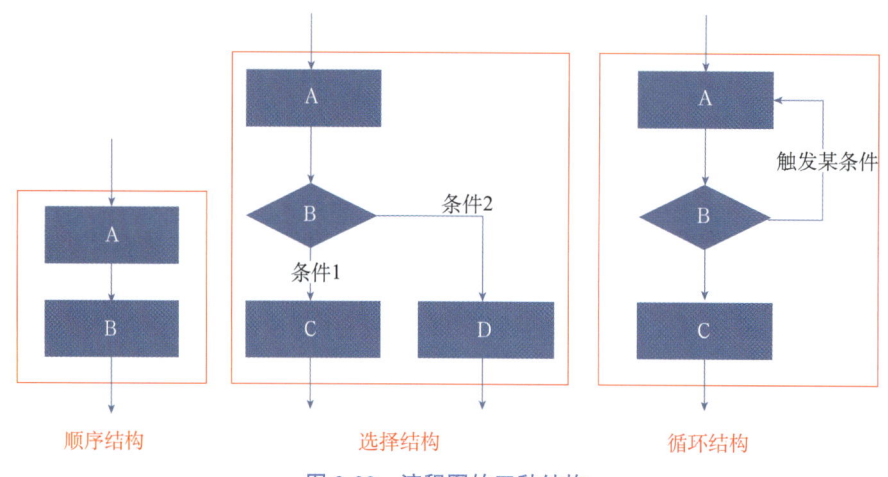

图 3-32　流程图的三种结构

3.3.1　业务流程图

共享单车的核心部件就是一把锁,从很多的节目中可以看到共享单车的创始人都喜欢拿着一把锁,这把锁就是共享单车的核心,所以我们从"App 扫描二维码/输入单车编号"节点开始推导。用户要开车牌编号为×××的共享单车,那么就需要得到车辆的 ID、位置和状态。而所有车的开锁指令,都应该放在共享单车数据库中。

用户不论是扫描二维码,还是输入共享单车编号,本质都应该是将共享单车编号传输给服务器,告诉它用户要哪辆车的密码。服务器查询到此共享单车的 ID 和状态以后,发出开锁指令,我们就看到此共享单车被自动打开了。停车关锁后,共享单车自动上报状态、位置和行程。整体业务流程图如图 3-33 所示,开锁业务流程图如图 3-34 所示。

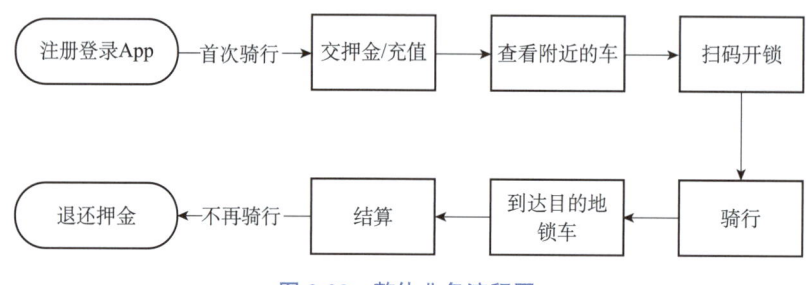

图 3-33　整体业务流程图

3.3.2　使用流程图

我们扫码用车的流程是:打开 App,扫描共享单车的二维码,共享单车车锁会被自动打开,不需要像机械锁一样手动操作,在锁车后,共享单车会自动结束行程,无须在 App 中点击结束,并且系统自动进行账单结算。共享单车使用流程图如图 3-35 所示。

3.3.3　泳道图

泳道图是流程图中的一种画法,它将流程图中的一些流程节点按操作角色的不同而划分。对于涉及多角色比较复杂的流程图来说，画泳道流程图会看起来更加清晰明了，如图 3-36 所示。

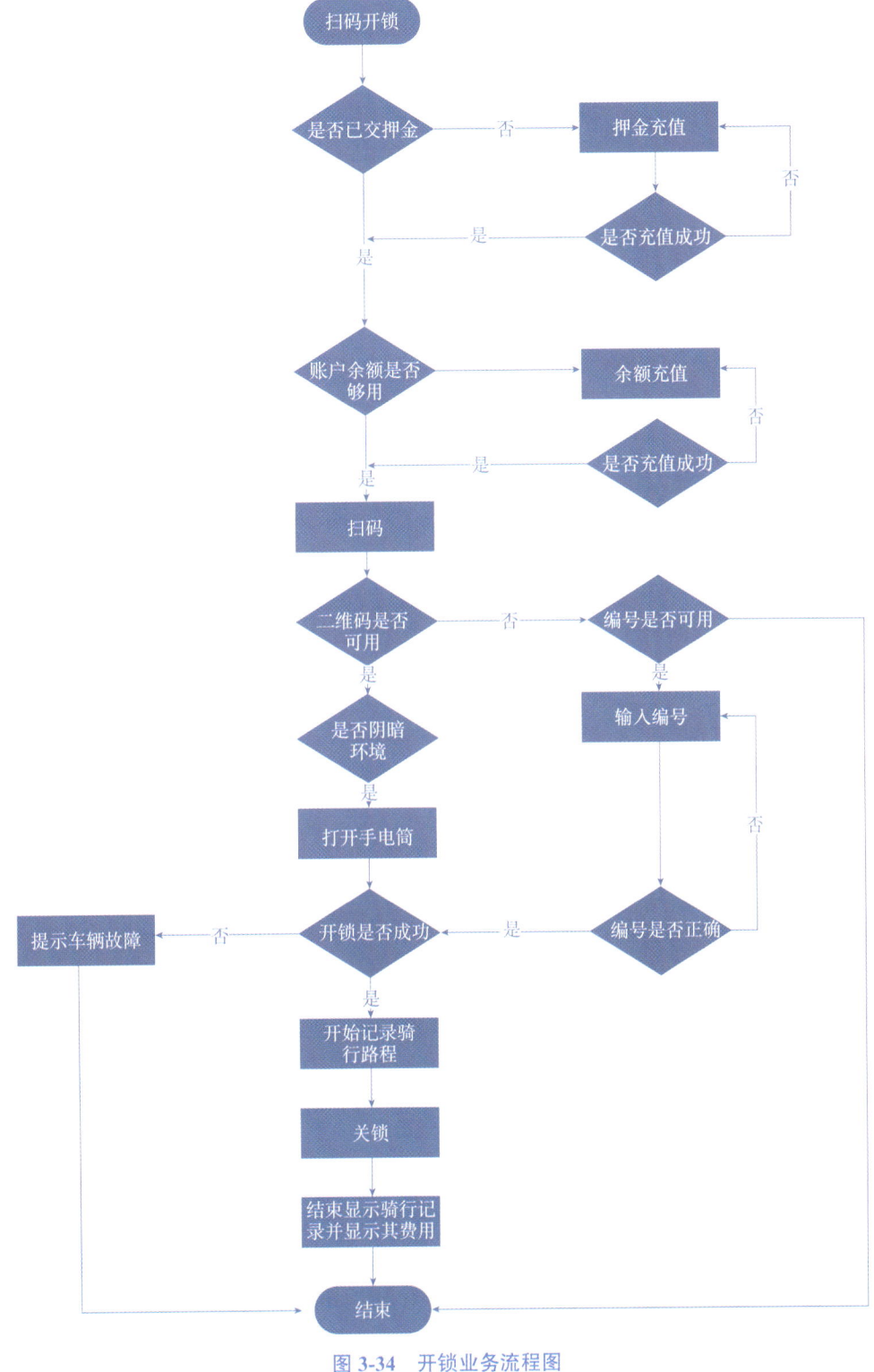

图 3-34　开锁业务流程图

图 3-35　使用流程图

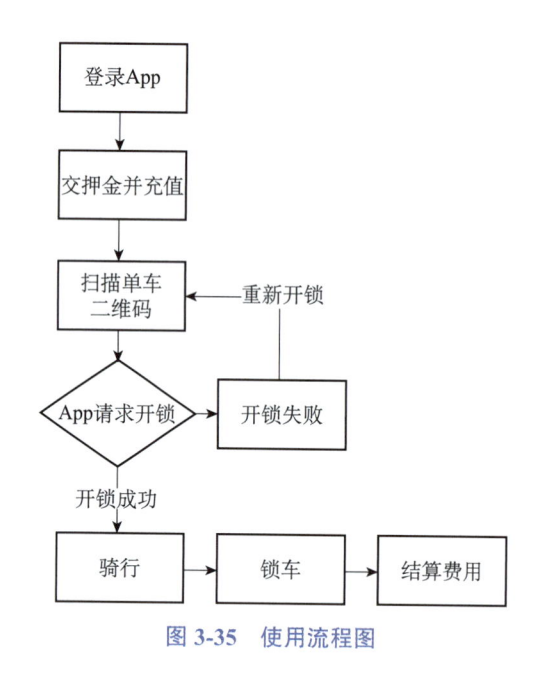

图 3-36　泳道图

3.3.4　时序图

时序图（Sequence Diagram），又名序列图、循序图、顺序图，是一种 UML 交互图。它通过描述对象之间发送消息的时间顺序显示多个对象之间的动态协作，时序图强调交互的时间顺序，可以直观地描述并发进程。例如，微信二维码支付时序图如图 3-37 所示。

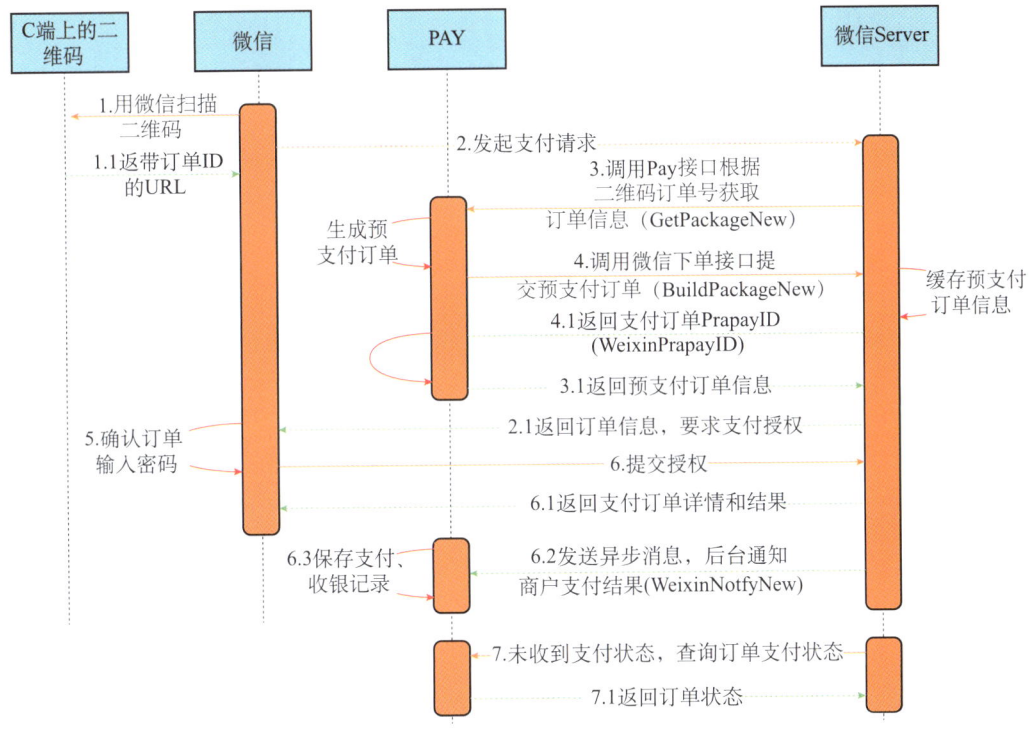

图 3-37 微信二维码支付时序图

3.3.5 甘特图

甘特图（Gantt Chart）作为一种理想的项目管理控制工具，它通过条状图来显示项目进度和其他与时间相关的系统进展的内在关系，管理者由此可以非常便利地弄清每一项任务（项目）还剩下哪些工作要做，并可评估工作是提前了还是滞后了，抑或是正常进行。

制作甘特图的工具有很多，比如 Microsoft Project、Excel 等。下面以摩拜单车为例，用 Excel 绘制摩拜的开发周期表，如图 3-38 所示。

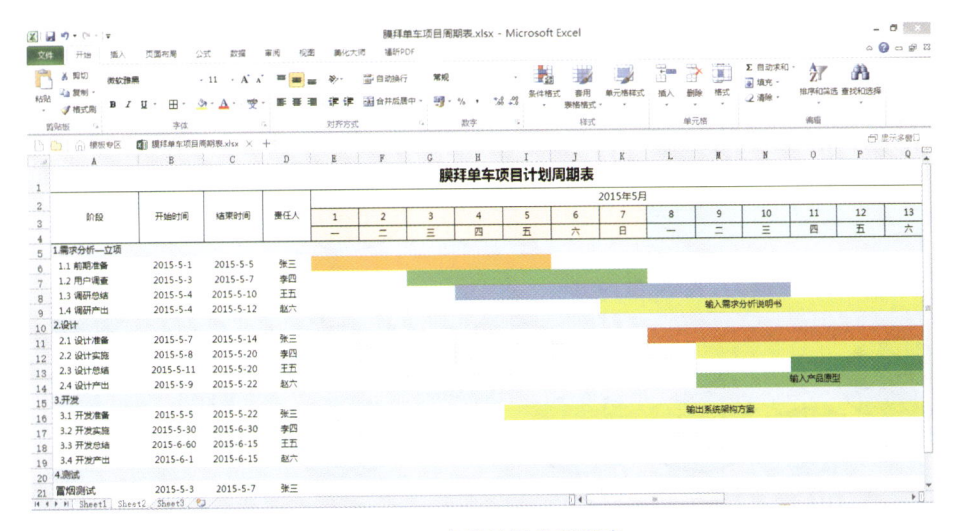

图 3-38 摩拜的开发周期表

3.3.6 UML 图

用户骑行扫码用车的用例图 UML，如图 3-39 所示。

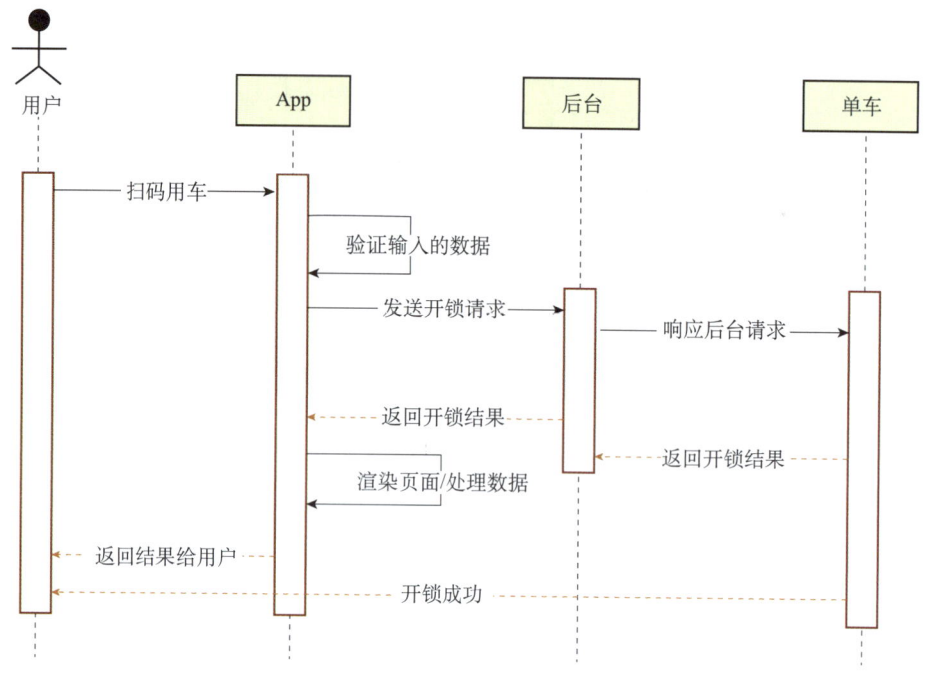

图 3-39 用户骑行扫码用车的用例图 UML

3.3.7 角色关系图

在摩拜单车的系统中一共有两个角色（App、单车）、一个系统（后台管理系统），它们的角色关系图如图 3-40 所示。

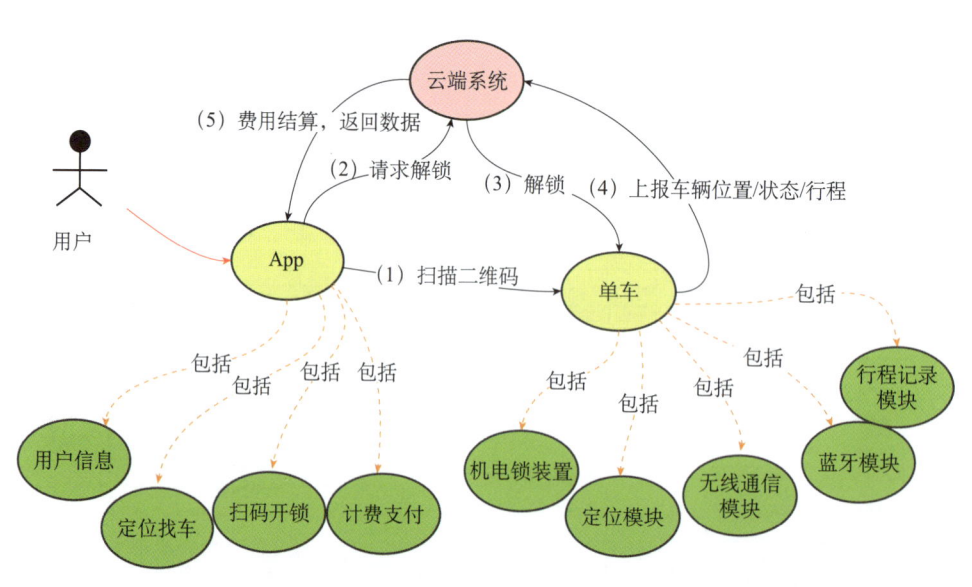

图 3-40 摩拜单车角色关系图

3.3.8 E-R 图

E-R 图即描述现实世界的概念模型，称为实体－联系模型——E-R 模型，E-R 图适用于大部分数据库的产品设计。

现在就共享单车中的用户、单车和订单三个实体集之间做 E-R 图。一个用户可以骑行多辆单车，一辆单车可以有多条订单，所以联系类型是 n；用户的属性有头像、昵称、姓名、手机号、钱包、行程等，单车的属性有编号 ID、价钱、单车名称、类型、图片信息等，它们的 E-R 图如图 3-41 所示。

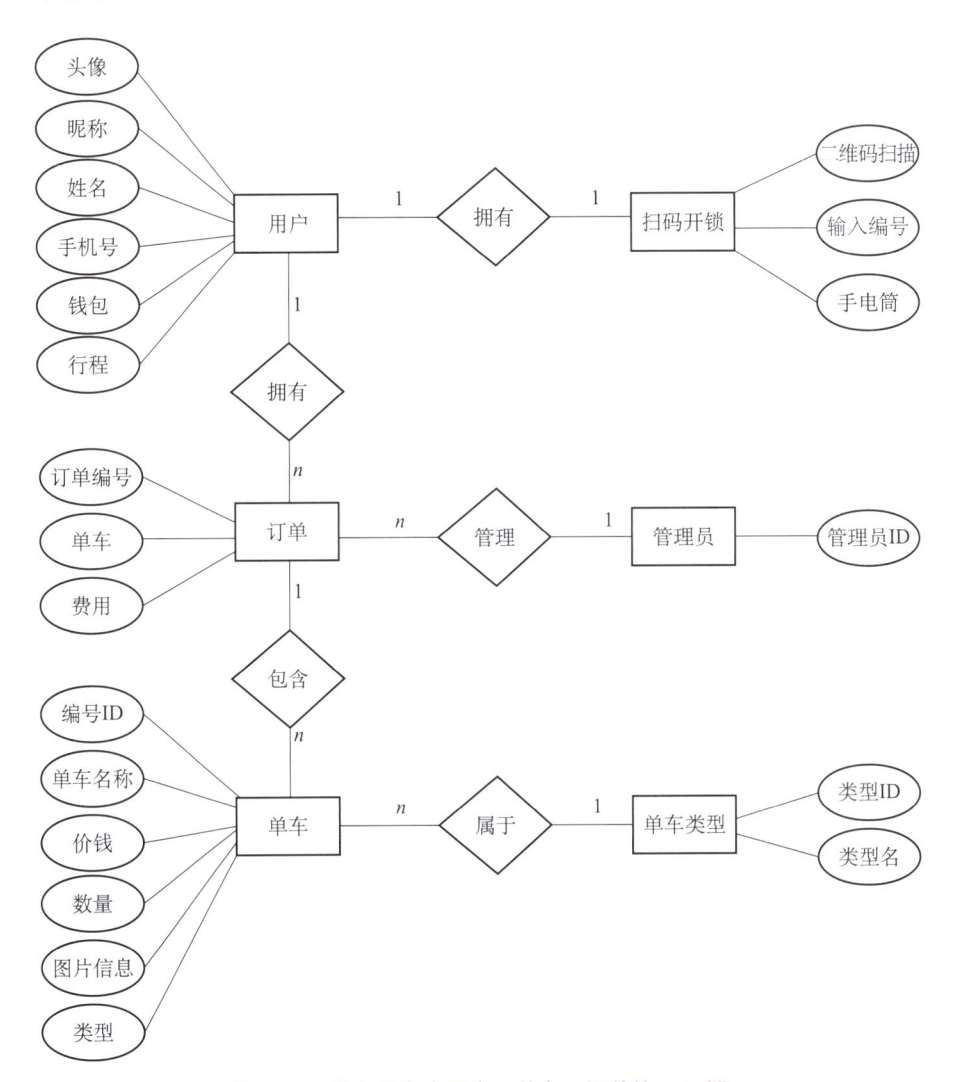

图 3-41 共享单车中用户、单车、订单的 E-R 图

3.4 如何制作信息架构

对于任何一款产品，用户会使用，是因为这款产品对用户来说是有价值的，但任何产品

的用户，都有一个从新手接触到深度使用的过程。对于刚接触到某款产品的用户，能否仅看主界面和菜单便明白该产品的主要功能，是非常重要的。而要做到这一点，就需要进行合理的信息架构的设计。

在产品经理工作过程中，在写PRD、竞品分析文档中，我们常常会看到产品结构图、产品功能结构图或者产品信息结构图的身影。下面我们来说一下如何制作产品功能结构图和产品信息图。

什么是思维导图呢？思维导图，又简称为"脑图"，是PM的一个常用工具，通过Mindmanager或Xmind等软件，可以帮助梳理信息架构和脉络。

信息结构是产品所呈现的信息层次，通俗地讲就是一个产品可以用来做什么。信息结构设计是为了从根本上决定一款产品可以解决什么问题，由哪些部分组成，各部分之间的逻辑关系是什么。表达信息结构最好的方法是脑图。

一个信息架构中，往往需要对产品功能层次进行梳理，体现在产品中最直观的便是用户要使用某一功能需要点击几次及是否能够一眼便看到。如果同一层级中内容过多，会导致用户无法一眼找到自己所需的信息；而如果层级过多，当用户在使用一个常用功能时，也需要多次点击，这会造成效率下降。

我们以一款共享单车为例，对于这款软件，它的信息结构就是：预约、找车、开锁、骑行、关锁结算和行程记录。对于开锁而言，又可以分为扫描二维码开锁和输入编号开锁、白天开锁和夜晚开锁等，如图3-42所示。

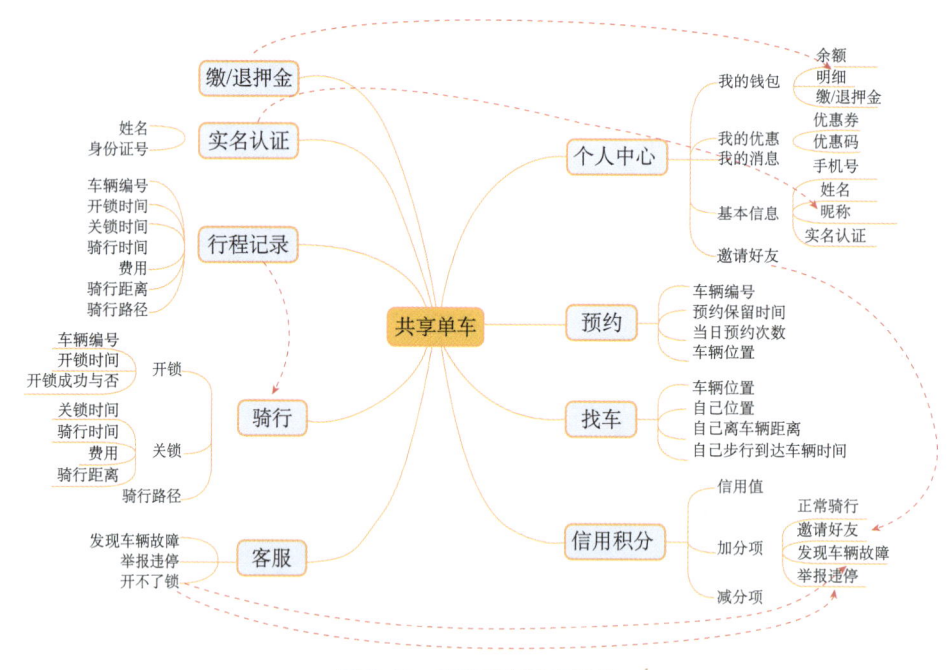

图3-42 共享单车信息结构

一款产品在迭代过程中，必然会涉及一些功能的调整，并且往往随着产品版本的不断升级，功能会越来越多。在进行产品信息架构设计时，就应该考虑未来功能增加时的情况。对于任何产品，其信息架构的大改动都应该是一个需要非常慎重考虑的事情。因为它可能会导致界面布局、用户习惯的完全改变，如支付宝 App 在每个大版本更新时都会带来一定的界面内容变化，在某种程度上造成了用户使用习惯的改变。但是反观微信，微信早期只有聊天功能，到现在增加了微信支付等功能，但是界面布局一直保持了最初的布局，这是一个非常令人佩服的地方。

3.5 产品的生命周期

一个互联网产品，从发现需求到开发完成上线，就开始了自己坎坷动荡的一生。从最开始的调研、立项、开发到内测、上线，再到最后的迭代、持续运营甚至关停，这个过程就是产品的生命周期，如图 3-43 所示。

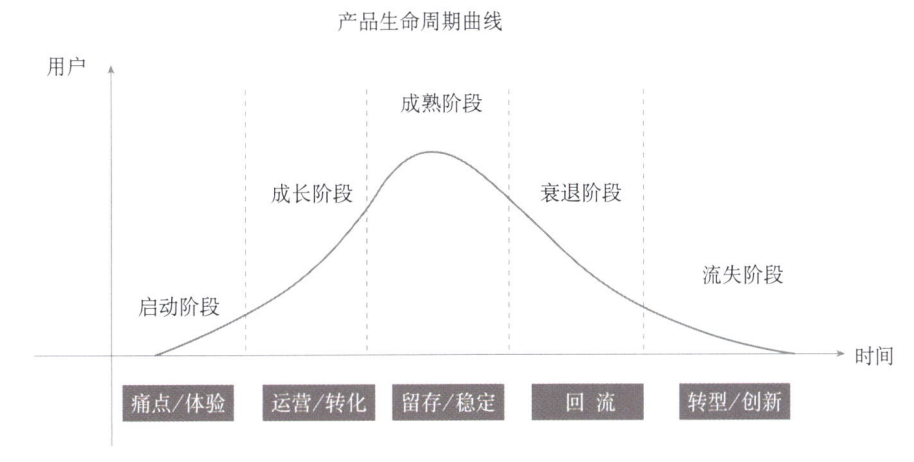

图 3-43 产品生命周期

一个产品成功了，有很多分析可做；一款产品失败了，也有很多经验教训可以分析。不过现在网上的一些文章大部分是从市场、资本、管理的方面进行分析的。从这些方面分析并没有错，不过产品经理更喜欢站在产品和运营的角度来分析一款产品的成败。做产品就像开饭店，饭店开得多了，用户和市场没有增长，自然一些经营不善的饭店就会关闭。

产品的生命周期有两个维度，即时间维度和用户维度，把产品和运营的过程落在启动阶段、成长阶段、成熟阶段和衰落阶段这四个阶段中，然后进行项目的复盘和分析，可以找到很多规律，发现更多的坑，这对于新人的成长是非常有帮助的。

如何判断公司产品属于哪个阶段

启动阶段：新用户比例高于用户流失率。
成长阶段：新用户比例高于用户流失率。
成熟阶段：新用户比例与用户流失率持平。
衰退阶段：新用户比例低于用户流失率。

3.5.1　启动阶段：冷启动，寻找种子用户

启动阶段须验证你的产品是否符合市场需求，是否能够抓住用户的痛点，是否能获得比较好的口碑传播。启动阶段一般是在没有推广的情况下，去看你的产品是否能够得到比较好的自然增长，用户是否能够留存下来。

初创团队没预算，没用户，甚至没产品！如何快速实现低成本冷启动，达到第一个百万用户，这是很多互联网初创团队最头疼的问题。

除了一些含金而生的、一出生就站在巨人的肩膀之上的，如腾讯、网易等可以直接获取亿级的固有用户的"二代们"，很多新创公司的冷启动都是靠一腔热血生生捂热的。在互联网行业，常把一个没内容也没用户的网站的开启叫作"冷启动"。App冷启动就是从0用户开始积累用户的过程。

冷启动的窗口时间（一般是1个月之内）与期望的种子用户规模，可以根据产品自身的一些特性来确认。当冷启动结束后，需要能够总结出产品的优化方案及产品的市场反应效果，来确认下一步的安排，是继续推广还是迭代完善产品，抑或者说是放弃这个产品。

例如，共享单车在冷启动的时候，肯定是在某一个或者几个用户场景进行投放，而且投放的数量不能太多，因为这时候需要集中精力去验证产品的可行性，也就是大家经常提到的"MVP"。如图3-44所示的这条新闻就是最好的诠释。

四线城市创业的痛;共享单车上线20天丢了76%,投资人被吓跑!...
2017年3月10日 想哭,四线城市创业的痛;共享单车上线20天丢了76%,投资人被吓跑! 上线20天丢了7成车 近日,Kala单车(卡拉单车)发布声明称,该公司今年春节在福建莆田市区...
官网　　保障　　百度快照

图 3-44　共享单车启动阶段的新闻

投放市场后，需要实时关注共享单车的去向和行迹，根据用户行程和消费情况，快速验证产品的场景需求、人物画像和用户价值。

3.5.2　成长阶段：拉新、留存

当产品结束了冷启动，经过市场的初步验证与优化迭代，就进入了产品的第二个阶段——成长阶段。对于大多数的互联网产品来说，这一阶段是一个产品能成功的核心阶段，成长阶段的核心任务是圈地，将更多的目标用户圈进来，而且要让他们留下来，活跃起来，形成产品的常态流量来源。这个时候，可以初步探索业务变现方式。

在成长阶段，有两个核心的任务，第一个是拉新，这个时候要更多地考虑做什么产品或功能或服务或体验能更多、更快地将有效用户转化为核心用户，什么产品或功能或服务或体验能提升用户黏度、日活和月活等。第二个是留存，就是关系建立、沉淀与活跃。不管是连接人与人，还是连接人与服务、人与设备，连接的前提是要建立关系、用户对产品中的内容感兴趣、用户对工具的依赖、用户的社交关系等。一定要有一个地方让用户跟产品建立关系，而且要沉淀下来。关系越唯一，产品的可替代性越低。

共享单车的拉新主要体现在内容运营、活动运营、商业运营。

内容运营：投放单车数量，升级单车硬件。

活动运营：可以查看一下共享单车的官方微博发布了××条微博，大约举行了××场活动，平均每3天就有一场活动，这样做的目的就是不停地引导新用户注册，激活老用户。

商业运营：我们打开今日头条或者网易新闻客户端，基本上天天能看到共享单车的创始人他们参与的各种活动及视频。

3.5.3 成熟阶段：转化、盈利

产品进入成熟阶段，其用户数也到达了市场大盘的天花板，人口带来的增长红利开始消失，增长放缓甚至停滞。这个时候，产品的主要流量及渠道趋于稳定，商业化营收开始趋于正常或者已经开始有稳定的盈利。

成熟阶段的核心任务是拓展、改善原有产品的服务和体验等以求重新进入快速增长期，或者在已有用户和资源等基础上寻找和试探能再次进入快速成长的新产品。而针对留存与活跃来说，要通过运营手段（积分、会员等）来增加活跃用户的停留时间与使用频次，以及激活老的用户，并且要针对内部的流量做精细化的运营及转化。

例如微信，据腾讯2020年第三季度公布的数据，腾讯微信及WeChat月活跃用户达12.1亿，目前微信更多的是探索新的场景，恰逢5G时代来临，微信上线了视频号。视频号是腾讯短视频战略和张小龙产品观的又一次结合。通过视频号来丰富微信的生态体系建设，比如视频号可以关联微信小商店，让线上和线下的商家也能享受到微信的流量红利。

3.5.4 衰退阶段：转型、升级

这个阶段，活跃用户和核心用户在整体上呈现一种流失的状态，而且往往是在加速流失。如果不进行创新、技术革新，止步不前的话，最后会因为新的更好的替代品方案或者新技术的出现，满足需求的产品方式的变更而导致业务衰退，最终结束一个产品的一生，只能选择转型或者出售。

第 4 章 能力提升篇

4.1 竞品分析

4.1.1 什么是竞品分析

竞品分析从本质上说是人类学的"比较研究法",先找出同类现象或事物,再按照比较的目的将同类现象或事物编组做表,之后根据比较结果进一步分析。

这就回答了什么是竞品分析,竞品分析是研究用户行为的定性研究方法,流程大概是竞品选择+分析维度+分析准则。

4.1.2 为什么要做竞品分析

- 在竞品分析中,能够挖掘出各种各样的信息,帮助产品经理更好地构建 PRD、MRD 和 BRD 三大文档。在产品上线前和产品的发展中,都需要持续做竞品分析。
- 了解市场,看清市场的发展趋势,找准市场的切入点,帮助产品实现市场定位。
- 了解对手,"他山之石,可以攻玉",同时发现潜在的竞争对手,提升自身产品的差异化程度。
- 了解需求,把握需求对应的功能点和界面结构,并侧面了解用户习惯,为自身产品提供功能、可用性、关键技术等方面的参考。

4.1.3 竞品分析模板

在产品新人入职时,很多知名的大公司交给新人的第一个任务就是写一份合格的竞品分析文档。对于很多新人或者是从来没写过竞品分析文档的老 A 来说，这也是一件棘手的事情。经常可以在论坛中看到如下的求助："领导让我写一份竞品分析报告，自己不太会写，一头雾水，自己来写的话太浪费时间，而且还不专业，跪拜各位大神，谁写过竞品分析文档发我参考下，或者有现成的竞品分析模板也行？"

笔者根据多年的产品经理从业经验，把竞品分析文档的目录分享给你，希望对你能有一些帮助。

产品竞品分析

1. 市场背景

   市场背景部分要说明和分析对象所在地区的经济社会发展状况和市场总体状况，并应有针对性地较详细说明、分析过去、现在和可预见的未来，以及市场威胁及自身的优劣势。

2. 竞品选择

   2.1 产品信息

   2.2 产品选择

3. 竞品对象简介

   3.1 竞品发展历程

   3.2 产品简介

   3.3 下载量分析

4. 产品功能及产品交互设计

   4.1 战略层

   产品的目标方向，想要用户在产品上做什么事情，带来的收益是什么。

       4.1.1 用户需求

       4.1.2 商业目标

       4.1.3 目标用户群

   4.2 范围层

   产品整体的功能类别，围绕着战略层这个产品都该有哪些功能。

       4.2.1 产品功能

       4.2.2 产品内容

   4.3 结构层

   根据战略目标及功能思考产品核心功能应该在哪里出现，以及大致的体验流程。

       4.3.1 信息架构

       4.3.2 操作流程

   4.4 框架层

   框架层要说明页面的具体功能摆放、信息布局、整体页面交互流程。

       4.4.1 界面设计

       4.4.2 导航设计

       4.4.3 信息设计

   4.5 表现层

   表现层要说明页面最终给用户呈现的视觉效果。

5. 运营及推广策略
6. 盈利模式
7. 总结

上面的竞品分析目录，对你有什么样的启发？有什么是可以借鉴的？怎样打败你的竞品？你负责的产品走向应该是什么样的？核心点是什么？

4.1.4　竞品分类

在做竞品分析报告时，需要选择合适的竞品，竞品有以下三种类型。

（1）直接竞争对手：产品相同且满足同一目标用户群体的需要。

（2）间接竞争对手：产品可能不同，但目标用户群一致。

（3）潜在竞争对手：横向产业相关者，纵向产业相关者，比如，上下游企业、拥有雄厚相关领域资源的企业。

4.1.5　做竞品分析主要获取哪些信息

以下列举一些常见获取信息，供大家参考。

（1）竞争对手产品背后的人的情况，如公司技术、市场、产品、运营团队规模及核心目标和行业品牌影响力。

（2）实际季度年度盈利数值及各条产品线资金重点投入信息，占据公司主盈利的产品线。

（3）用户群体覆盖面、市场占有率、运营盈利模式，尽可能了解到固定周期的总注册量、转化率等。

（4）产品功能细分的对比，用户体验、视觉交互、技术实现的优劣势对比。

（5）产品平台及官方的排名和关键字及外链数量。

4.1.6　竞品分析获取的数据渠道都有哪些

以下列举了一些常见数据获取渠道，供大家参考。

（1）内部市场、运营部门、管理层收到的信息。

（2）行业媒体平台新闻及论坛、QQ群、搜索引擎等（例如，小米建立了自己的论坛，时常会收集用户的反馈建议）。

（3）建立持续的产品市场信息收集小组。

（4）调查弥补核心用户、活跃用户及普通用户的不同需求和间接代替的产品。

（5）竞争对手的官方网站、交流互动平台、动态新闻、产品历史更新版本、促销活动等。

（6）专业公司，如艾瑞咨询、易观智库、CNNIC、比达咨询。

（7）运营数据，如清源火眼、ASO100、酷传等数据都可以进行分析，但数据仅供参考，除此以外，还有百度指数、淘宝指数。

（8）季度、年度财报（年报里面会反映出很多的问题）。

（9）各大人才网站同行业人才简历更新、对方的博客及联系方式、对手官方网站招聘信息。

（10）通过 Google 找到国外同行业的官方网站及行业信息，它们的盈利模式、功能界面都值得我们分析借鉴。

（11）直接使用对方产品，利用对方的客服系统等。

（12）微博、微信等第三方新媒体平台。

4.1.7 竞品分析的常用方法

SWOT 分析

针对所要分析的竞品，从"优势、劣势、机会、威胁（Strengths、Weaknesses、Opportunities、Threats）"四个维度进行比较和梳理，如图 4-1 所示。

图 4-1 SWOT 分析

下面采用 SWOT 分析法来讨论共享单车的业务态势。

优势：团队成员背景、共享风口趋势、资金实力。

劣势：运营经验、风控能力、硬件生成能力、收益率。

机会：共享经济行业高增长、资本运作。

威胁：监管风险、法律风险、行业竞争加剧。

雷达图分析（$APPEALS 模型）

雷达图分析法（Radar Chart）亦称综合财务比率分析图法，又可称为戴布拉图、蜘蛛网图、蜘蛛图，是日本企业界进行综合实力评估而采用的一种财务状况综合评价方法。按这种方法所绘制的财务比率综合图状似雷达，故得此名。

如图 4-2 所示，从用户对共享单车的选择中挑选了几组重要的因子，来绘制雷达图，例如，骑行费用、外观、精准定位、车把手等方面。

从图 4-2 可以看出竞品 1 在外观、骑行费用、车座舒适度等方面的评分都要低于竞品 2，用户主要比较关注骑行费用、骑行速度、车座舒适度这三方面，所以竞品 2 后续主要的发力点在这三方面。

用 Excel 也可以制作雷达图，如图 4-3 所示。

共享单车用户评分雷达图

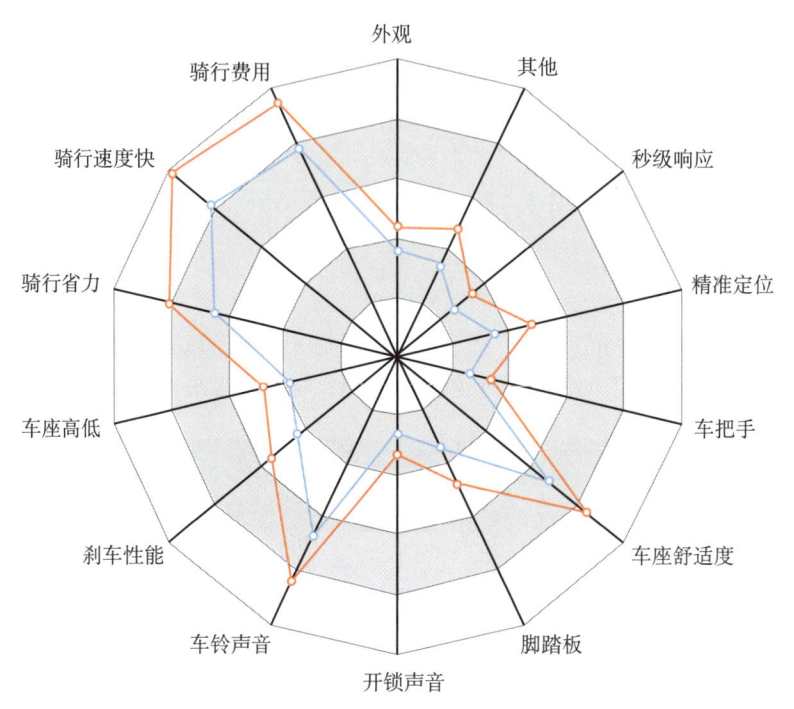

图 4-2　共享单车用户评分雷达图（蓝色表示竞品 1、橙色表示竞品 2）

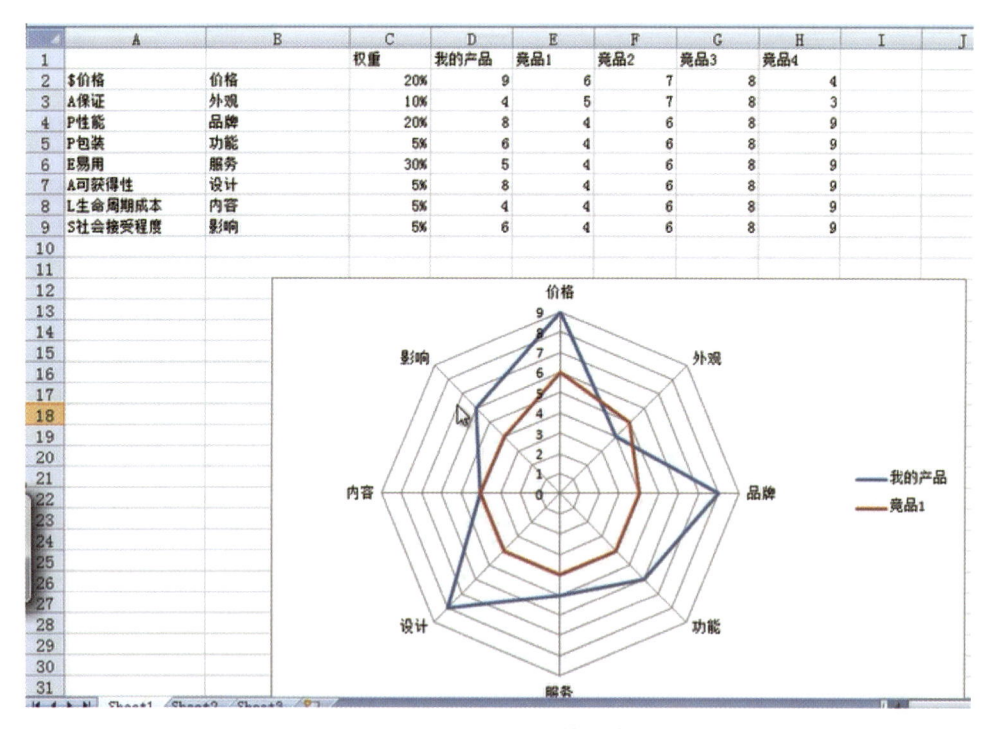

图 4-3　用 Excel 制作的雷达图

4.2 原型设计

4.1.1 什么是原型设计

原型：用线条、图形描绘出的产品框架，也称线框图。

设计：综合考虑产品目标、功能需求场景、用户体验等因素，对产品的各板块、界面和元素进行的合理性排序过程。

原型设计是交互设计师与 PD、PM、网站开发工程师沟通的最好工具。而该块的设计在原则上必须是交互设计师的产物，但是在一些中小型公司中没有交互设计师这个岗位，所以就由产品经理来亲自设计。

4.1.2 产品经理为什么要做原型设计

原型设计在整个产品流程中处于最重要的位置，有着承上启下的作用。原型设计之前的需求或功能信息都相对抽象，原型设计的过程就是将抽象信息转化为具象信息的过程，之后的产品需求文档（PRD）是对原型设计中的板块、界面、元素及它们之间的执行逻辑进行描述和说明。所以说，原型设计的重要性无可替代，产品经理应当要对此有绝对的控制和驾驭能力。

原型设计工具的出现，为设计师节约了沟通的成本，降低了试错成本，优化了设计的效率；让看不见的价值更快速地被可见的方式表达；让革新者有新的方法去改变世界。

4.1.3 主流原型设计工具都有哪些

不管是互联网产品，还是移动互联网产品，都需要制作原型，制作原型的工具有很多，比如 Axure、Sketch、墨刀、PPT、Word、手绘草图等。

Axure

Axure 是美国 Axure Software Solution 公司旗舰产品，是一个专业的快速原型设计工具，让负责定义需求和规格、设计功能和界面的专家能够快速创建应用软件或 Web 网站的线框图、流程图、原型和规格说明文档。作为专业的原型设计工具，它能快速、高效地创建原型，同时支持多人协作设计和版本控制管理。

Axure 已被一些大公司采用。Axure 的使用者主要包括商业分析师、信息架构师、可用性专家、产品经理、IT 咨询师、用户体验设计师、交互设计师、界面设计师等，另外，架构师、程序开发工程师也在使用 Axure。

优点：功能强大、用户体量大、教程及资源积累较多。用户自产出了大量优质组件库，可轻松复用。

缺点：学习成本高、操作复杂、对 App 原型设计及预览支持不友好。虽说其目前版本迭代有意对操作、分享进行了优化，但墨刀、Flinto 几秒钟能搞定的操作，Axure 可能需要几分钟。其借助 AxShare 实现移动预览的方式，相比墨刀、Flinto 的"一键预览"也相对复杂很多。

Axure 界面如图 4-4 所示，Axure 作品如图 4-5 所示。

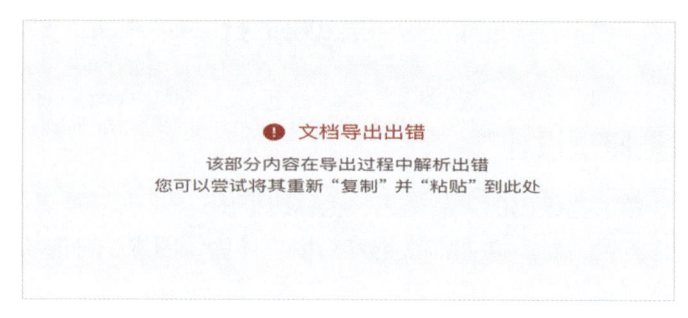

图 4-4　Axure 界面

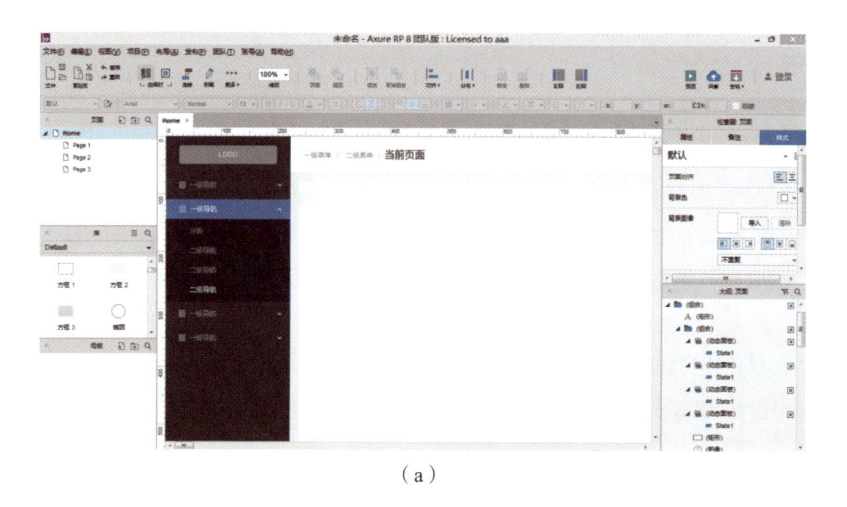

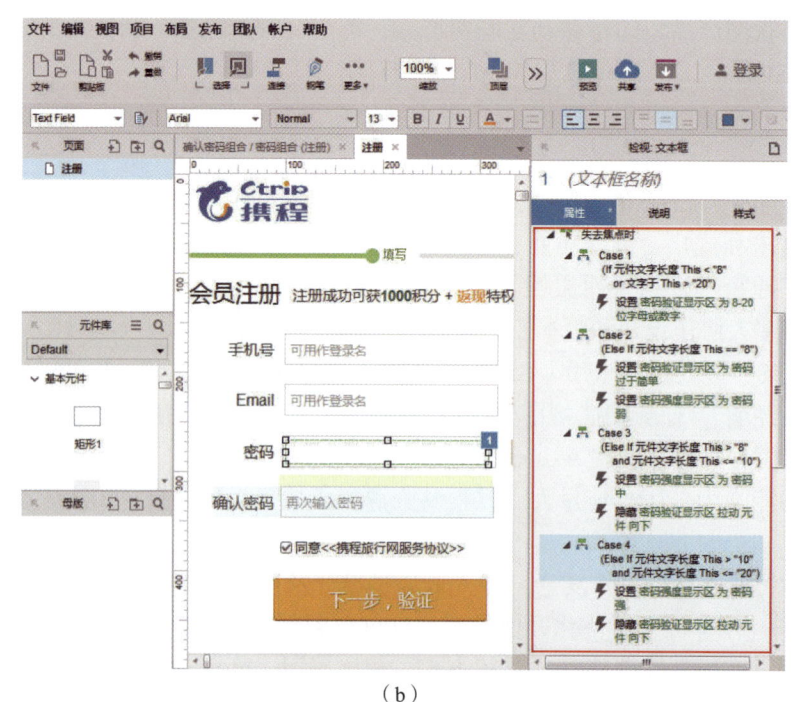

（a）

（b）

图 4-5　Axure 作品

Sketch

Sketch 是一款适用于所有设计师的矢量绘图应用。矢量绘图也是目前进行网页、图标及界面设计的最好方式。但除了矢量编辑的功能之外，Sketch 还添加了一些基本的位图工具，比如模糊和色彩校正。

Sketch 是为图标设计和界面设计而生的。它是一个有着出色 UI 的一站式应用，所有你需要的工具都触手可及。在 Sketch 中，画布将是无限大小的，每个图层都支持多种填充模式；有最棒的文字渲染和文本式样，还有一些文件导出工具。

Sketch 界面如图 4-6 所示，Sketch 作品如图 4-7 所示。

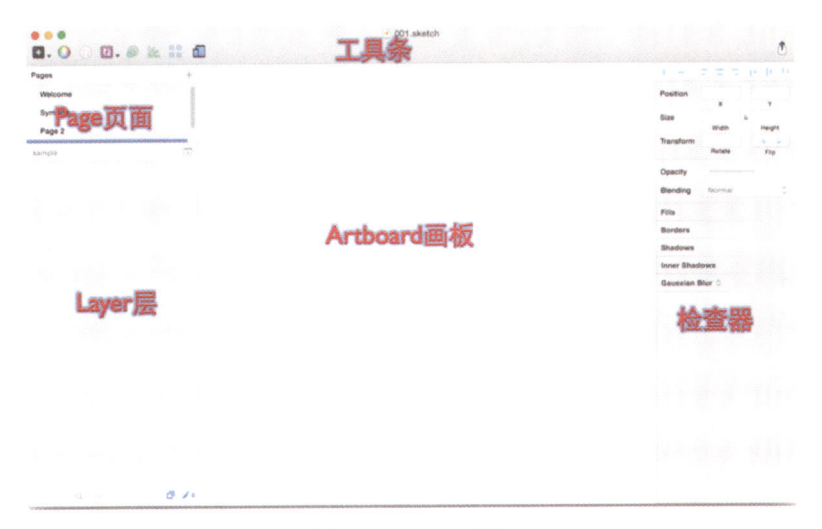

图 4-6　Sketch 界面

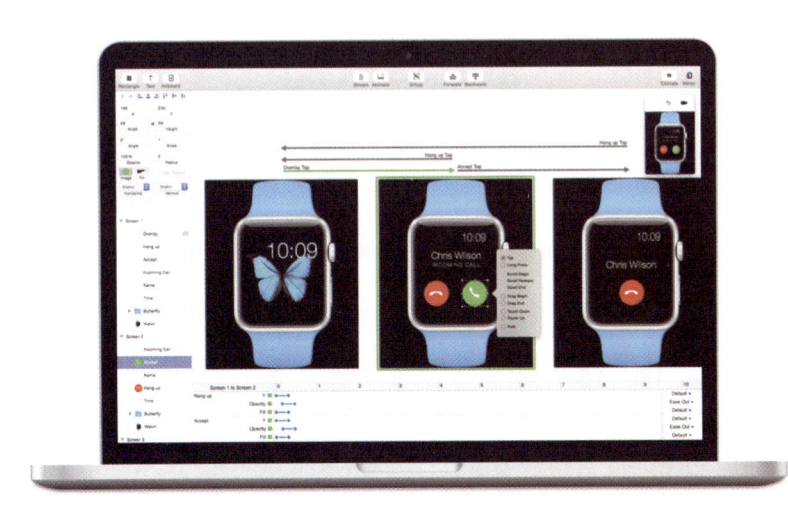

图 4-7　Sketch 作品

墨刀

作为近几年新崛起的产品原型工具的典型代表，墨刀轻快、易上手的操作体验及一些功能上的创新和 Axure 形成了鲜明的对比。

优点（相对 Axure 而言）：学习操作成本低，移动原型设计支持好，原型移动预览方便（网页链接预览、微信扫码预览、安装到桌面预览），数据即时云端同步，支持 Sketch 导入。

缺点：轻快灵活意味着墨刀的功能不像 Axure 那样复杂而全面，理所当然，其原型效果实现上与 Axure 有一些差距。

墨刀界面如图 4-8 所示，墨刀作品如图 4-9 所示。

图 4-8　墨刀界面

图 4-9　墨刀作品

手绘草图

回归到用纸和笔来画低保真的原型，这种做法比较适合项目初期，画草图能让你的脑中腾出更多的空间来思索新的点子，挖掘出真正有意义的问题，展示方法更加可视化，沟通更加高效。众所周知，我们经常会习惯性地堕入抠细节的陷阱中去，看不到整体，忘了真正要解决的问题。那么我们就把需要的界面全画出来，钉在黑板上，大家就没细节可以抠了，而且把所有的界面呈现在大白板之上我们就不会忘记整个大流程了。

手绘草图所需工具有铅笔、橡皮、白纸。铅笔相比于中性笔的好处在于方便修改，白纸的好处在于可以随心所欲，不过对于移动产品的设计师来说，我们更倾向于使用印有手机框架的白纸绘制，以便于快速进入情景状态，也能对首屏的界面分配做到心中有数，如图4-10所示。

图4-10　手绘草图

4.1.4　高保真原型设计案例：抖音App（点赞按钮）

高保真原型：利用原型工具（如Axure、Sketch等）制作出的原型，可以直接生成HTML页面、链接、弹窗等效果，基本可以达到与真实页面几乎一致的效果，也可以成为"赝品"。原型中甚至包含产品的细节、真实的交互、UI等。

低保真原型：粗枝大叶画出来的原型，表达产品大致的框架。

一般情况下，对内使用低保真原型，对外使用高保真原型，具体的使用场景，大家可以根据实际情况灵活应用。

高保真原型图的好处有：

（1）方便研发人员理解产品，减少沟通成本。

（2）使用高保真原型进行可用性测试和价值测试，及时发现问题和改进产品设计。

为了让大家更好地了解一个高保真产品原型的制作，下面以抖音的点赞按钮为例进行演示。最终效果如图4-11所示。

图4-11　抖音点赞按钮

设计思考

图形只有两个状态,所以可以通过元件的选中效果来实现这两种状态的转换,实现的办法有很多种,比如动态面板、选中填充颜色、图标切换等,下面我们用图标切换来实现点赞效果,如图 4-12 所示。

图 4-12　图标切换实现的点赞效果

素材准备

(1)从阿里巴巴图标库中找两个心形图标,一个空心,一个实心,然后再找一个手机模型,如图 4-13 所示。

图 4-13　心形图标和手机模型

（2）把以上的图标导入到原型工具 Axure 中，如图 4-14 所示。

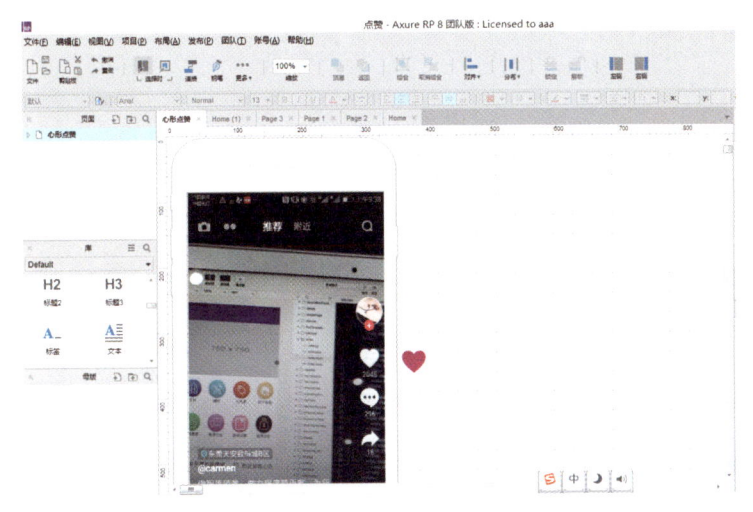

图 4-14　导入 Axure 中

（3）将空心图标命名为默认心，点击后的实心命名为粉心，如图 4-15 所示。

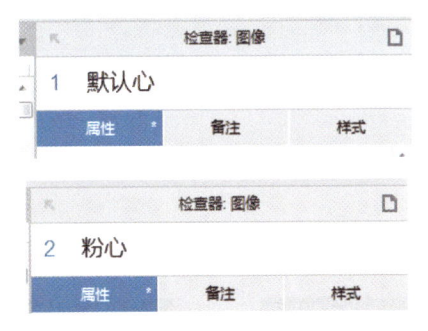

图 4-15　命名图标

交互设置

（1）在粉心上右击，在弹出的快捷菜单中选择"设为隐藏"，然后将它放在默认心图像的下面，也就是默认心的背后，如图 4-16 所示。

图 4-16　隐藏设置

（2）为粉心按钮添加用例，如图 4-17 所示，先选择动作"显示/隐藏"，勾选元件"粉心（图像）"，设置"可见性"为"显示"（意思是点击的时候显示背后的图片），并选中"置于顶层"（因为显示的同时，要保证背后的图像在最上面展示）。

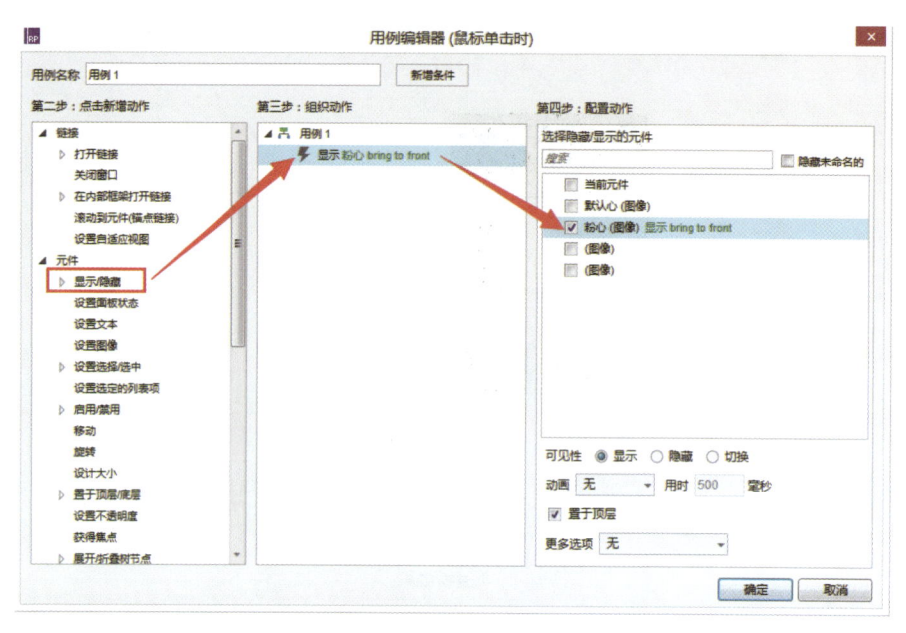

图 4-17　添加用例

同理，按照上面的步骤设置默认心。大功告成，预览结果如图 4-18 所示。

图 4-18　制作效果

4.3 PRD

4.3.1 什么是 PRD

PRD（Product Requirement Document，产品需求文档），是将 MRD 中的内容进行指标化和技术化，将商业需求文档（BRD）和市场需求文档（MRD）用更加专业的语言进行描述，是产品由"概念化"进入"图纸化"的一个主要的文档，需求文档的质量好坏会直接影响研发部门是否能够明确产品的功能和性能。

受众：项目组、开发组、测试组、策划组、体验组人员。
目的：让开发人员知道如何把需求按产品经理的思路开发出来。
重点：需求逻辑、需求描述、需求原型。

4.3.2 产品经理为什么要写 PRD

PRD 对于任何一个产品经理来说都不会陌生，一个 PRD 是衡量一个产品经理整体思维的标准，PRD 其实就是将产品的思维整体走向写出来，同时将产品的思想提炼出来，用文字形式呈现给开发者、UI 设计师、视觉设计师……

PRD 给出的是一种思想，将产品的整体思想和核心需求灌输给产品的相关人员。都说 PRD 有承上启下的功能，因为上接 MRD，下对 MRD 进行技术性的描述，如图 4-19 所示。

> ❶ 文档导出出错
> 该部分内容在导出过程中解析出错
> 您可以尝试将其重新"复制"并"粘贴"到此处

图 4-19 PRD

4.3.3 PRD 模板

PRD 是每个产品人员最经常看到的文档，那么，在 PRD 中如何才能表达清楚呢？其实 PRD 并没有规定的格式，每个公司都可以根据自己公司的实际需要来写适合自己产品团队的 PRD。

每份 PRD 都应该是 PM 心血的体现，都应该让一个对需求完全不了解的人能够知悉需求的全貌和细节。但是没人一开始就会写出一份优秀的 PRD，没人会在一开始写 PRD 的过程中就想到所有的细节，一份优秀的 PRD 必然是 PM 踩着坑，总结坑点，一步一步地不断完善才完成的。

网上已经有太多互联网公司的 PRD，淘宝、百度、腾讯等这类大型互联网公司都有自己的 PRD 编写规范，适合企业需要的 PRD 才是真正的 PRD。那么一个优秀的 PRD，必须包含的元素有哪些呢？

1. 项目简介

（1）版本号。我们常用的命名格式为：主版本号 . 子版本号［. 修正版本号（. 编译版本号）］，用此格式命名的版本号如 1.2.1、2.0 等，如表 4-1 所示。

表 4-1　版本号示例

版本名称	命名举例	描述
主版本	v1.0.0	全新功能的增加，并且平行于主体功能或者在主体功能上进行延展
子版本	v1.1.0	对现有功能点的提升、改进和优化
修正版本	v1.1.1	对现有功能中某些分支和细节功能的 Bug 修复、文案修复、功能增删等
……	……	……

（2）编写目的。编写此文档目的，要详细阐述产品的模块功能，后续为运营、研发、测试等人员提供验收标准。

（3）项目描述。简单描述项目的背景、意义、目的、目标等。

（4）名词解释。定义系统中的词汇，解释词汇的含义；另外整个文档要求统一词汇名称。

2. 产品概述

（1）用户角色。列出系统角色和业务角色，以及在产品中所拥有的操作权限。

（2）总体流程。要列出整个产品核心功能的思维导图。

（3）信息结构图。罗列页面的每一个元素，参考格式如图 4-20 所示。

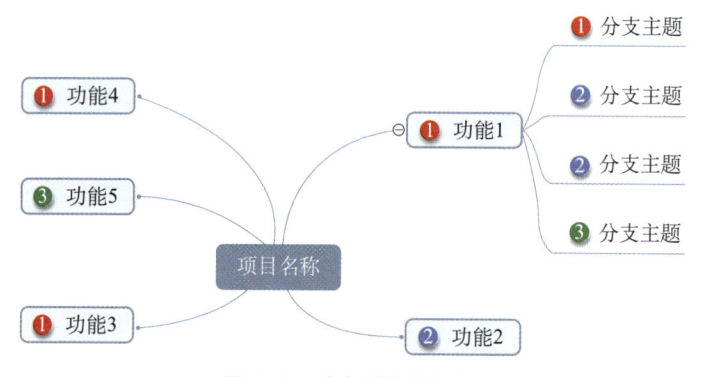

图 4-20　信息结构图示例

（4）功能列表。简要描述产品的功能点和每个功能点的优先级，参考格式如表 4-2 所示。

表 4-2　功能列表示例

模块	子模块	描述	优先级
功能 1	功能点 1	功能点 1 说明	P0
	功能点 2	功能点 2 说明	P1
功能 2	功能点	功能点说明	P2
功能 3	功能点 1	功能点 1 说明	P3
	功能点 2	功能点 2 说明	P2

（5）时序图/泳道图/用例图/甘特图。通过用例图、流程图的形式，对功能点的流程进行说明，如图 4-21 所示。

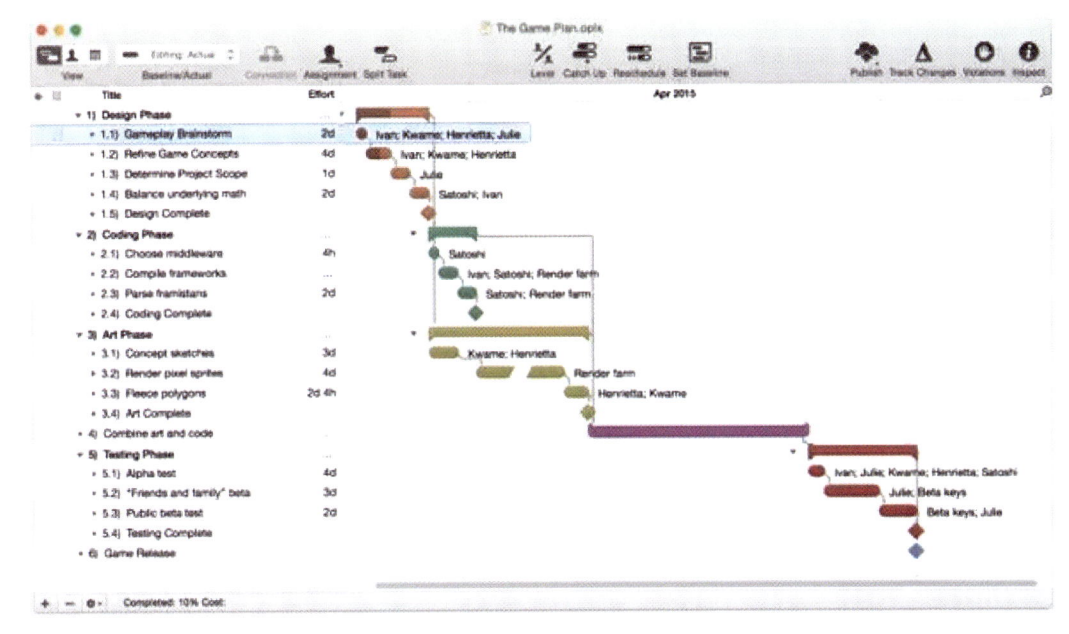

图 4-21　用例图示例

3. 功能概述

（1）功能模块（一）。

- 功能说明。描述功能。
- 用例说明。编写业务用例，即按照真实的用户业务划分用例，记录人机交互过程，包括约束条件、输入/输出、排序规则、状态转换等。
- 操作流程。可以描述该部分功能的业务流程，也可以通过用例图、流程图的形式，对功能点的流程进行说明。
- 界面原型。列出所有与该功能相关的界面原型。
- 对应字段。描述界面上所有的信息项，比如一个注册界面，就要描述登录界面都有哪些项，如手机号、密码、账号名称、找回密码、注册、第三方账户。
- 相关规则。描述与系统实现相关的业务规则，比如密码输入框，则限定输入框能输入多少字符，什么类型的字符；如果输入错了，会有什么样的提示。

（2）功能模块（二）。

- 功能说明。
- 用例说明。
- 操作流程。
- 界面原型。
- 对应字段。
- 相关规则。

(3）功能模块（三）

- 功能说明。
- 用例说明。
- 操作流程。
- 界面原型。
- 对应字段。
- 相关规则。

4. 其他产品需求

（1）规则变更需求。要求写出可能变更的系统规则。

（2）性能需求。如果产品对性能有特殊需求，要详细描述，如大致响应时间、最大并发数等，如表 4-3 所示。

表 4-3　性能需求示例

模块	场景	大致响应时间	成功率	最大并发数
注册	多用户注册，多浏览器使用	小于 5s	0.99	10 万
登录	多用户	小于 5s	0.99	10 万
扫码开车	多用户	小于 30s	0.98	100 万

（3）监控需求。如果产品需要特殊的监控和统计，要详细描述，如 PV、点击率、登录数等。

（4）法务需求。法务需求即需要法务部门协助的需求，如一些合同的审核、用户使用协议的审核、对外谈判合作的需求，以及一些版权的需求等。

（5）财务需求。财务需求也就是需要财务部门协助的需求，例如，预算需要提前审批，涉及支付环节的设计当中要有产品的收入和财务部门的对接。

（6）运营需求。在此可以描写一些诸如线上的活动需求、需要线下配合等。还可以描写一些需要发布的通知，但需要提前储备信息填充内容。

（7）兼容性需求。如果产品需要对兼容性提出特殊的需求，在此详细描述，如：兼容 IE8、Chrome，支持 iOS 7.0、8.0、9.0、10.0 等。

（8）安全性需求。在此描写需要提供的安全性信息，比如：良好的数据库的安全性设计，可以有效地保护数据库，防止不合法的访问和破坏等。

（9）帮助需求。在此填写需要提供的帮助信息，比如：用户操作手册，提供线下培训，7×24 小时在线服务等。

5. 项目开发周期表

在此可以分解项目任务，制定上线时间，如表 4-4 所示。

表 4-4　项目开发周期表示例

序号	里程碑/项目阶段	模块描述	开始时间	结束时间	责任人
1	UI 设计	App 界面设计	2017.12.15	2017.12.30	××

（续表）

序号	里程碑/项目阶段	模块描述	开始时间	结束时间	责任人
2	系统设计	架构设计	2018.1.1	2018.1.10	××
		概要设计			
		详细设计			
		数据库设计			
3	源码编写	功能模块开发			
		Web前端开发			
		后台开发			
4	测试	测试方案编写			
		单元测试			
		接口测试			
		集成测试			
5	系统部署	系统部署			
		数据初始化（包括数据迁移等）			
		部署文档编写			
6	试运行	平滑部署			
7	正式上线	邮件告知			

6. 风险分析

描述风险内容，并说明风险产生的原因、可能造成的危害及相应出现的频率信息，另外在此处还需要描述相关风险预防措施及风险出现后的应对措施信息。此处不包括任何系统技术实现层面的风险，例如，系统的备份、监控、模块依赖等。

7. 附件

列出原型Demo查看地址、产品所需的相关文档，如产品市场需求文档（MRD）、产品功能介绍PPT、产品规划书。

4.3.4 简版PRD节选

下面我们节选了PRD中的登录和注册章节，给大家普及PRD的写作方式，分Word版和Axure原型版，在实际工作场景中两种展示形式可灵活应用。

Word版本

1. 注册登录功能模块

（1）功能说明。登录方式采用账户登录、短信验证码登录及第三方登录（调用第三方授权接口登录）相结合的方式，最大的便捷之处是省去了注册的流程，用户个人手机号码即账户名，而通过手机号码和短信验证码登录及第三方登录的过程就替代了相对烦琐的注册流程。用户在登录以后可以进入主页，进行各种操作。

（2）用例说明。登录用例图如图4-22所示。

图 4-22　登录用例图

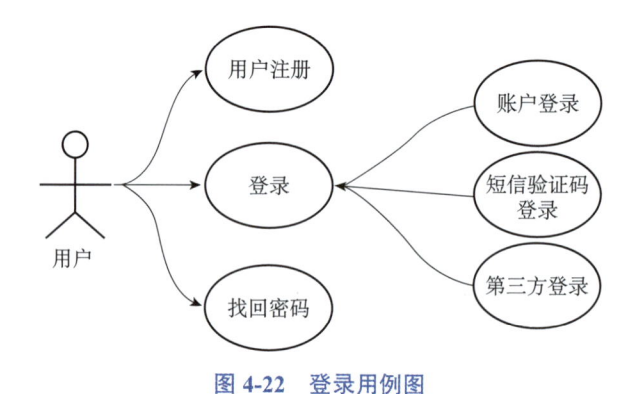

（3）操作流程。操作流程如图 4-23 所示。

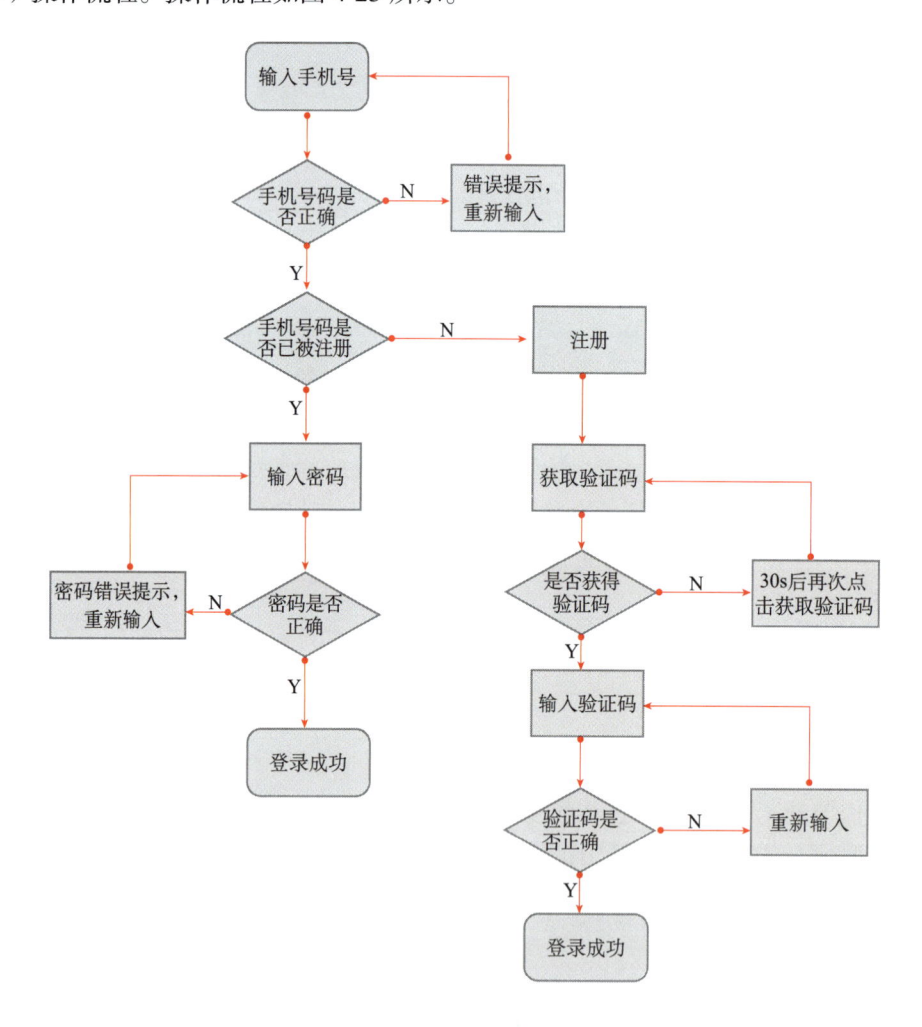

图 4-23　操作流程图

（4）登录界面原型。账户登录和手机验证码登录截图，如图 4-24 所示。

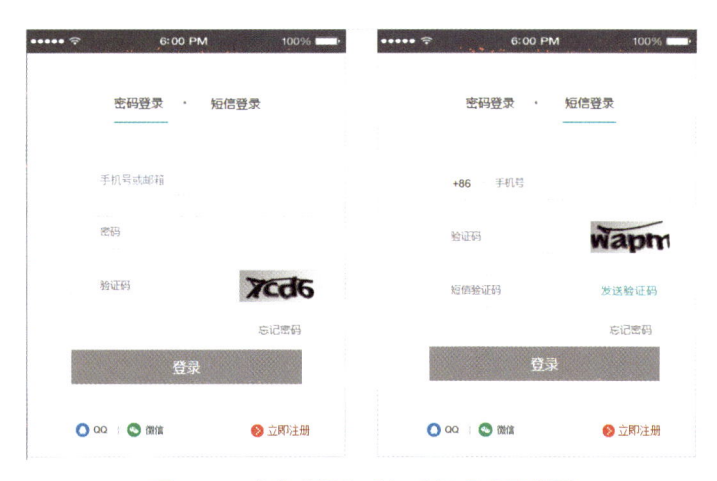

图 4-24 账户登录和手机验证码登录截图

（5）登录对应字段。登录对应字段如表 4-5 所示。

表 4-5 登录对应字段

标注	登录方式	字段
1	账户登录	手机号
		密码
		图片验证码
2	验证码登录	手机号
		短信验证码
		图片验证码

（6）登录相关规则。登录相关规则如表 4-6 所示。

表 4-6 登录相关规则

标注	登录功能	字段	描述
1	账户登录	用户名	（1）文本框最多支持 20 个字符，不能为空 （2）鼠标移入文本框内时，隐藏"请输入账户"提示信息；鼠标移出时，则重新显示提示信息
		密码	（1）文本框支持 6～20 个字符输入，不能为空 （2）鼠标移入文本框内时，隐藏"请输入 6～20 位登录密码"提示信息；鼠标移出时，则重新显示提示信息
		验证码	图片验证码，调用第三方
2	验证码登录	手机号	输入 11 位手机号，点击"发送验证码"按钮，"发送验证码"按钮内容变为"已发送（60）"，并倒计时 60 秒，60 秒后"已发送"按钮内容变为"重新发送"
		获取验证码	（1）用户收到验证码并在 10 分钟内输入即可登录，超过 10 分钟验证码失效需要重新获取 （2）若用户在 60 秒内未收到手机验证码，点击"重新获取"按钮尝试重新获取验证码
3	第三方登录	微信 /QQ	点击"第三方登录"（微信 /QQ/ 微博等），调出其授权接口进行登录操作

页面交互说明如下。
- 用户点击账户、密码及验证文本框，数字键盘从底部弹出。
- 用户点击"发送验证码"按钮，按钮颜色变为灰色，文本变为"已发送"并伴有 60 秒倒计时，60 秒过后按钮文本变为"重新获取"。
- 用户点击"验证码登录"，密码登录页面从页面下方弹出，同时字母全键盘从底部弹出，在输入密码时，可以点击右侧图标设置是否显示密码。
- 用户点击"第三方登录"下的微信、QQ 或微博按钮，相应的第三方授权页面从页面下方弹出。

页面交互如图 4-25 所示。

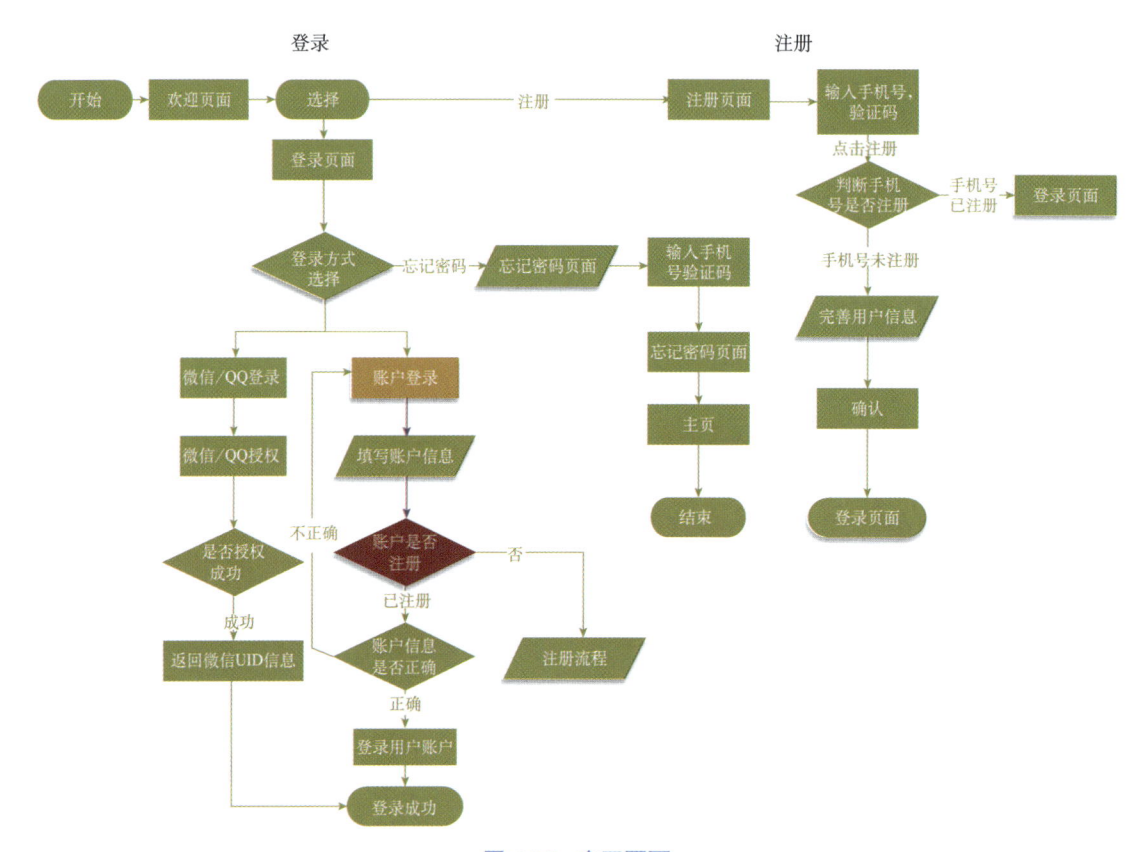

图 4-25　交互页面

Axure 原型版本

日常工作为了提高工作效率，敏捷迭代，常常用下面这种简版的 Axure 标注方法注册页如图 4-26 所示。详情页如图 4-27 所示。

注册页

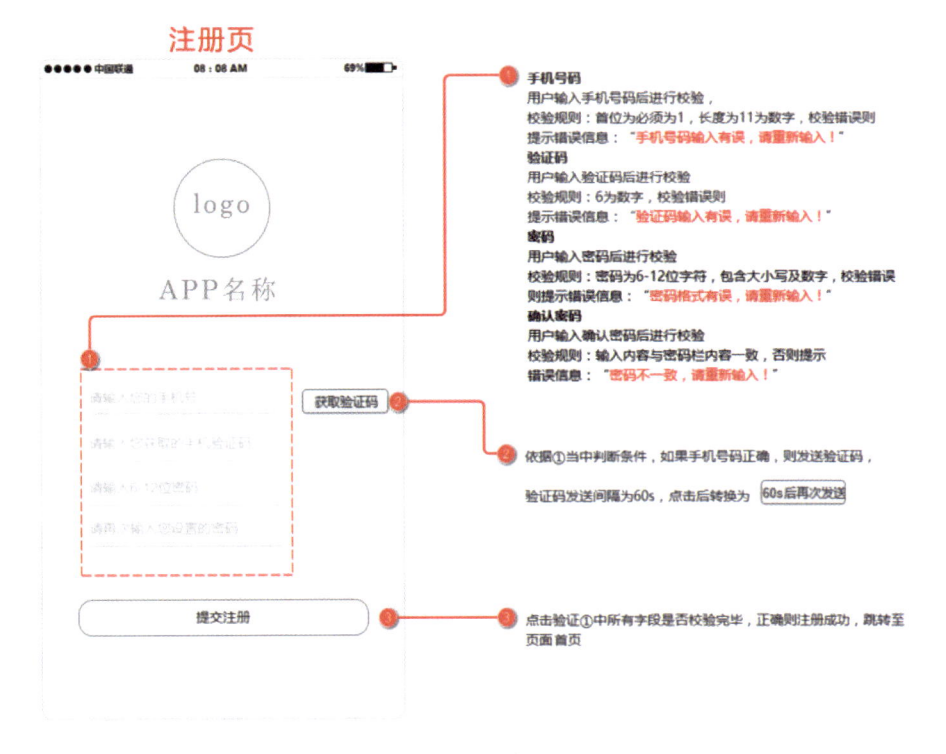

① **手机号码**
用户输入手机号码后进行校验。
校验规则：首位为必须为1，长度为11为数字，校验错误则
提示错误信息："手机号码输入有误，请重新输入！"

验证码
用户输入验证码后进行校验
校验规则：6为数字，校验错误则
提示错误信息："验证码输入有误，请重新输入！"

密码
用户输入密码后进行校验
校验规则：密码为6-12位字符，包含大小写及数字，校验错误
则提示错误信息："密码格式有误，请重新输入！"

确认密码
用户输入确认密码后进行校验
校验规则：输入内容与密码栏内容一致，否则提示
错误信息："密码不一致，请重新输入！"

② 依据①当中判断条件，如果手机号码正确，则发送验证码，
验证码发送间隔为60s，点击后转换为 60s后再次发送

③ 点击验证①中所有字段是否校验完毕，正确则注册成功，跳转至
页面 首页

图 4-26　注册页

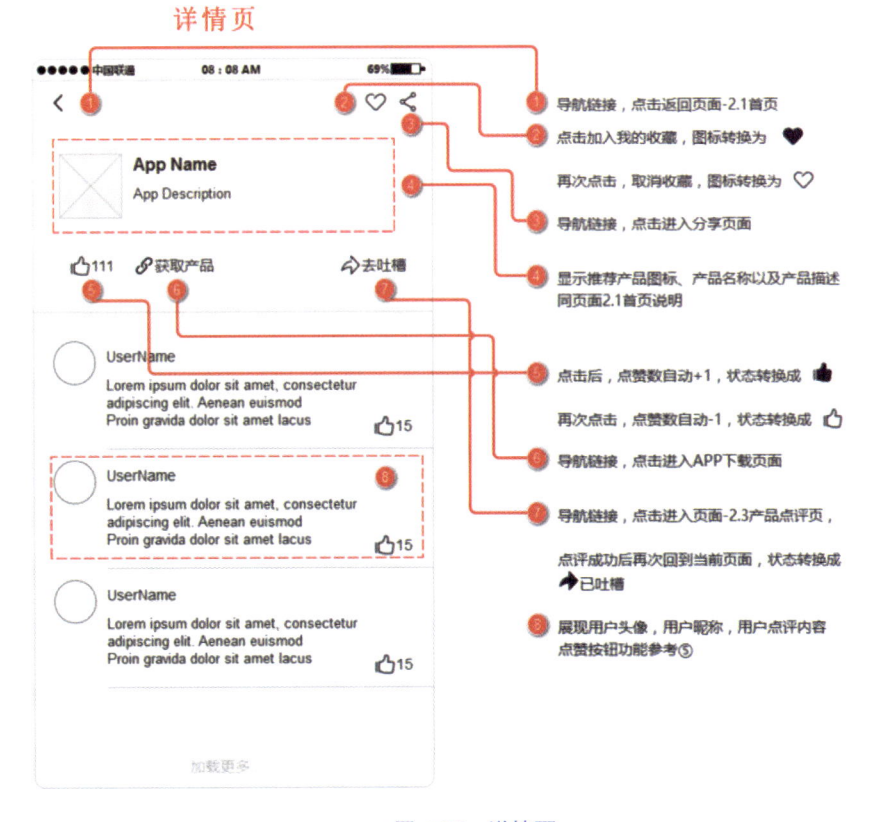

详情页

① 导航链接，点击返回页面-2.1首页

② 点击加入我的收藏，图标转换为 ♥
　再次点击，取消收藏，图标转换为 ♡

③ 导航链接，点击进入分享页面

④ 显示推荐产品图标、产品名称以及产品描述
同页面2.1首页说明

⑤ 点击后，点赞数自动+1，状态转换成 👍
再次点击，点赞数自动-1，状态转换成 👍

⑥ 导航链接，点击进入APP下载页面

⑦ 导航链接，点击进入 页面-2.3产品点评页，
点评成功后再次回到当前页面，状态转换成
➤ 已吐槽

⑧ 展现用户头像，用户昵称，用户点评内容
点赞按钮功能参考⑤

图 4-27　详情页

4.4　如何高效沟通

沟通的目的是及时有效地传递信息、交流感情、促进改变。沟通的三个高效方法为：说话幽默、个人影响力、利益共同体。

说话幽默

世上最好的沟通方法是什么？答案应该是幽默。设想一下，如果一个棘手的问题能够用幽默的几句话，使大家会心一笑就想通了，这不是太高明了吗？幽默，常常不面对问题，而采取迂回的方式，所以不会造成太尖锐的感觉，如图 4-28 所示。

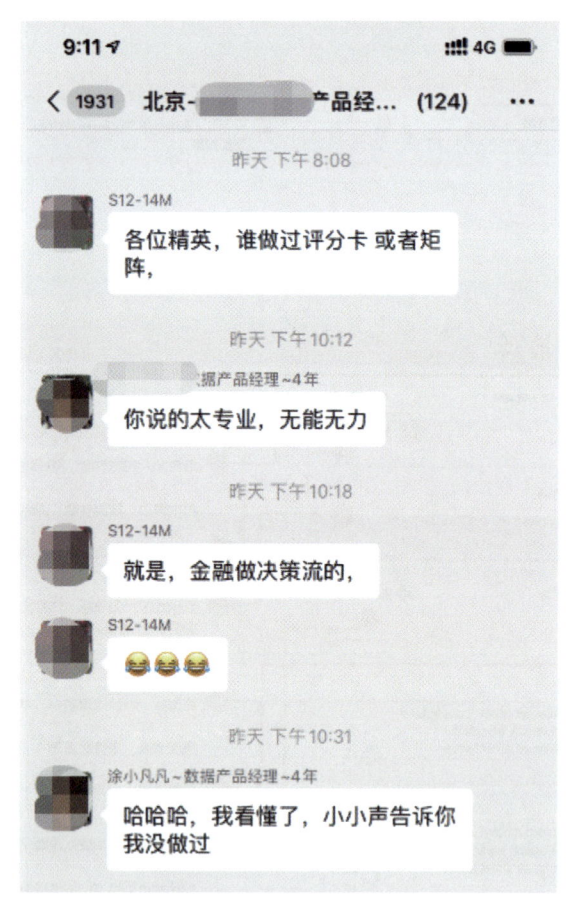

图 4-28　说话幽默示意图

个人影响力

很多人身上都有一种与众不同的气质，也就是"领导力"，领导力主要体现在指导、激励和带领团队的能力上。这些技能可能包括协商、抗压、沟通、解决问题、批判性思考和人际关系技能等基本能力。

利益共同体

产品经理没有真实的权力，在沟通中可以采用"利益"沟通法，这里的"利益"可以是共同的利益，也可以是个人利益。

- 利益奖励。比如，产品经理虽然没有分配奖金的权力，但是可以采用其他利益满足项目组成员，如"奖状""证书"。在项目进展到一定程度时给优秀同事颁发一个盖有公司公章的证书，在一定程度上满足了马斯洛需求层次理论中的"自我实现"。
- 利益诱惑：也可以给予一定的利益暗示诱惑，比如，开发项目会用到××技术，对于个人的晋升和能力都是非常有帮助的。完成这个功能，可以给公司降低成本，增加收益。
- 利益交换：比如，项目按时完成后，团队成员可以外出旅游。

4.4.1 与程序员沟通的正确姿势

"互撕"是因为你没把产品需求说明白

我们知道，大多数需求都是由产品经理进行用户调研而来的，产品经理有一个放置需求的地方，即"需求池"，在需求评审的时候，产品经理演示的"PRD 或者 Demo"一定要将自己能考虑到的细节写在原型的右侧。例如，如果想要实现一个注册页面，仅有用户名、验证码、短信验证码三个字段，视觉设计效果如图 4-29 所示。

图 4-29 注册页面

看起来简简单单的三个输入框和一个按钮，对于产品经理而言，在编写 PRD 时需要考虑的细节要素如表 4-7 所示。

表 4-7 注册页面 PRD

标记	标签	描述
1	手机号	输入正确手机号码：数字 &11 位，同时屏幕上显示数字键盘
2	图片验证码	调用第三方插件，每次随机产生四位数字+字母组合。注意：字母 O 和数字 0 不出现在验证码中

（续表）

标记	标签	描述
3	短信验证码	（1）第三方短信平台提供，提示文字是"App 名称"，您获得的验证码是××××，2 分钟之内输入有效。感谢使用某某产品 （2）如果用户输入错误的验证码，提示：验证码不正确，请重新输入，给予文字提示 （3）接受验证码倒计时，60 秒开始；倒计结束后显示"重新获取"按钮
4	错误/警示提示区	1/2/3 输入格式错误提示区，比如：请输入手机号，手机号不正确，图片验证码输入错误，短信验证码已过期，网络加载失败，稍后再试等
5	"注册"按钮	没选择"我已阅读"时，"注册"按钮无法点击，并且显示灰色，点击"我已阅读"时，才能成功完成注册
……	……	……

交互流程介绍如下：填写顺序从上往下，逐一进行验证。手机号必填，输入手机号时需验证，填写的信息必须是 11 位数字并且第一位是 1，如果填写错误，则需要显示"手机号码格式不正确，请重新填写"；当用户重新填写时，则提示错误的文字取消。不填写手机号，直接点击"发送验证码"，则提示"请填写手机号码"。图片验证码，验证码需要由 4 位数字或字母组成，不符合要求的则显示"请输入正确图片验证码"。短信验证码填写时，需要验证是否与发送的验证码一致，不一致需提示"短信验证码错误"。

虽然以上细节要素中，有一些是需要交互设计和视觉设计给出效果图的，但是产品经理还需要对一些动态变化、点击响应事件效果等进行详细描述。

想要说明的是，如果产品经理没有告诉开发人员这些细节，开发人员应该怎样去理解和实现这些效果呢？如果开发人员专心做这个项目，那么他耐心地和产品经理反复沟通一下，也能达到预期效果。但是当开发人员身兼多职，业务异常繁忙时，就很难确保效果了。这不但会影响开发人员的心情，也难免会影响到产品经理自己。

当然还有一个更好的办法能让技术人员支持你的需求，那就是做需求调研时叫上开发人员，让开发人员参与需求调研的工作。在思考需求和写需求文档时，可以咨询开发人员给出技术角度的意见，这便避免了需求评审的时候开发人员说实现不了，或者说最终实现过程中遇到问题需要延长工期。同时，如果技术人员感兴趣，也可以让他们提出产品方案的建议，让其充分参与进来，这样产品经理与技术人员结合更紧密，更能够互相理解，即使中途临时需求有改动，让开发人员明白其中缘由也会好得多。

例如：
PM：晓峰，请教一下，看下这个需求有什么好的解决办法……
晓峰：我觉得可以这样，你看……
多番讨论后，在评审前需求方案在技术实现方面就可以避免很多问题。

不给你排期，是因为"关系"不到位或优先级较低

技术人员加班已经成为常态，最痛苦的是"加班在做其他产品的活"。如果遇到类似的问题，你该如何办？这里送给大家一句话"大事成于美食，成于谈笑之间"。

产品经理没有"实权"，所以必须靠一定技巧争夺公司的有限资源，有时候遇到一些态

度不好的开发人员，蛮不讲理，直接拒绝你的需求，你可能就束手无策了。此时可以找机会接触他们，了解他们的生活习惯、说话方式，还有更重要的是建立起友情。同时，不要有事才去找开发人员。人都是有思维惯性的，如果他觉得你"无事不登三宝殿"，那么你和他的沟通基本上就会有所防御，所以建议平时多与开发人员聊聊最近比较火的游戏、最近互联网上的新鲜事、最近哪里发生爆炸性新闻、办公室囧事等。

拒绝，是因为你不懂技术

相信大家在多种渠道都有接触过，在腾讯公司的产品经理能力体系中，有一个很重要的指标，叫技术理解力。说白了就是一个产品经理跟开发人员有没有共同语言，能不能听得懂开发人员在说什么。所以，作为一个产品经理，可以利用空闲时间去了解一下技术的常用名词和某些技术的实现原理。

4.4.2 与 BOSS 的沟通姿势

如图 4-30 所示，在董事长办公室写这句话的这个人叫郭台铭，鸿海集团总裁，富士康老板。有些产品经理在同事面前夸夸其谈，表现很好，但是一到老板的面前，就沉默寡言，甚至有点自卑，不敢多说话，觉得自己的话价值不大，参与的各位领导也都懂得比自己多，不要让别人觉得自己无知又无趣。

上面这个例子就是一个限制性思维的怪圈，那么如何突破这种思维，让你在老板面前提出有深度、有价值的问题呢？

图 4-30 与 BOSS 沟通（图片来源：网络）

找到自己擅长的话题

预先做好准备，比如，相关资料、新闻、数据等，找到自己擅长的话题，再找到合适时机，加入讨论。

汇报工作，以数据为依据

公司中最忙碌的人就是 BOSS，我们在汇报的时候，需要多提供一些信息帮助领导做决策，数字就是最有效的决策工具。但是我们要呈现给领导的关键数据，必须是加工后的数据。

比如 BOSS 说明年准备开拓一个新的业务领域，询问你的建议，你应该如何回答呢？要让领导认同你的回答，你需要做以下三点：

- 了解新领域的行业现状和政策倾向。
- 了解 BOSS 扩展新领域的战略意图。
- 拓展新业务，做好市场可行性分析和 ROI 评估。

上面的三点都需要你去做一些市场调研和用户分析，然后整理出一份类似 MRD 和 BRD 的文档资料，用数据和数字来说服领导，直观地帮助 BOSS 做决策。

领导喜欢选择题，不喜欢问答题

与领导交流或者开会，其目的就是争取资源，得到认可，所以和领导交流前一定要把问题的解决方案想好，而且一定要准备多个备选解决方案，每个领导都喜欢做选择题，都希望有个好的产品经理帮自己排忧解难。

LinkedIn 和 PayPal 的联合创始人 Reid Hoffman 有一个令人印象深刻的 ABZ 理论，他认为，你在任何时刻，手中都需要有三个计划：A 计划、B 计划和 Z 计划。

（1）A 计划。A 计划是一个当下你觉得值得去持续投入，并获得部分产出和安全感的计划，好比一份你现在正在投入和从事着且还算满意的工作。

（2）B 计划。B 计划则是一个 A 计划以外，你给自己培育的某些机会。简单地说，你虽然有了 A 计划，但却绝不能仅满足于只考虑 A 计划一件事，否则很可能有一天你就被其他人或机器替代。因而在 A 计划之外，你还需要广泛给自己培育 B 计划。B 计划是那些当下看起来还不足以成为你的职业，但你对其存有兴趣或长远看好，值得去长期投入和关注的事情。它们在经过你长期的沉淀和积累后，很可能会在某一天可以让你以之为生了。

（3）Z 计划。Z 计划是一个用来应对最糟糕状况的备用计划，即：假如有一天，你倒霉透顶，你的 A 计划和 B 计划都失败或失效了，你应该有一个可以保证自己生存底线的计划。Z 计划的意义就是用来应对你职业生涯中的各种不确定性和风险。在你的生涯里，也需要不断地储备和巩固你的 Z 计划，在危急时刻，它能帮助你顺利重启，重装上阵。

无论是打工还是创业，Hoffman 的 ABZ 理论都很有价值，如果真的能够长久实践它，在职业生涯中一定会更游刃有余。

当然在给领导选择题的时候，你不能只是简单地提供选项，不做其他说明，否则也得不到领导的认可。

4.4.3 与 UI 设计师的沟通姿势

产品经理经常和 UI 设计师沟通，在沟通的时候经常会犯以下错误。

PM："这个页面看起来有些难看，不够高端大气。"

UI："您可以再说得清楚些吗？"

PM："嗯，那我就不知道了，反正没有眼前一亮的感觉。"

UI："……"

以上的对话是产品经理和 UI 设计师经常说的话，最后的结果就是 UI 设计师有了抵触心理，工作动力不足，影响最后的整体设计风格。

很多设计人员本身都是做艺术出身的，而做艺术的人往往靠的更多是意念上的东西，比如靠灵感进行设计、需要进行一定的引导，比如说：可爱俏皮一点、庄重严肃一点。

与 UI 设计师最好的配合方法，是要记住 UI 设计师是你的同盟。他也和你一样，想让最后的作品富有创造力、充满激情及有效性。如果你努力地和 UI 设计师沟通你的目标，清楚说明自己想要的视觉效果，并及时给予反馈，你就会在最短的时间内看到更符合你期待的设计大作。

产品经理在设计出产品后，其实很多在头脑中并没有具体的 UI 界面，所以学点美学知识，掌握基本的色彩、构图知识，有助于你和 UI 设计师沟通，也会让人家感到你真的在努力做，让他感受到你对他的尊重。但是切忌本末倒置，在一些专业问题上要尊重 UI 设计师的意见。

4.4.4 与运营人员的沟通姿势

一般来说，产品从无到有的孵化阶段是以产品人员和研发人员为主导的，确保产品如期完成，按时上线；当产品上线后进入相对稳定的上升成长阶段时，运营人员逐渐成为主导角色，收集提炼出大量来自用户的，以及运营过程中调研挖掘的产品需求，推动产品不断迭代优化。

运营人员随意提需求

很多公司的产品需求都是由运营人员来发起和主导的。运营人员经常随意提需求，这往往导致需求的不确定性、不连贯性和随意性，而且要求产品经理务必限时完成。往往这个时候作为产品经理，会觉得有无尽的需求，但又没办法拒绝，担心被人投诉。最后事情做了很多，但是好像没什么效果和成绩。所以，产品经理需要引导运营人员做需求的归纳汇总、指定阶段性的需求列表等。

但是这并不意味着产品经理就不需要做归纳了，产品经理要把好一道更专业的产品"关"，理应把好最后一道关卡，进行需求确认（决策）和优先级确定。

用户反馈的问题一般分为以下四类。

- 功能的新增/修改/删减：这部分最需要考察产品经理的能力，比如说判断用户需求的真伪等。
- 性能的改善：一般来说，性能的改善都是产品经理需要做的，但要考虑其优先级的高低，同时不要忘了跟技术部门沟通。
- 交互 & 视觉设计：这块除了用户的意见，还需要咨询设计相关专业人员的意见。
- 纯吐槽：这一类用户首先要安抚！其次，针对吐槽的点可以了解一下。

最后对问题进行优先级排序：性能的改善＞功能的新增/修改/删减＞交互 & 视觉设计＞纯吐槽。

当然这个优先级也不是绝对的，具体要视情况而定。

了解运营需求的场景和动机

运营人员每天会遇到各种用户反馈和吐槽，然后有选择地反馈给产品经理，产品经理如果只是简单地记录，然后找技术人员排期，那么只能算是一个话务传递员，优秀的产品经理应该做"五问一反"：

一问：用户是谁？
二问：用户在什么场景中使用？
三问：用户做的目的是什么，有什么动机？
四问：现在的解决方案是什么？
五问：如果不做，会有什么影响？
一反：什么时候给用户反馈？

例如，医院某主任的需求为"创建电生理数据库"，下面是产品经理和运营人员的对话。

运营：某某医院希望我们公司帮他们做电生理数据库。

产品：他们做电生理数据库的目的是什么？

运营：他们希望收集病人的信息，将来能提取出来做研究。

产品：这是哪个科室、什么级别的医生提的需求？

运营：这是北京×××医院心内科陈××主任提的。

产品：他们希望是免费的，还是有科研经费？

运营：他们有科研经费，大约是5万元。

产品：这事情着急吗？

运营：不太急，半年内完成就行。

产品：目前该医院的 HIS 系统和 EMR 电子病历系统使用的是哪家的？

运营：HIS 系统使用的是金仕达，EMR 系统使用的是嘉和。

产品：好的，我知道了，明天和领导评估是否帮他做；如果做，需要多少钱；具体的实施方案及预计完成时间。等明天需求评审会议后，给你答复。

运营：好的，谢谢你！

通过以上的对话，产品经理就对这个需求有了一个整体的认识，在需求评审会上，就可以很清晰地描述医生的需求。

4.5 如何提升自己的演讲能力

4.5.1 演讲前需要准备的三件事

完整的演讲稿

记得上小学的时候，闫老师每次说"哪位同学会做这道数学题，请举手"时，很多时候我已经知道了该题的答案和解题思路，但是总是低着头，不敢与老师四目相对，生怕他发现我会做这道题，以至于后来的全县中小学竞赛，我们班只有一个名额，老师推荐了另外一位表现积极、比我稍弱一点的李同学去参加竞赛，后来李同学获得了全县数学竞赛第二名。这样一个好的机会，就因为我的性格而与我擦肩而过，从那时开始，我觉得我应该学会放开自己，表现自己。

上了大学后，我就开始写计算机相关的文章，向一些报刊投稿，并积累了一点小名气。学校和社会的一些活动经常邀请我去做分享，都被我拒绝了，因为我还是很害怕在公共场合大声讲话，甚至一上台脑袋一片空白，语无伦次，偶尔还腿抖，感觉很没面子。

一直到了 2011 年，我学会了一个超级简单的演讲技巧，让我迅速不怕上台了。

这个技巧是什么呢？这里直接分享给大家，那就是：完整的演讲稿。

也就是把每一次分享所有要说的话，都一字一字地写在纸上，正常人的语速在 200 字 / 分钟以上，我的语速稍快些，大约是 300 字 / 分钟，一次发言 30 分钟，那么就是 300×30=9000 字。

写完之后，再进行修改和优化，经过几遍的修改，你就非常清楚要讲的内容了。

熟悉的环境

如果会议很重要，而且自己时间很充足，那么可以乘车去现场看看，一方面熟悉下交通线路，另一方面可以和会场的工作人员咨询下投影仪、话筒、激光翻页笔和 PPT 支持版本等，甚至可以试一下麦克风和 PPT 幻灯片。另外，还可以在会场的四周转一转，设想你自己演讲时的情景，看看不同座位上看到的效果。

放松

有一个小故事，小孩不敢上台去演讲，他爸爸问他："你害怕什么呢？"小孩想了想说："我害怕演讲失败别人嘲笑我。"爸爸说："你看，最坏的结果不过如此，那还有什么好害怕的呢？"

每当我不敢做什么事的时候，总要对自己说："最坏的结果不过如此，我还有什么好害怕呢？"

人总是会紧张的，不管紧张的程度如何，永远都不要想控制你的紧张心理，当你越想控制时，反而会适得其反。最好的方法是让自己平静下来，把紧张转化为能量。当你特别紧张时，不妨面带微笑。为此，请你放松你的下巴，抬起你的脸颊，张开你的嘴巴，向上翘起你的嘴角，用轻松欢快的节奏对自己说："回忆些趣事。"它将使你意识到脸、心和脑之间的联系，这种联系的价值就是使你心中和脑中的快乐反映在脸上，呈现出你所预想的愉快表情——放松、清醒、警惕，看起来既舒服，又给人以有能力的感觉，仿佛你已真正放松和满足。

一定要提前到会场，给出足够的时间来放松自己，在上场之前做些准备，比如，练习吐气、活动身体、微笑训练，来松弛紧张的神经，把紧张转化为积极的动力。

4.5.2　成为演讲高手的技巧

演讲的框架逻辑

公司里有个销售冠军，他的演讲能力很强，大家都叫他"数字哥"。为什么他叫"数字哥"？因为他每次给大家分享的时候，上台第一句话都是"今天我给大家分享以下 5 点"。然后就开始长篇大论了，至于是不是 5 点，大家也都不清楚了。这是一个非常聪明的做法，当你说有 5 点内容要分享时，心里就有了框架，你的头脑就会清晰，上台就不会紧张，不会头脑空白了。

下面给大家提供一个"演讲框架模板"。

（1）以时间的不同来贯穿主线。比如，我上小学的时候……我上高中的时候……我上大学的时候……；从前……现在……未来……。

（2）以空间位置的不同来贯穿主线。比如，美国采用的方法是……欧洲采用的方法是……而中国采用的方法是……；北方……中原……南方……。

（3）以重要性程度的不同来贯穿主线。比如，最重要的是……次重要的是……重要程度较低的是……

（4）以逻辑次序的先后来贯穿主线。比如，首先……其次……最后……；第一步……第二步……第三步……；现状是……问题是……解决方法是……。

重复练习

高中期间有一次讲座，主讲人是个集美貌与智慧于一身的学姐，清华大学毕业，留美博士，她滔滔不绝讲了 40 分钟，从高中的学习方法，到自己的学术生涯，再到给在场高三学生的建议。可谓是旁征博引，有故事，有包袱，也有金玉良言。她在演讲时仿佛身后有光环一样，赢得了同学们的阵阵如雷般掌声。而到了提问环节，好多同学提了问题，她在回答过程中会经常停顿，没有章法。你能明显感到她的光环消失了，那才是她本来的样子，她原本应该是个很内向、不善于交际，甚至表达很笨拙的人。这时你能发现，准备是能给人脱胎换骨的效果的。完美的演讲都是靠不断地反复练习而训练出来的。

把自己的声音录下来

接触过的人里有不少自认为声音是带有磁性的，这些人都没真正听过自己的声音。我没接触话筒之前以为自己的声音好听得不得了，后来发现这不过是自己的想当然罢了。

建议把自己的声音录下来（可以用手机自带的录音工具），然后不停地听，听声音的语速和磁性。要对自己的声音有个认识，然后按照发音规律，气为音服务，音为腔服务，腔为字服务，字为词服务，词为情服务。只有托足了"气"，找准了"音"，咬准了"字"，声音才够好听。很多优雅的人的演讲共同点是他们说话时放慢语速，但都很有节奏，请记住一点"有理不在声高"。对比自己的声音，找到可改善之处，这样做或许一两个月看不到变化，但如果坚持下来，拿最初的录音资料一听，你会大吃一惊。

4.5.3　演讲后为什么要总结

对人命运影响最大的不是智商和情商，而是反省和总结能力，如果不懂得总结和反省，每一天都活在惯性之中，慢慢得就像机器人一样，被一种无形的力量推着往前，你的命运就像注定的一样。

如果每天都抽出一点时间来反省和总结一下，每天都会进步一点点，叠加一年，就会有巨大的变化。

第 5 章　小试牛刀篇

目前国内产品经理（Product Manager，PM）从业人员大约有 50 万，产品经理按照项目来分，有前端型产品经理、后台产品经理和商业产品经理；按照业务来分，有电商产品经理、金融产品经理、O2O 产品经理、社交产品经理、教育类产品经理、医疗产品经理、工具类产品经理、旅游类产品经理、智能硬件产品经理、汽车交通类产品经理、房产服务类产品经理、本地生活类产品经理、游戏产品经理和广告产品经理等；按照用户群来分，有 To B 产品经理和 To C 产品经理。下面我们一起来练习两个小项目，让大家快速地了解产品经理。

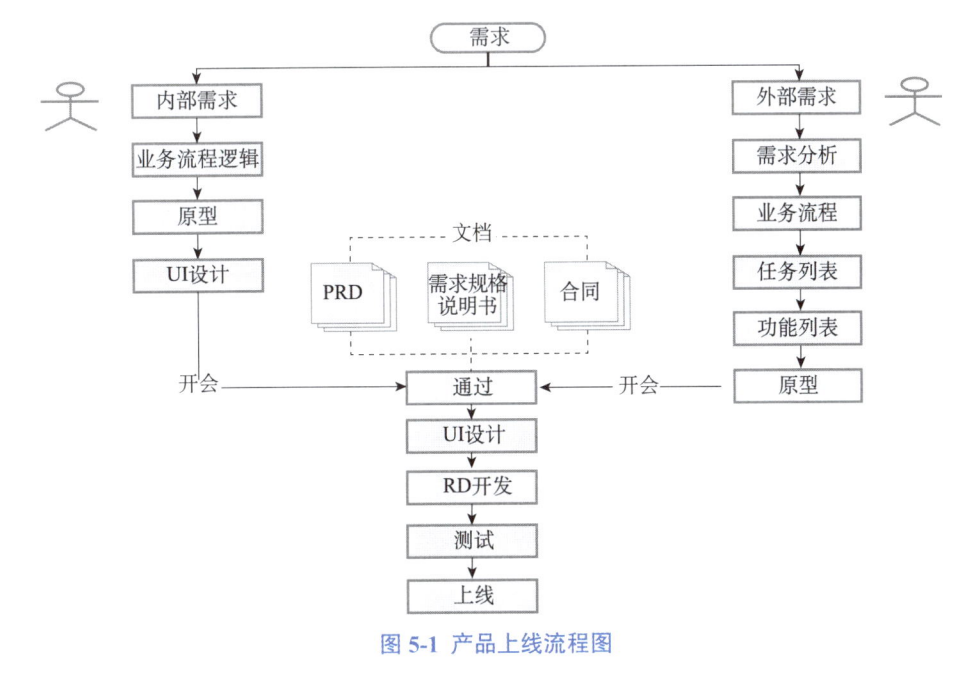

图 5-1　产品上线流程图

5.1　To B 产品

5.1.1　什么是 To B 产品

To B 就是 To Business，即面向企业或者特定用户群体的电商类产品。

To B 产品可以根据公司战略或工作需要，构建生态体系，或者推动将流程系统化，提高效率。对于 To B 产品，由公司或相关方提出要求，产品经理将这类"线下已有的需求"系统化，达到提高现有流程的效率的目的。

在 To B 领域，你面对的是企业客户，它包含了很多方面的因素，比如，企业员工在不同工作状态下对产品的使用，而且要对接企业内部各种流程。这不是一两天就能积累出来，也不是一两天就能开发出来的。对于一个企业服务类的产品，真正做出一个可用的雏形经常需要 6~8 个月，甚至一年的时间。

5.1.2　To B 对产品经理的能力要求

在开发 To B 产品时，听到的更多的是"商业化""客户""收费"等词语。To B 端的产品经理需要具备优秀的需求梳理能力和推动能力，在大公司尤其明显。比如，阿里独特的生态环境必然催生独特的 To B 产品，当然在阿里内部竞争也比较激烈，必须注重创新才能生存下去。当然这里说的创新不是体验或功能方面的创新，而是业务模式、商业模式方面的颠覆式创新。在阿里，你做的所有事情几乎都是之前没有人曾经经历过的，需要不断地探索和试错。

因此，To B 产品的需求是服务于公司战略的，或者服务于线下已有的流程，产品经理要做的是理解和实施公司战略，构建生态系统，或者将已有流程系统化，也就是说需求主要的来源并不是普通用户。

构建完整生态或者提升效率，就是 To B 产品经理的价值所在。你的某个推动，会改变行业，如微信公众号的产品经理提出的商家管理生态，就为线下商家提供了完整的互联网化转型解决方案。

做 To B 产品的产品经理一般都拥有缜密的逻辑思维，他们的性格相比 To C 产品经理也稍显沉闷，他们大多数理性过头。他们能够很耐心地坐下来理解公司或合作部门提出的要求，其实他们同时担任产品经理和需求分析师的角色，优秀的 To B 产品经理如果想要转型，必须具备做大公司的 IT 系统咨询分析师的能力。

5.1.3　如何设计 To B 产品：帮助家长控制孩子上网软件

需求是什么

可以看如下案例：某小孩今年上小学 3 年级，每天放学后就用手机或者电脑看动画片，想玩游戏就玩游戏，想看视频就看视频，想唱歌就唱歌，想跳舞就跳舞。最近老师反映她上课注意力不集中，还经常揉眼睛，听说了这些家长才知道问题的严重性，但由于家长每天下班晚，到家都 10 点多，一直由爷爷奶奶来照顾她，所以她每天放学要玩 3 个小时的手机，导致视力下降，坐在后排都看不清黑板上的字。如何让她不要玩手机，宝妈们有什么良策？这就是需求。

用户是谁

1～6 年级的孩子（5～12 岁）。

用户的痛点是什么

孩子放学后长时间上网，爷爷奶奶溺爱，放纵不管。

用户画像是什么

个人信息：

- 姓名：李杨；年龄：10 岁；年级：3 年级；语言：简单中文。
- 手机使用情况：目前使用 iPhone7，在家使用 WiFi 上网，在外面通过 4G 上网。
- 常用的手机应用和服务：微信、作业帮、爱奇艺、腾讯、王者荣耀、连连看、快手、抖音等。
- 常用商店：苹果 App Store。
- 偏好：动画片（循环看）、搞笑视频、游戏、百度搜索。

用户故事

故事：李杨今年 10 岁了，在一家公立小学上 3 年级，上课活跃，非常聪明，每天放学后半小时就能写完作业，每天晚上 20：00—22：30 都在使用手机看动画片、搞笑视频或者玩游戏。

产品应解决用户什么样的问题

此产品帮助家长让家中小孩在合理的时间内上网、使用网络。

如何解决

我们知道解决用户需求有以下四种方式：直接满足、间接满足、降低需求、超预期满足。

- 直接满足：对方需要什么，就开发什么。
- 间接满足：了解需求本质后，采用另一种可以解决需求的方案。
- 降低需求：满足用户需求的一部分，降低用户的预期。
- 超预期满足：根据用户需求，方案超出了用户的需求范围，也称为"创造需求"。

我们根据上面提到的四种方式，想到了以下几种解决方式。

A. 直接满足：为路由器增加上网管理功能。

B. 间接满足：通过 App 手机软件进行控制。

C. 降低需求：通过闹钟控制孩子上网时长。

D. 超预期满足：通过手机厂商预装上网管理模块。

产品的核心价值是什么

家长操作简单，无须付费，保证孩子在规定的时间范围内使用网络。

如何设计该产品

通过对以上四种解决方案的性价比分析，我们暂且选择 B 方案，即通过 APP 手机软件进行控制。下面我们讲一下如何来设计产品。

（1）用户角色：家长。

（2）流程图。根据刚才的场景故事，第一步的需求是家长通过 APP 设置上网条件，第二步是把设置好的手机让小孩使用，第三步是看看小孩的上网情况如何，如图 5-2 所示。

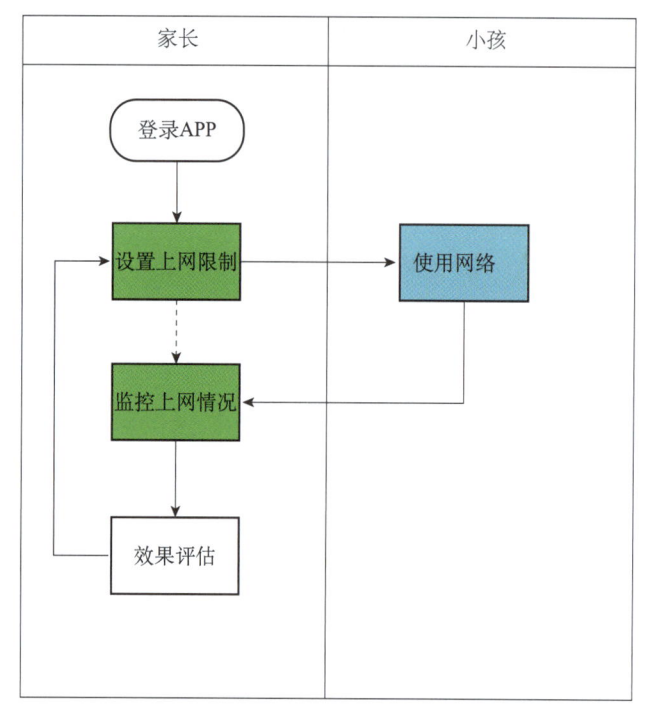

图 5-2　流程图

（3）任务清单。任务清单描述如表 5-1 所示。

表 5-1　任务清单描述

角色	需求	任务清单	子任务
家长	在规定的时间范围内使用网络	后台设置上网条件	设置上网时长
			设置上网周期
			设置受限应用
			设置网站黑名单
			切断网络
			应用使用统计

（4）功能列表。进一步对基本需求进行拆分展开，过程不再赘述。一般情况下能得出如图 5-3 所示的信息结构图。

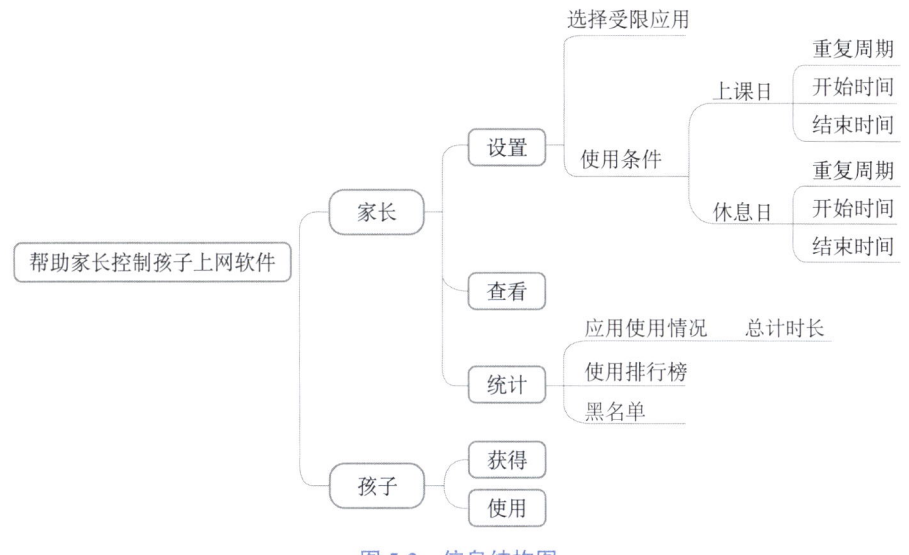

图 5-3　信息结构图

（5）原型图。根据流程图和思维导图，我们就可以很轻松地画出这款 APP 的核心页面原型图，如图 5-4～图 5-7 所示。

图 5-4　首页

图 5-5　设置页

图 5-6　设置详情页　　　　　　　　图 5-7　统计页

5.2　To C 产品

5.2.1　什么是 To C 产品

To C 就是 To Consumer，即直接面向终端客户，为消费者提供产品或服务。To B 产品要求根据市场需要，发现用户需求，定义用户价值，并准确地推动项目组达成这一目标。

对于 To C 产品，产品经理必须挖掘用户需求，甚至是从无到有地创造需求，并需要关注产品价值的最大化和用户的价值最大化两个方面。

5.2.2　To C 对产品经理的能力要求

开发 To C 产品时，产品经理听到的总是"用户""体验""竞品""转化"等词语，要求产品经理具有很好的用户嗅觉，能准确地提炼用户的真实需求，为产品的市场化方向和用户利益寻求到一个平衡点；需要产品经理具有一定的运营基础，能根据用户反馈不断优化产品。优秀的 To C 产品经理还是位优秀的数据分析师，能够根据数据分析结果反推产品功能。

To C 产品经理一般都乐于分享，经常可以看到他们跟老板 PK。他们还懂运营、营销、品牌策略，并会将其体现在产品形态中。

另外，产品经理和开发人员处于同一个团队，目标一般都是一致的，他们朝着同一个产品方向去努力，所以你会看到 To C 产品经理的项目推动力要求没有 To B 产品经理的推动力要求那么高。To C 产品经理还需要拥有很高的交互设计能力和用户体验感知，这里所说的交互设计和体验感知都必须围绕公司战略和产品方向展开，To C 的初级产品经理最容易犯的错误是把太多的时间放在产品的设计细节上。具体而言，就是把产品的交互设计和 UI 设计看得太重，几乎大部分的时间都花在 Axure 原型图的设计上，而忽视了产品方向和产品本身应该重点考虑的地方。

5.2.3 TO C 实战案例：产品经理导航"金字塔"

产品定位

产品经理常用网站/工具收集。

口号

懂产品经理，让产品经理喜欢，然后收藏它、使用它。

用户是谁

产品新人、产品助理、产品专员、产品经理。

需求

产品经理在日常工作中会使用各种工具浏览各种网站，每次都从百度中搜索查找，费时费力，而且时间长了，一些网站名字更改或者忘记了，就找不到网站了。希望有个网站把它们收集起来，方便快速查阅。

用户的痛点是什么

很多人转行产品经理，不知道产品经理都有哪些工作工具，上网搜索后人云亦云，非常迷惑，国内的产品经理都希望有个导航可以收集常用网址。国内的产品导航还未能解决的问题：懂国内的产品经理、分类清晰、网址口号好、界面简洁、方便查找、无广告、专注产品经理领域。

用户画像是什么

金字塔网站的用户多数是身处一、二线城市受过良好教育的年轻人，其中男女比例均半，男女比较健康，在年龄分布上，我们可以看到 20～35 岁的用户占比最高。

用户场景是什么

公司工作中。

产品价值是什么

流量：给各大网站带去流量。

营销价值：用户量大，推广及营销有独特的优势。

运营者价值：需要不断尝试和学习新的工具。

产品解决了用户什么样的问题

国内有一些号称产品经理导航网站，但是里面的导航五花八门，类目杂乱，广告多，不仅查找不方便，而且容易点上广告。金字塔网站只收集产品经理常用工具，无广告，帮助用户提高工作效率，提升产品思维，拓展产品理念，从而成为一个合格的产品经理。

如何解决

金字塔由多名一线产品经理运营与维护，纯公益，所以不靠网站广告来盈利。

金字塔运营维护人员都是具有多年经验的产品经理，最懂最能感知市场上流行的各种产品工具和学习网站，以专业的角度为用户提供好用、高效的工具和产品学习网站。金字塔网站支持移动自适应，可以在手机上适配屏幕，方便查看。

竞品分析（简版）

竞品分析如表 5-2 所示。

表 5-2 竞品分析

竞品名称	定位	优势	趋势
阿猫阿狗导航	产品经理导航，运营导航，设计师导航	综合类导航，大而全	服务于产品、UI、运营、测试、创业者等
PM265	产品经理软件，产品经理书籍，产品经理资讯	推荐的产品书籍很赞	站长已经放弃，很少更新
金字塔	产品经理工具导航	只做产品经理工具，提升工作效率，一线人士推荐	作为日程工作的一部分，发现好的工具及时分享
…	…	…	…

产品阶段性线路图

产品阶段性线路图如表 5-3 所示。

表 5-3 产品阶段性线路图

阶段	计划
导入期	邀请种子用户使用，并且贡献自己常用的网站和工具，以熟人口碑传播为主
成长期	组织线下活动，提供免费的优质工具、视频等，提升用户体验
成熟期	开发商业附加功能，推动产品的变现能力
…	…

金字塔学院后台发布产品用例图

金字塔学院后台发布产品用例图如图 5-8 所示。

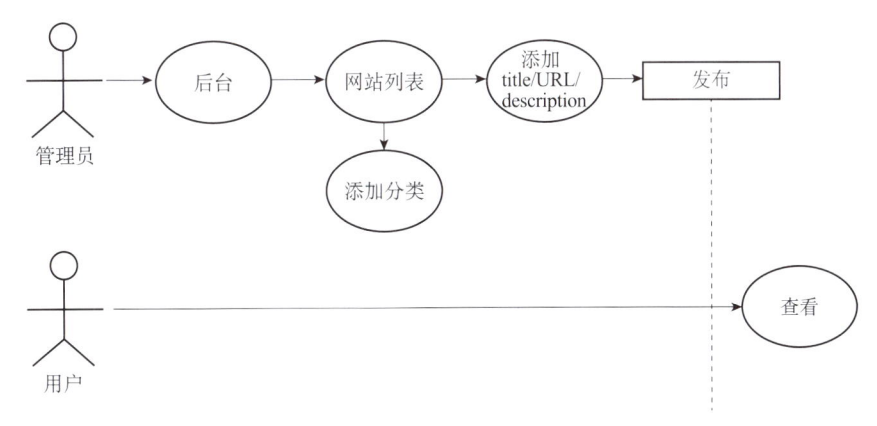

图 5-8　金字塔学院后台发布产品用例图

金字塔网站前台功能结构图

金字塔网站前台功能结构图如图 5-9 所示。

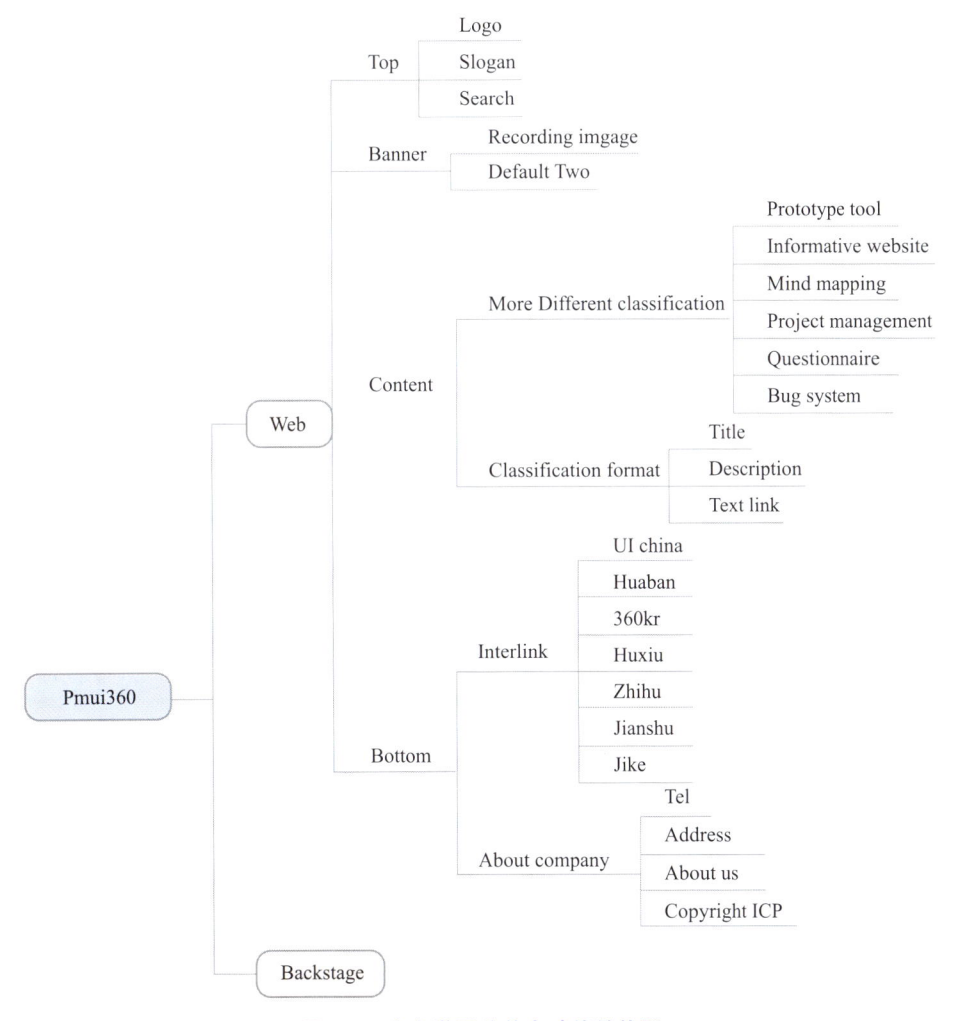

图 5-9　金字塔网站前台功能结构图

金字塔网站后台功能结构图

金字塔网站后台功能结构图如图 5-10 所示。

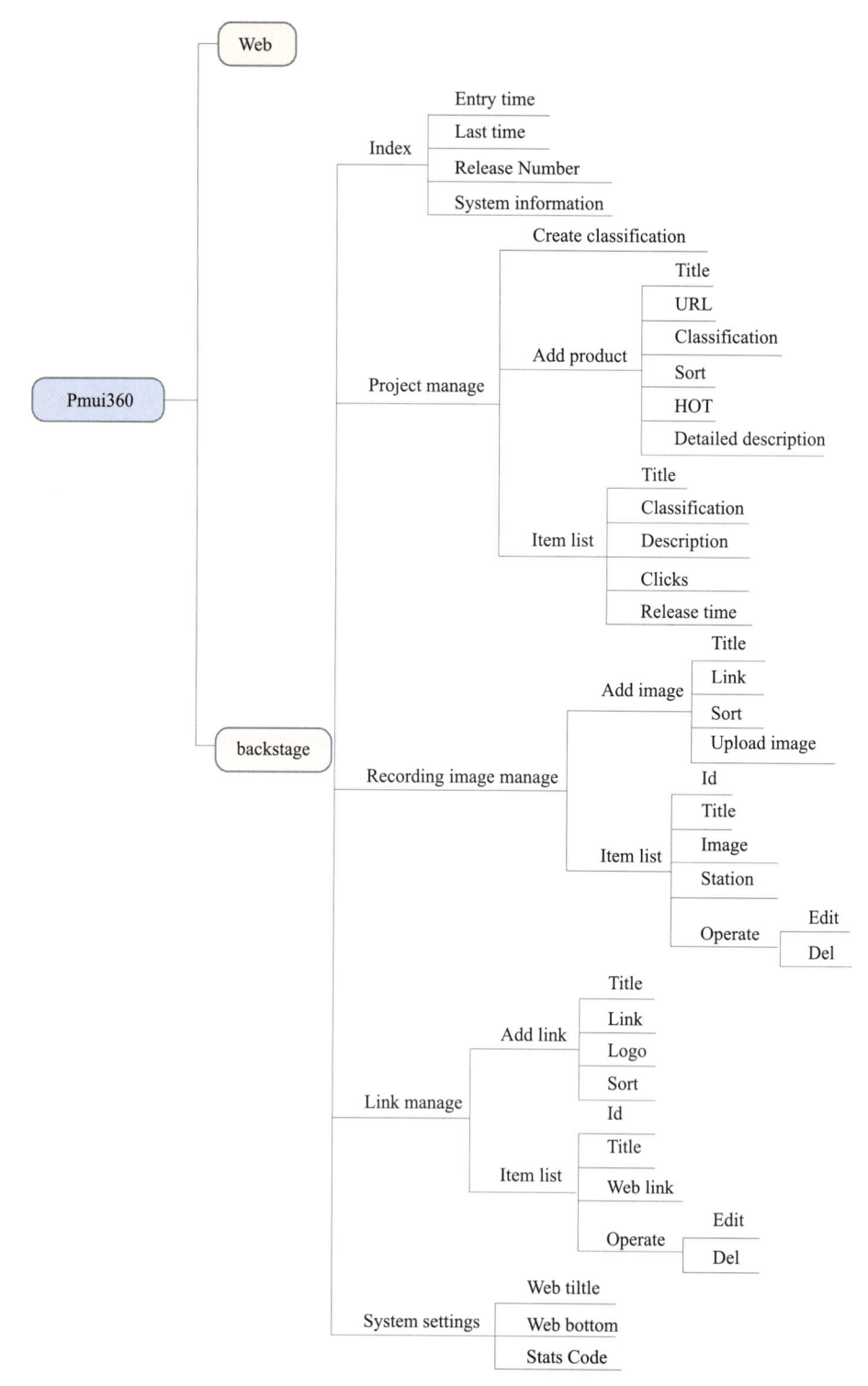

```
Pmui360 ─┬─ Web
         │
         └─ backstage ─┬─ Index ─┬─ Entry time
                       │         ├─ Last time
                       │         ├─ Release Number
                       │         └─ System information
                       │
                       ├─ Project manage ─┬─ Create classification
                       │                  ├─ Add product ─┬─ Title
                       │                  │               ├─ URL
                       │                  │               ├─ Classification
                       │                  │               ├─ Sort
                       │                  │               ├─ HOT
                       │                  │               └─ Detailed description
                       │                  └─ Item list ─┬─ Title
                       │                                ├─ Classification
                       │                                ├─ Description
                       │                                ├─ Clicks
                       │                                └─ Release time
                       │
                       ├─ Recording image manage ─┬─ Add image ─┬─ Title
                       │                          │             ├─ Link
                       │                          │             ├─ Sort
                       │                          │             └─ Upload image
                       │                          └─ Item list ─┬─ Id
                       │                                        ├─ Title
                       │                                        ├─ Image
                       │                                        ├─ Station
                       │                                        └─ Operate ─┬─ Edit
                       │                                                    └─ Del
                       │
                       ├─ Link manage ─┬─ Add link ─┬─ Title
                       │               │            ├─ Link
                       │               │            ├─ Logo
                       │               │            └─ Sort
                       │               └─ Item list ─┬─ Id
                       │                             ├─ Title
                       │                             ├─ Web link
                       │                             └─ Operate ─┬─ Edit
                       │                                         └─ Del
                       │
                       └─ System settings ─┬─ Web tiltle
                                           ├─ Web bottom
                                           └─ Stats Code
```

图 5-10 金字塔网站后台功能结构图

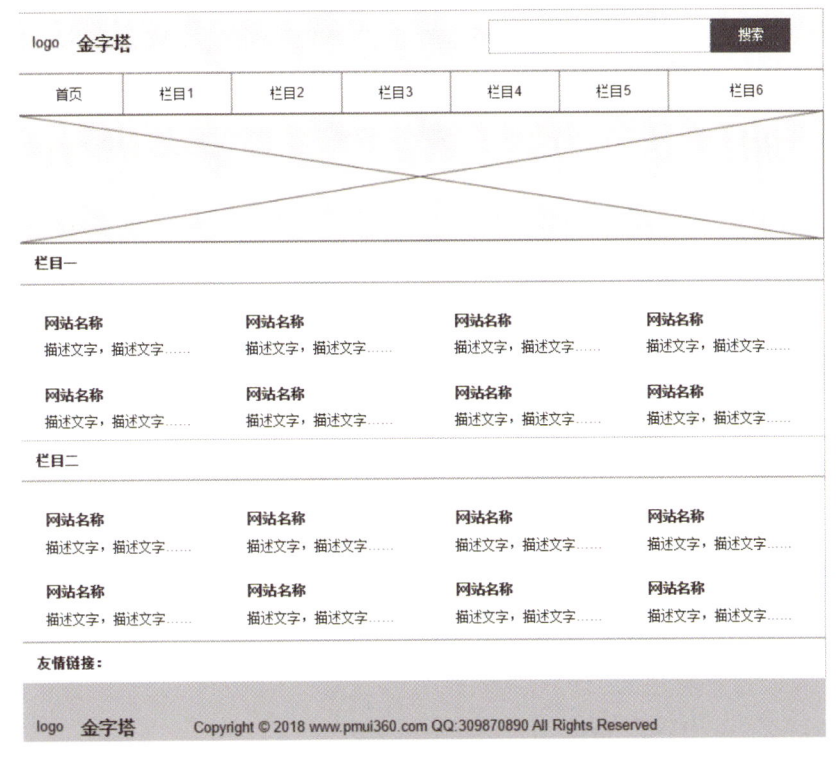

金字塔学院原型图（首页）

金字塔学院原型图（首页）如图 5-11 所示。

图 5-11　金字塔学院原型图（首页）

金字塔后台原型（添加网站）

金字塔后台原型（添加网站）如图 5-12 所示。

图 5-12　金字塔后台原型（添加网站）

金字塔前台视觉效果图

金字塔前台视觉效果图如图 5-13 所示。

图 5-13　金字塔前台视觉效果图

5.3　外包产品

5.3.1　什么是外包产品

多年 IT 外包服务、专业技术经验累计和客户特定 IT 需求，为提升企业、降低企业的招聘和用人成本，解决目前 IT 行业招聘难题，以便实现人力资源共享、协同开发的目的。

如图 5-14 所示就是一个软件外包的需求列表。

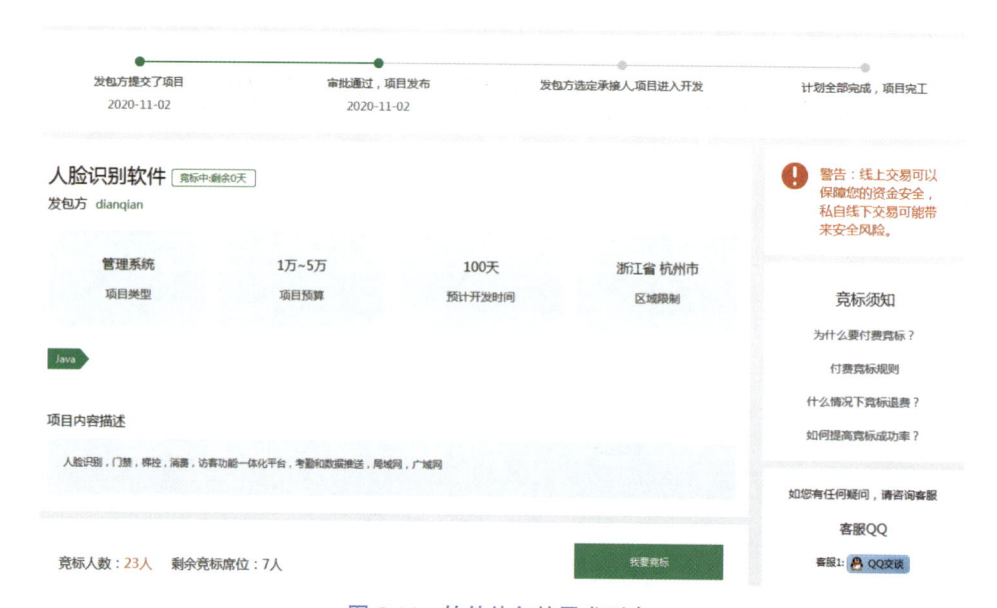

图 5-14　软件外包的需求列表

5.3.2 外包的工作流程

很多企业尤其是传统转型企业，对拥抱互联网既充满新鲜感好奇感又有所疑惑，这主要是因为大部分的管理层不太懂互联网，或者是对互联网的理解一直停留在浅显的认识层面，下面用流程图把外包的工作流程给大家梳理一下（见图5-15）。

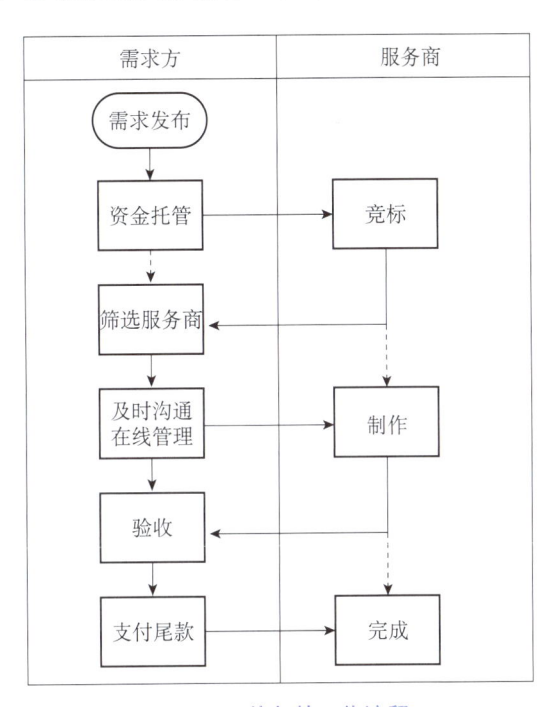

图 5-15 外包的工作流程

5.3.3 掌握四点就一定能做好外包产品

第一点：明确需求方的目的和动机

服务商或者工作室在和上万家企业及个人用户软件外包需求的沟通交流中，发现大部分需求方都不明白自己需要什么，也不知道如何提出自己的需求。

按照我们前面提到的需求三要素就能很容易挖掘出需求方的真实需求，比如，一个医生告诉服务商，他想把医院电子病历系统中的患者姓名、病史、手术、服用某些药等信息导出来。此时作为服务商的你，如果不了解医生的真实动机，直接拿到需求评审会，很可能会出糗，即使不出糗，产品开发出来，医生看到此功能，也会出现各种问题或者是新的想法，你就会陷入无止境的被动局面。

正确的做法是围绕"用户、场景、动机"进行多问，比如：

导出的信息是您需要，还是其他医院需要？

解释：明确是医院行为，还是个人行为。

您导出的目的是什么？

解释：了解导出信息的背景是什么。

导出的信息您要做什么用？

解释：了解导出的信息如何使用，更加具体地了解细节。

如果不导出，您有其他解决办法吗？

解释：了解没有系统之前的解决方案是什么，以便提供更加完美的解决方案。

是导出 Excel，还是其他格式？

解释：确定导出格式，导出后是否还需要用计算公式，争取一次性导出，无须再二次加工。

您导出的周期是一月一次，还是一年一次？

解释：了解产品的使用频率，如果一年一次，完全可以人工导出。

您平时用手机方便，还是电脑、iPad？

解释：明确用什么平台实现，如 H5、微信公众号、APP、PC 等。

第二点：明确预算

分析出上述需求场景和动机以后，就需要确定对方的计划预算和自己的开发预算。

- 对方预算：如果是公司项目，就直接问领导大概可以提供多少经费支持。如果是个人项目，就请对方直接估算出一个自己可以出得起的最高价钱。
- 自己预算：

一线城市的 2～4 年的开发工程师月薪是 1～2 万，日薪 500～1200；

一线城市的 1～4 年的产品经理月薪是 1～2 万，日薪 500～1200；

一线城市的 1～4 年的 UI 设计师月薪是 1～2 万，日薪 500～1200；

一线城市的 1～3 年的前端工程师月薪是 1～2 万，日薪 500～1200；

一线城市的 1～3 年的测试工程师月薪是 1～2 万，日薪 500～1200。

表 5-4 开发预算

模块	工期	岗位	费用
需求调研	2 个工作日	产品经理	1000 元
界面设计	3 个工作日	UI 设计	1500 元
页面开发	2 个工作日	前端	1000 元
系统架构	1 个工作日	架构师	1000 元
数据库设计	1 个工作日	RD	500 元
功能 1	3 个工作日	RD	1500 元
功能 2	3 个工作日	RD	1500 元
		总计	

第三点：了解对方现状

了解一下对方的目前情况，主要包括网站域名、备案情况、微信公众号、服务器信息、已有数据等内容。

比如：

网站域名：域名、类型、年限、备案情况、网页空间、服务器配置、数据库、带宽、速度、操作系统及语言、部署安全防护软件、适合人群。

（不了解这些信息，或者没有域名空间，服务商可以把此部分报价增加上。）

微信公众号：名称、类型、已申请微信认证、已申请微信支付、SDK、API及接口规则等。

（不同的账号类型及功能意味着是否有相应的权限，有权限才能进行相应的开发。）

已有数据：公司员工数据，包括员工姓名、手机号、工号、职位等，以Excel形式提供。对于需求和现有数据关联的，必须提供已有的数据信息，并且告知对方提供形式，是以Excel、SQL脚本还是API接口等形式提供。如果没有数据，则须在开发过程中创建数据库，然后由需求方自己录入数据。

第四点：制作Demo，随时沟通

通过原型工具，快速制作产品Demo，如果时间允许的话，可以制作高保真Demo，在Demo界面中呈现的内容都应该更加贴近于软件或服务最终呈现的效果。人物角色在场景中经历并演绎着使用产品或者服务的故事，力图让观看者身临其境或者感同身受。在理想的情况下，Demo应该是用来展示产品最优秀最核心部分的。

Demo可以是一个网页文件，也可以是一个视频、一个PPT，大家不要拘泥于常规。

5.4 如何制作产品手册

除去输出一些BRD、MRD与PRD之外，产品经理的日常工作也包括撰写一些小型文档，如产品说明书、用户操作手册等，下面我们来简单描述一下如何撰写用户操作手册。

第一步：手册素材准备

撰写操作手册的基础是熟悉你所要描述的系统，我们开发的产品，如果自己都不了解的话，怎么可能教会用户使用呢？建议每个人在下笔之前一定要熟悉自己的产品，把整个系统的操作过一遍，至少做到心中有数，在操作过程中把一些主页流程和页面进行截图或者录屏，作为手册文档中的素材。

第二步：确认维度与制作框架

真正开始编写之前要确定整个文档的写作思路，也可以说是确定手册撰写的维度与框架。目前来讲，常用的维度大致分为功能维度与用户维度，即从系统功能描述与从用户问题角度描述。从根本上来说，两种维度在手册内容中没有太大区别，只是换了一种方式来描述。而框架的确定则是在熟悉产品的基础上，将需要介绍的内容抽象并归纳成一个个模块，排列组合后制成大纲即可。如图5-16和图5-17所示为案例"云总机"。

图 5-16 【功能】总代理商操作手册

图 5-17 【用户】总代理商操作手册

PS：维度的选取与使用对象紧密相关。

最后，我们根据敲定的目录框架，将内容一步一步地填充进去。对于操作手册来讲，单单有文字介绍难免显得太单调枯燥，俗话说"百闻不如一见"，在我们的操作手册中适当地添加系统的截图并进行相应的标注，不仅会增加文档的易读性与实用性，还可以提高撰写文档的效率。

撰写的大体思路如图 5-18 所示。

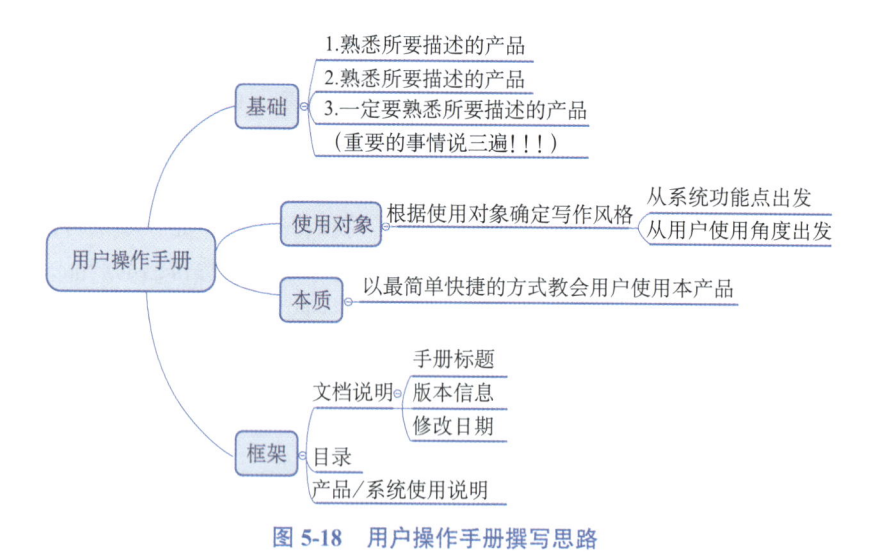

图 5-18 用户操作手册撰写思路

有同学讲，操作手册的撰写只需要介绍系统内包含的功能即可，此话说来的确不假，毕竟所有操作手册的本质都是以最简单快捷的方式教会用户使用本产品。可麻雀虽小，也应五脏俱全，"细节决定成败"这句话在产品经理的进阶征程中同样适用，其中细枝末节当根据自身情况而定。

举例：用户操作手册部分样例

例子 1：云总机操作手册。

云总机是为企业客户量身定制的企业办公电话服务，具有零成本组网、多终端通信、通信可管理、通信增值业务、低成本与一号多分机等特点。

图 5-19 云总机操作手册

例子 2：某智能药盒操作手册。

简易版的操作手册如图 5-20 所示。

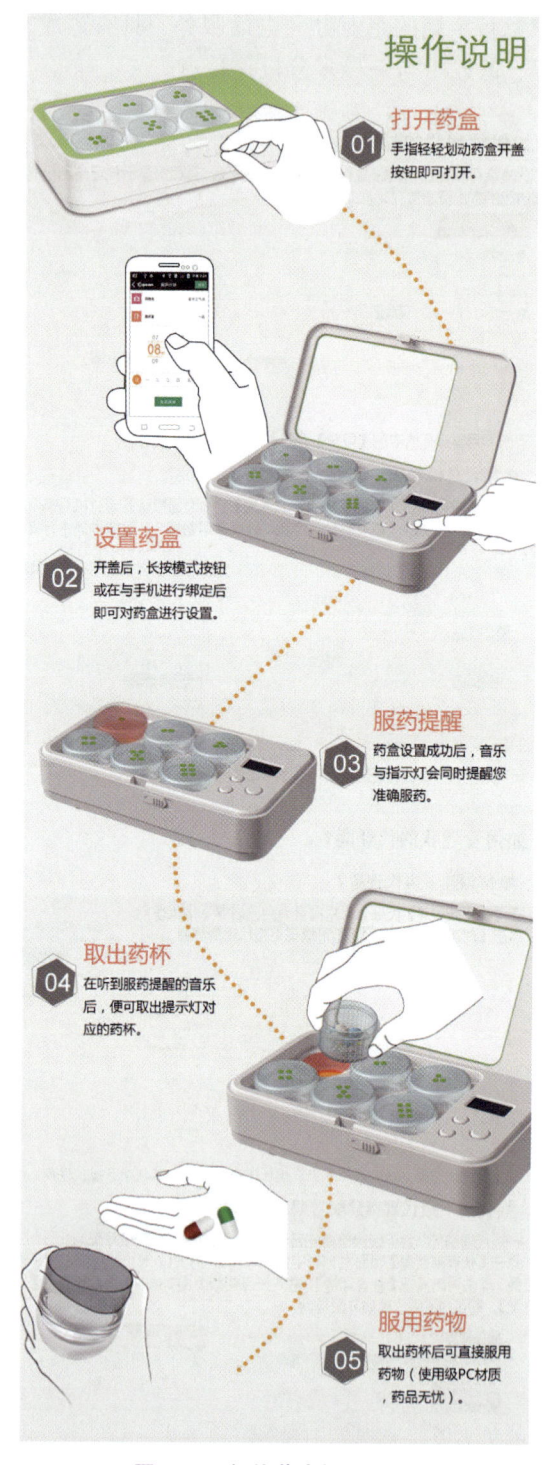

图 5-20　智能药盒操作手册

第 6 章 项目管理篇

Standish Group（美国专门从事跟踪 IT 项目成功或失败的权威机构）对信息技术项目的研究（8400 余个项目）表明：16% 的项目实现其目标，50% 的项目需要"补救"，34% 的项目彻底失败，如图 6-1 所示。

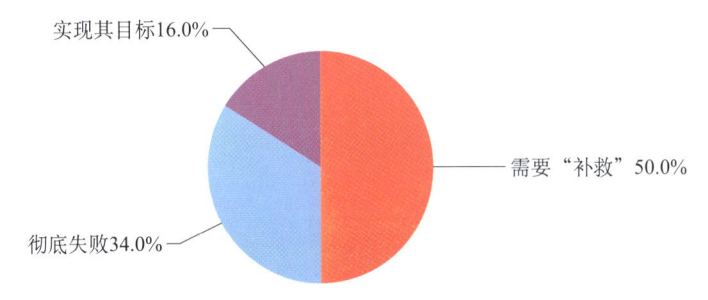

图 6-1　Standish Group 对信息技术项目的研究

通过上面的研究我们可以明白，项目管理的目标就是在有限资源限定条件下，实现或超过设定的需求和期望，提升项目本身的经济效益，提高客户满意度，保证项目的成功。

6.1　什么是项目

我们听说过的一些事情，如埃及金字塔、修长城、南水北调工程、神舟飞天、一个 APP 的开发、一个网站的建设、机器人研发、人工智能、拍电影、办画展等，这些都可以看作是项目。

项目管理的定义：项目管理是管理学的一个分支学科，项目是一次性的工作，项目的管理者在有限的资源约束下，运用系统的观点、方法和理论，对项目涉及的全部工作进行有效的管理。项目具有三个特点：临时性、独特性、渐进明细性。

- 临时性：每个项目都有明确的开始与结束时间，是一个阶段性的工作。例如，要开发一个高校考试系统，肯定有开始时间和交付时间，待 APP 开发上线，这个项目就结束了。
- 独特性：独特，在汉语中表示"特有的，特别的"，对于存在于世界上各式各样的项目而言，它们就是一个个"个体"，和人一样，不存在完全一样的两个项目。比如，同样是开发一个高校考试系统，用户群体是软件开发人员，就需要有编程题型和判分规则，用户群体是英语专业学生，就需要有完形填空题型和上传音频功能等。
- 渐进明细性：项目的成果性目标是逐步完成的。对于项目来说，任何一个群体都不太可能在最开始就 100% 地掌握或知道项目的所有信息，而是随着人们慢慢地滚动推进才发现，原来是这样的。例如，高校考试系统在开发过程中需要使用所谓的 AB 卷，经过技术人员讨论可以在考试前生成 10 套试卷存储在 Redis 中，到时候随机分配给考生，从而保证前后左右的试卷题号和答案顺序都是完全不一样的。

6.2 为什么需要项目经理

我们知道项目经理的主要工作职责是制定项目管理计划，监督控制项目的整个过程，实现项目的范围、时间、成本、质量等目标。其中，项目管理计划是通向目标的路线图。古人云："凡事预则立，不预则废。"项目想成功，必须要有良好的项目计划与过程控制，然而不少人一开始并不重视做计划。

不做计划的理由

- 做计划要花时间、花精力、花资源。
- 计划赶不上变化，变化赶不上领导的一句话。
- 很多情况不确定，压根没法计划。
- 不做又能怎样？活照干，重要的是做出东西来。
- 计划就是"纸上谈兵"。

现在我们一起看一下无计划和有计划的情况。

1. 无计划

若项目在无计划的状态下开始，随着工作的深入，就会发现协调性工作量不断增加，并且越来越困难，当增加到不可忍受的程度时，就被迫开始制定项目计划，并一直处于补救性的工作状况，各方工作也难以协调一致，生产性工作效率不断下降。这种做法虽然在执行初期赢得了暂时的高效率，但从整个项目的执行过程来看，项目执行效率是很低的，如图 6-2 所示。

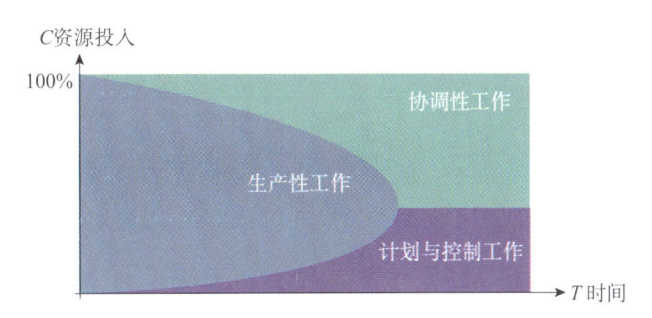

图 6-2　实际执行：没有计划时

2. 有计划

若项目一开始就投入精力做出计划，同时也提前协调好各方的职责和利益，在项目执行时各团队都遵循计划来执行和监控，计划性和协调性工作就会大大减少，确保了生产性工作的投入。参与项目的所有人都知道自己该做什么，按时实现自己的目标，生产性工作的效率就会提高，这样整个项目的效率就更高。

图 6-3　实际执行：有计划时

结语

- 计划的本质是在工作开始之前，思考如何做好它。
- 计划一旦确定，应成为所有人的承诺，共同完成项目。
- 周期性地召开协调和沟通会议，统一目标、计划与进度。
- 执行中保持项目计划的及时更新、一致、有效。

虽然计划是有成本的，但是计划不仅可以降低沟通成本、协作成本，从而降低项目风险，还可以提高工作效率，增强团队的信心，所以前期的投入是非常值得的。

6.3　产品经理 VS 项目经理

如表 6-1 所示，我们很清楚地了解到产品经理和项目经理的工作职责完全不一样。产品经理主要负责需求采集、用户研究、需求分析、产品设计、商业变现，贯穿于产品生命周期的全过程。项目经理负责跟进一个项目，实现项目的整合、范围、进度、成本、质量等目标，协调和监控项目整个过程，满足发起人及相关方的需求和期望目标。

表 6-1 产品经理和项目经理比较

产品经理	项目经理
靠想——设计者	靠做——执行者
产品式：长期、终生	产品式：短期、阶段、定制
横向管理	纵向管理
判断力、创造力	执行力、控制力
做正确的事	正确地做事
我要把它实现	我要把它完成
内部驱动	外部驱动
产品生命周期，迭代，商业模式（赚钱）	成本控制（时间成本、人工成本、资金成本） 项目质量

6.4 如何进行项目管理

如图 6-4 所示，项目管理的大致流程是：启动过程→规划过程→执行过程→收尾过程。项目管理主要管理两个库：一个是"文档库"，另一个是"代码库"。下面根据项目管理的流程，分别说明如何进行管理。

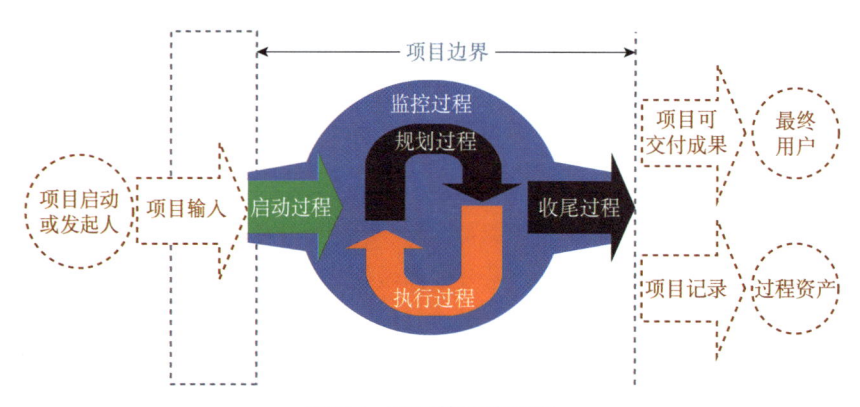

图 6-4 项目管理的流程

启动过程

启动评审会，评审会要解决如下一些问题。
- 会议开始，向与会的领导介绍一下你的产品。（解决什么问题或满足什么用户需要）
- 为什么要做？谈谈背后的原因。（背景、市场空间、竞争对手、环境）
- 打算怎么做？（产品规划、模块规划、研发计划、运营计划）
- 需要多少资源？（人力成本、软硬件成本、运营成本）
- 最终能获得什么收益？（带来收入、带来用户、扩大市场、占有市场先机、满足未来三年战略规划等）
- 做这个有没有风险？（开发失败？失去市场机会？失去先机？竞争不过对手？没有带

来收入？没有带来用户？与公司战略背道而驰？）

规划过程

没有计划，就没有控制，所以我们需要制定产品规划和进行 WBS 分解。

1. Roadmap（产品路线图）

Roadmap 也称为"路线图"或"蓝图"，是产品经理进行产品管理的一个中长期规划，也称路标规划。Roadmap 主要由时间周期、项目事件（必备的工作项）和阶段目标三部分组成。

- 时间周期：产品规划的时间区间。时间周期的长度是产品大版本（如 1.0.0 → 2.0.0）迭代周期的长度。
- 项目事件：完成产品总体计划必须要完成的工作项。
- 阶段目标：关键工作项完成的时间节点，也称里程碑，如图 6-5 所示。

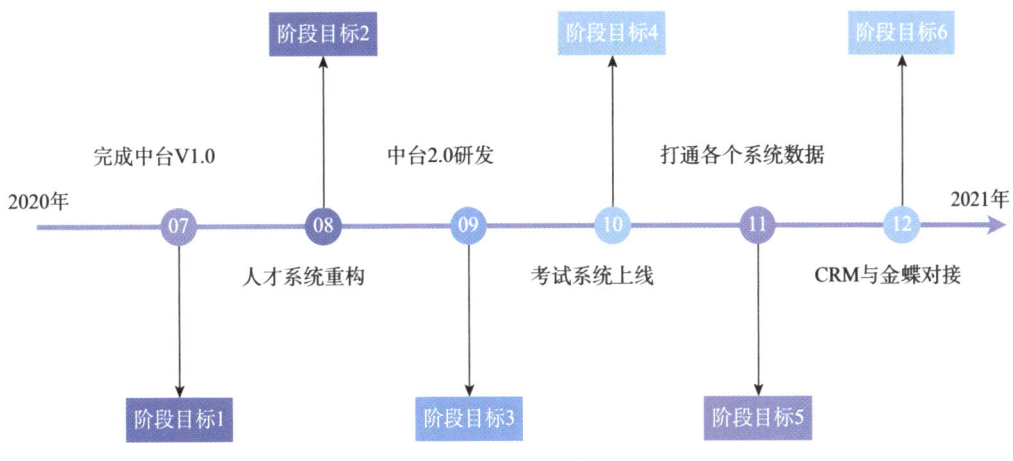

图 6-5 里程碑

2. WBS（工作任务分解）

WBS 是英文 Work Breakdown Structure 的缩写，翻译成中文意思是"工作分解结构"，指的是以交付结果为导向，对项目进行分解，把工作包派发给每一位设计/开发工程师。

- W——Work：为克服障碍、实现某种目标而通过身体或头脑付出努力或施展才能。
- B——Breakdown：划分成部件或分类，分解成基本物质。
- S——Structure：事物在明确的组织形式下的排列。

WBS 是项目管理重要的专业术语之一。创建 WBS 是把项目可交付成果和项目工作分解成较小的更易于管理的组成部分的过程。

如图 6-6 所示的是互联网某 App 开发 WBS 部分截图，每个工作包包括起止时间和负责人，方便项目经理对进度进行监督，防止团队成员对工作包产生理解偏差或者项目绩效进度落后。

WBS 一般采用甘特图的呈现形式，图 6-6 是使用微软的 Project 软件进行绘制的，有一定的使用门槛，建议初学者使用 Excel 制作完成。

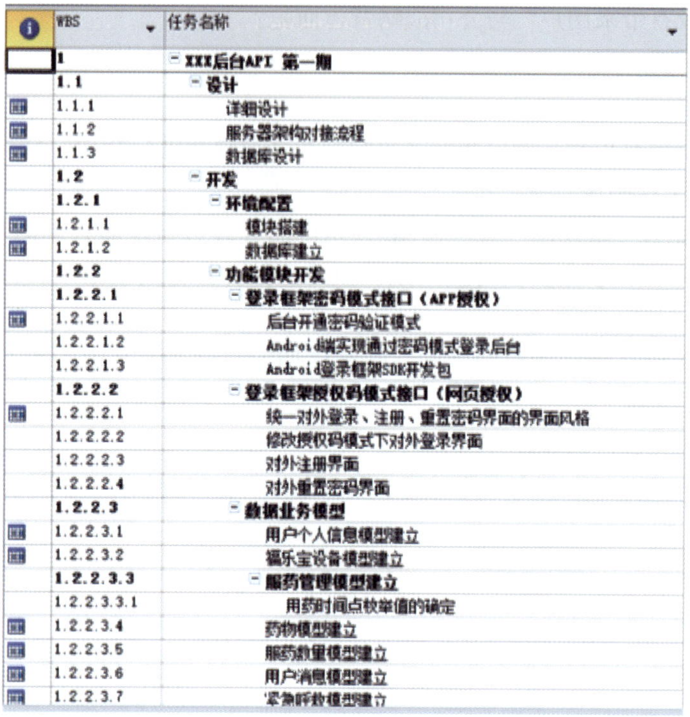

WBS	任务名称
1	XXX后台API 第一期
1.1	设计
1.1.1	详细设计
1.1.2	服务器架构对接流程
1.1.3	数据库设计
1.2	开发
1.2.1	环境配置
1.2.1.1	模块搭建
1.2.1.2	数据库建立
1.2.2	功能模块开发
1.2.2.1	登录框架密码模式接口（APP授权）
1.2.2.1.1	后台开通密码验证模式
1.2.2.1.2	Android端实现通过密码模式登录后台
1.2.2.1.3	Android登录框架SDK开发包
1.2.2.2	登录框架授权码模式接口（网页授权）
1.2.2.2.1	统一对外登录、注册、重置密码界面的界面风格
1.2.2.2.2	修改授权码模式下对外登录界面
1.2.2.2.3	对外注册界面
1.2.2.2.4	对外重置密码界面
1.2.2.3	数据业务模型
1.2.2.3.1	用户个人信息模型建立
1.2.2.3.2	福乐宝设备模型建立
1.2.2.3.3	服药管理模型建立
1.2.2.3.3.1	用药时间点枚举值的确定
1.2.2.3.4	药物模型建立
1.2.2.3.5	服药数量模型建立
1.2.2.3.6	用户消息模型建立
1.2.2.3.7	紧急呼救模型建立

图 6-6　互联网某 App 开发 WBS 部分截图

我个人比较注重团队协作，信息共享，所以更喜欢使用团队协作软件来实现项目的呈现，相关软件具体见下一节“项目管理工具”。

3. 里程碑

里程碑通过标注重大事件、日期、决策和可交付成果，将整个任务进度的把控都掌握在正常时间线上，使项目更容易按计划进行。

项目里程碑很容易创建，也更容易跟踪，因为事先已经指出了项目中最重要的要点，还可以随时看到这个里程碑下的计划状况，整个项目是否进行正常，是否需要调整方针，从而确保不偏离、不拖延。里程碑模板如图 6-7 所示。

项目里程碑计划表

填表人：　　　　　　　　　　填表时间：

序号	里程碑事件	交付成果	完成时间	备注

图 6-7　里程碑模板

最终的里程碑计划经过项目重要人员的审核和批准后，用图表的方式张贴在项目管理办公室，以便大家能时时把握，如图 6-8 所示。

XXX招聘开发计划表

前后端	里程碑（阶段）	任务名称	开始时间	结束时间	4月29日	4月30日	5月7日	5月14日	5月15日
	第一阶段	架构/数据库设计	4月29日	5月7日					
		账户管理	4月30日	5月15日					
		第一阶段所有功能测试	5月16日	5月20日					
	第二阶段	邮箱/邮件功能	5月7日	5月20日					
		简历字段功能	5月14日	5月20日					
		第二阶段所有功能测试	5月21日	5月23日					
企业后台		企业主页	5月24日						
	第三阶段	笔试管理							
		面试管理							
		校招简章							
		第三阶段所有功能测试		5月31日					
	第四阶段	简历管理	6月3日						
		第四阶段所有功能测试		6月17日					
	第五阶段	权限配置	6月18日						
		整体测试发布		7月1日					
快速注册		快速注册							

图 6-8　图表形式的里程碑

执行过程

1. 每日站会

每日站会（Daily Standup Meeting）是敏捷流程 Scrum 中的很重要的制度之一，如图 6-9 所示。

图 6-9　每日站会（图片来自网络）

（1）每日站会的目的。
①让所有人了解其他人在做什么，当前项目计划进展如何。
②帮助大家解决那些阻碍做事情的问题，以及共享承诺，这些都非常有利于提高团队合作精神。
（2）每日站会流程。
站会就是每日召开约 15 分钟的站立会，团队在一起快速地开一个会（通常在物理墙前），成员逐个陈述自己的最新工作状态。每人不超过 2 分钟，每个团队成员需要回答三个问题：昨天完成的工作；今天计划做的工作；面临什么阻碍，需要什么帮助或者是否存在技术风险。
在白板上更新一下项目的状态。整个过程除了讲个笑话活跃气氛，不要展开任何其他话题。
（3）哪些人应该参加每日站会？
每日站会是开发团队内部的会议，会议主持人主要确保会议召开，以及将会议控制在 15 分钟内，如果有其他外部成员需要参会，会议主持人需要确保他们不会打扰到开发团队的讨论。

（4）每日站会的注意事项。

- 会议时间不能超过 15 分钟。
- 所有团队成员需要自觉按时到场，按时召开、按时结束是很重要的。
- 一定要站着开会，每个人要集中精神，不能有懒散的表现。
- 同一时间只能有一个人发言，只说每日站会相关的问题，任何跑题或扩展讨论，请在会议结束后进行。
- 团队成员最好提前准备发言内容，别的成员发言时，注意倾听。

2. 项目周报

项目周报是项目经理最重要的一项工作，对于项目经理来讲，通过项目周报的形式，可以对每周的工作做一个总结，并合理安排下周的工作计划。

对于项目重要干系人（发起人、需求方、高层领导）来讲，项目周报让他们及时了解项目状态和进展、当前存在的主要问题，以及需要领导协调解决的事宜和后续的工作安排。如图 6-10 所示是项目周报模板。

工作周报（XXX系统）

类型	阶段	本周工作计划	本周工作完成情况	下周计划
重点关注				
专项工作				
部门（组）工作				
其他				

图 6-10　项目周报模板

3. 里程碑汇报

如何在项目过程中追踪、确定目前的项目进度和状态是否贴近成功？“项目里程碑”是帮助项目管理者和参与者理解项目与其预期的距离唯一的标志。当项目完成一个关键节点或者重要事件的时候，项目经理就需要向项目所有干系人汇报进展情况，内部也要进行一次阶段复盘和交流，这对鼓励士气和增强团队凝聚力非常有帮助。

通常里程碑事件主要有需求评审、系统开发、联调测试、发布上线。项目经理可以以项目本身一些重要事件作为标志，如图 6-11 所示。

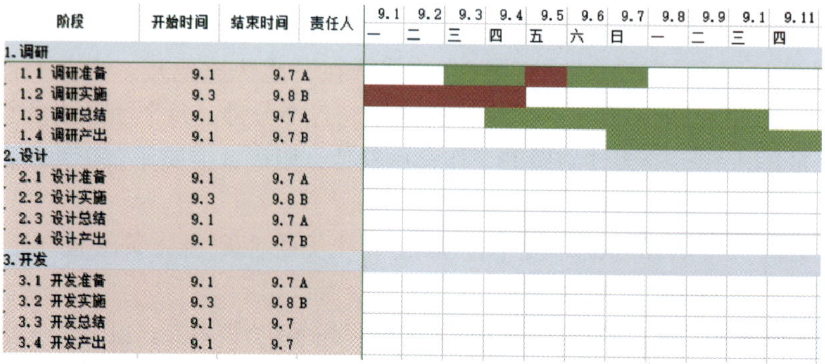

图 6-11　里程碑事件示例

收尾过程

产品成功交付上线后,项目经理需要进行组织过程资产的归档和整理,主要需要完成"文档"和"代码"的入库和存储,还有会议纪要、过程变更记录等。

(1)常见项目管理相关文档部分截图如图 6-12 所示。

图 6-12　常见项目管理相关文档部分截图

(2)代码库。代码是系统开发中产生的最重要成果,为了更好地管理存储代码,公司都会使用代码托管平台。如果使用线上托管平台,国外推荐 Github,国内推荐码云(gitee),它们都是免费的托管平台,允许私有项目。如图 6-13 所示的是 Github 平台的代码托管截图。

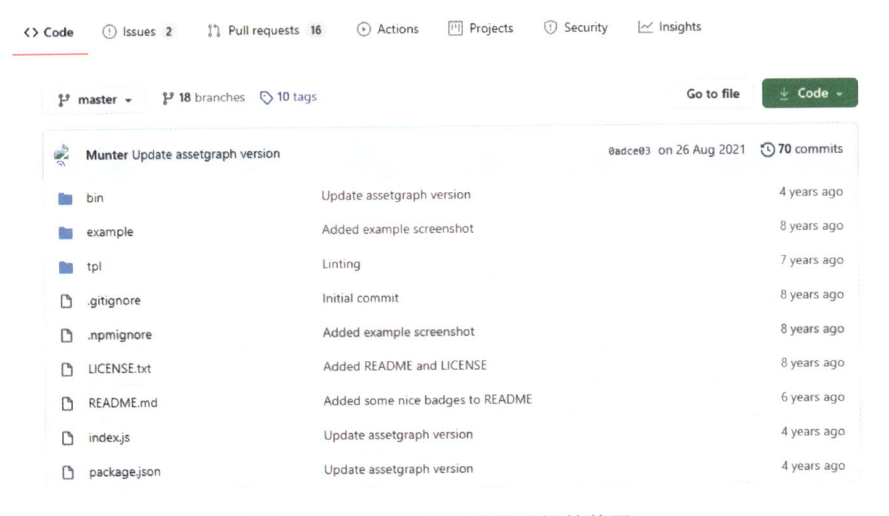

图 6-13　Github 平台的代码托管截图

6.5　项目管理工具

TAPD(腾讯旗下)

TAPD 是源自腾讯的敏捷产品研发协作平台,提供贯穿敏捷开发生命周期的一站式服务。

TAPD 与企业微信深度打通，成员可以通过企业微信快速使用 TAPD，并随时获取工作动态，助力团队高效沟通，紧密协作，如图 6-14 所示。

图 6-14　TAPD 平台

其核心功能有看板、在线文档、敏捷需求规划、迭代计划 & 跟踪、故事墙、缺陷跟踪、任务管理、测试计划 & 用例、代码集成、持续集成 & 交付、可视化图表 & 报告等。

Trello（Atlassian 旗下）+Slack

Trello 是面向敏捷开发团队的敏捷开发工具，有助于团队以更加协调的方式开展工作并完成更多的工作。Trello 有丰富的第三方应用插件库，可以下载使用。

Trello 有看板、列表和卡片等功能，可以使团队以一种有趣、灵活和有益的方式组织项目，并划分它们的优先顺序，如图 6-15 所示。

图 6-15　Trello 平台

Slack 具有聊天群组、大规模工具集成、文件整合、统一搜索等功能，可以把各种碎片化的企业沟通和协作集中到一起。一般使用 Trello 的用户都会添加 Slack 软件。

Jira（Atlassian 旗下）

Jira 是 Atlassian 公司出品的项目与事务跟踪工具，被广泛应用于缺陷跟踪、客户服务、需求收集、流程审批、任务跟踪、项目跟踪和敏捷管理等工作领域，如图 6-16 所示。

Jira 配置灵活、功能全面、部署简单、扩展丰富，其超过 150 项特性得到了全球 115 个国家超过 19000 家客户的认可。它是敏捷团队的首选软件开发工具，适合各种角色的工具，企业团队借助 Jira 可高效管理项目。

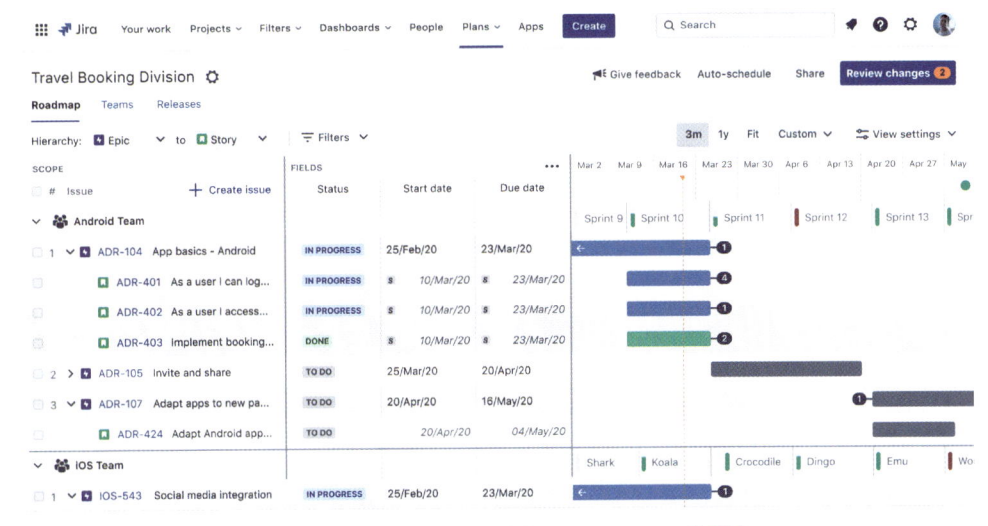

图 6-16　Jira 工具（图片来源：Atlassian 官网）

- 项目组合经理：向投资者、分析师和雇员传达融资战略举措的价值。
- 产品经理：管理想法收集、确定功能待办事项列表优先级并跟踪实时路线图的进度。
- 高管：将战略和执行联系起来，推动实现高级使命和愿景的企业价值。
- 交付团队：将符合公司高层战略的 Sprint 工作付诸行动。
- 计划经理和 RTE：确保计划的顺利开展和资源的合理分配，以便按时交付成果。
- 转型团队：借助自定义框架推动数字化转型，实现企业内敏捷扩展。

Teambition（阿里旗下）

Teambition 由阿里巴巴 Teambition 团队打造，个人使用完全免费，如图 6-17 所示。我们的工作充满大大小小的"项目""任务"（活动策划、工程实施、IT 研发、风险投资等），使用 Teambition 做"项目化"管理，使团队规划工作目标更清晰，执行更到位，而且完成过程也十分轻松，成员将有全新的协作体验。Teambition 全面支持"看板"和"Scrum"敏捷方法，你可以围绕产品目标灵活规划每个迭代冲刺。实时数据反馈，让计划调整更及时，团队成员积极应对变化，持续交付价值。其具体功能介绍如下。

图 6-17　Teambition

- 需求管理：高效管理整个需求生命周期，划分优先级和时间节点，把需求落实到位。
- 文档协作：知识库工具支持协同创作，PRD 和设计稿"关联"到需求，沉淀和分享更方便。
- 跨部门协同：与研发、设计和运营团队紧密协作，不断验证需求价值，创造更多业务增长。
- 把控项目进度：开发和测试任务都在 Teambition 上执行，直观查看开发进度，预防延期风险。
- 保证交付质量：从用例撰写、测试步骤到流转规则，搭建一套完整流程，可以立即落地执行。
- 统计回顾：通过"燃尽图""团队速率图""缺陷分布图"等丰富的可视化数据统计报表，帮助团队及时了解团队表现，并不断提升改进。

其他

市场上还存在众多项目管理工具，如 Ones（企业级研发管理工具）、蓝湖（产品设计协作平台）、禅道（项目管理软件）、Worktile（项目协作与目标管理工具）、Tower（项目管理工具）。

第7章 求职篇

7.1 求职目标

很多人在求职的时候目标是不明确的，求职者选择企业应考虑四方面因素：行业、薪资、资源和兴趣。在求职中要更多地关注"行业"和"资源"。选择行业的三个衡量标准如下。

（1）所选择的行业是不是朝阳行业，也就是行业增长很快，受到国家政策的大力扶持，并且有巨大的市场空间。

（2）所选择的公司是不是正处于成长期或者成熟时期，并且有较大的发展潜力，公司是否有完善的晋升薪酬体系，有伟大的愿景和共同的价值观。

（3）这份工作对你而言，是不是一个新的机会和挑战，而且这也是你所喜欢、感兴趣做的工作。

李嘉诚当初最成功的一次离职，就是从五金厂销售员的岗位离职，跳槽到一家偏远的塑胶厂当销售员。当时，他的五金厂老板执意挽留他，升职加薪都许诺了，但李嘉诚还是义无反顾地走了。并非他不通人情，而是他看到了塑胶日用品对整个五金产业的冲击。他可以预见到，未来塑胶日用品必然会替代大量传统的老旧五金日用品。在这次跳槽中，李嘉诚既没有多拿钱，也没有受委屈，他却做了一次无比正确的选择，看到了"未来行业趋势"。

对于资源的选择同样重要，如果能加入 BAT/TMD 这样的一线知名互联网企业，工资哪怕比其他企业低一些，还是可以考虑的。因为在这些大企业，你能接触很多优质的资源，包括一群优秀的同事、一个千万级别的用户产品、一流的技术、规范的流程和管理。

对于跳槽，建议还要考虑长远发展的利益，如果这个行业、公司都对你有很大的提升，那就果断跳槽。

7.2　编写简历

简历就是求职者向用人单位递交的名片。只有满足和匹配用人单位的岗位要求，才能有机会拿下心仪的 offer。但是每个人的技能不同、经历不同，从而造成简历内容参差不齐。企业面试官，尤其是 HR 们在筛选简历的时候，都会有一些所谓的"挑选标准"，正是这些标准在左右着求职者能否进入面试环节。本章我们就从面试官的角度出发，来解构现代简历的"挑选标准"。

7.2.1　简历的作用

毋庸置疑，简历的重要作用就是引起面试官的注意，让你能在众多的求职者中突出，并且能帮你进入接下来的企业面试环节。

从简历的作用我们可以知道，简历的本质就是一份"广告"——我们的"人才广告"。如何让这份广告引起企业面试官的注意并且打动他，是我们接下来要做的。什么样的简历会打动人呢？坦白地讲，不是你经历了什么而是你做到了什么。因此，我们有必要先来看看面试官的偏好是什么。

7.2.2　面试官眼中的好简历是什么样子的

职场圈总流传着 HR 的各种传说，如传得最广的就是"面试官很忙"。没错，在面试季，各个人力资源经理每天都会阅读和筛选大量的简历，HR 给你简历留下的时间最多不超过十秒，如果在十秒内没有扫到重要的内容，他们就会直接筛掉。我们不禁在想什么样的简历才能入得了他们的法眼呢？

HR 的确很忙，但是很忙并不意味着他们的专业性低。在筛选简历时，他们会很看重具备以下标准的简历。

第一，简历内容要与应聘职位具有较强的关联性

关联性，是指简历中展示的内容要按照面试岗位的要求来呈现。拿应聘产品经理来讲，你所呈现的内容就要围绕该岗位来罗列，罗列的内容可不能适合面试开发岗或者测试岗。简历不能做成"万金油"，一份简历适合所有岗位是最大的错误。简历中的"关键词"就承担关联性的作用，如图 7-1 所示。

在这份简历中，哪些关键词是具备"关联性"的呢？

根据表述我们看到：中后台、3 年及以上、本科、计算机相关专业、协调/沟通、IDaaS、SSO、HR 系统……

对于面试官来说，如果简历中没有上述"关键词"，则很难引起面试官的注意。所以我们在面试某些岗位的时候，一定要仔细看描述，然后完善补充简历内容。

第7章 求职篇

中后台产品经理(Kim) 20-40K·16薪

北京 · 3-5年 · 本科

五险一金　补充医疗保险　定期体检　加班补助　年终奖　股票期权　带薪年假　包吃

蒋先生

hrbp · 刚刚在线　　　　　　　　　　　　　　　微信扫码分享

职位描述

职位描述

1、负责企业协同业务的中台和管理后台的规划与建设；

2、围绕身份认证、组织架构、权限模型、计费财账和平台基础服务，抽象并沉淀高可用、易扩展的中台产品能力；

3、对业务需求进行分析、引导和优化，结合平台能力形成可落地的产品方案；

4、协调研发、产品、设计、测试资源落地产品方案，与业务团队共同达成预期的业务目标。

任职要求

1、3年及以上互联网中后台产品经验，计算机相关专业本科及以上学历；

2、优秀的复杂问题解构能力和逻辑思维能力，良好的协调、沟通和抗压能力；

3、熟悉平台型产品的系统架构，有过复杂系统产品设计经验；

4、有过帐号系统、IDaaS、SSO、权限控制、HR系统、组织架构和安全管控中一个或多个领域经验者优先。

图7-1　简历中的"关键词"

第二，简历内容要与应聘职位有高度的匹配性

匹配性就像"恋爱"，最好的对方不一定彼此适合，只有彼此二人相互有眼缘才可能在一起。一些求职者遍地"撒网"时，总缺少回应，其原因就有可能是不了解对方企业，也不了解面试岗位。企业在不同发展阶段，或者不同项目匹配的人是有侧重的。所以，你应该瞄准企业的需要来修改自己的简历。只有满足了招聘者的预期，才容易脱颖而出。

投递简历前，若是我们能够预先了解这个职位所在企业或者部门的发展阶段，抑或是参与的业务发展背景、阶段，然后策略性地呈现，就会容易收到不错的效果。

此外，还要注意避免"干扰性"信息。求职者的过往经历可能会存在干扰性信息，比如，你的所学专业是"医学类"，那么通常来讲这个背景就是干扰信息。这会暗示面试官你"不专业"。因此，完全可以不写自己的专业。把握此类要点就是根据招聘信息来扬长避短。同样，若是该面试者要应聘一家在线健康管理的企业，那么医学背景无疑又成了一个加分项。

第三，简历能够体现你的发展潜力

用一句话来概括企业的用人标准，那就是：做事靠谱+做人有意思。"做事靠谱"，就是指应聘者的能力应符合企业要求，同时具备发展潜力。"做人有意思"，是指希望你不是一个工作机器，而是一个有意思的人。其实，面试官都期望求职者是一位大家都愿意和其打交道的一个人。

第四，简历内容无错误

这点无须多说，简历质量本身就是你做事的态度展现。特别是我们应聘产品经理岗位，从某种角度来讲，我们的简历就是一份作品、一份产品。很多面试官在筛选应聘产品经理的简历时，其标准会更加严格。

第五，简历页数不要超过 2 页

一般情况下，简历的长度以 1 页 A4 纸为限。写太多，一方面是阅读成本高，另一方面 HR 会认为你总结能力不够。即使是有多年工作经验的求职者，简历页面也不要超过 2 页。

第六，简历要符合现代职业美感

现代职业美感有两个范畴：一是格式呈现规范，如表述格式；二是版式设计要符合基本的职业规范，甚至是美感（当然也不能把简历做成一份海报宣传画）。

7.2.3 开启你的简历制作流程

做简历的流程依次为：明确简历的目的、简历的基本内容、简历的风格设计、简历的质量检查四大部分。

明确简历的目的

要明确简历是投给哪类企业的或哪个职位的。量体裁衣的简历通过率会更高。

简历的基本内容

一般来讲，简历中的基本内容包括如下几项：基本信息、求职意向、教育背景、技能掌握、项目经验、实践经验、资质证书、所获荣誉、兴趣爱好、自我评价。

1. 基本信息

基本信息是一个人的基础信息，一般主要包括姓名、性别、年龄、籍贯、毕业学校、外语水平、邮箱、电话等内容。这些基础性信息本着扬长避短的规则如实填写即可。除此之外，一些信息的呈现也要留心。

- 年龄：要么直接写多少岁，要么写成 ×× 年 ×× 月。不要精确到日，也不要把年龄写成生日。
- 所学专业：若与面试岗位无关，无须再写。
- 政治面貌：党员或者预备党员两类身份可以写。团员或者群众身份一般不写在简历中。
- 电话：一般手机号码按照 "3-4-4" 结构来写，如：138-8888-8888。中国的国际代码 86 是无须写出的。
- 邮箱：用哪种邮箱都无所谓，也无须追求小众的邮件服务商。只要用户名规范好记即可。通常邮箱地址中的用户名部分规则是：若姓名为两个字，则用汉语拼音全拼。如憨豆，其邮箱名地址样式为 handou@qq.com。若姓名为三个字，则姓用汉语拼音全拼，名为拼音首字母。如黄飞鸿，其邮箱地址样式为：**huangfh@foxmail.com**。如遇到注册时该名字被占用，可以加上一些数字，如 huangfh2020@sina.com。

设定好邮箱地址后，别忘了设置好发信人姓名。特别是对使用 QQ 邮箱的读者，若是不设置发件人姓名，则会默认 QQ 昵称。求职邮件是很专业的，而我们的 QQ 昵称通常都很随意，所以要注意这一点差别。

- 照片：简历中的照片应为证件照格式。不可用生活照、自拍照，衣着要着正装或者正式的长袖衬衫。底色应该与衬衫色深浅相对，如白衬衫用蓝底，蓝衬衫配白底，需要注意简历中不可用红底照片。尽量找一家不错的照相馆去照，无论女士还是男士都要注意发型修饰（参见面试发型注意事项部分），女士还可以化淡妆。照片后期也不可修饰过重，绝不能出现真人与照片差异过大的情况。参考样式如图 7-2 所示。

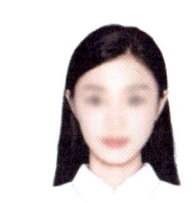

图 7-2　个人照片示例

基本信息部分样例如图 7-3 所示。

图 7-3　基本信息部分样例

2. 求职意向

求职意向，即主要表明你的这份简历是要应聘哪一个职位的。请注意，每一份简历的目标指向性都要很强才行，不能出现一份简历既应聘产品经理，又应聘 Java 开发的情况。样例如图 7-4 所示。

图 7-4　求职意向样例

3. 教育背景（培训经历）

教育背景应从大学部分写起，大学以前无论是学习经历还是获奖经历都不应该写出。对于大学阶段的课程，若是与应聘职位有相关性，可以罗列一些（一般可以罗列相关课程 7～8 门）。若是大学期间成绩优秀，还可以标注出成绩排名或者绩点等。不过对于毕业 4～5 年以上的求职者，就没有必要强调成绩排名了。此外，在校期间的奖学金或者其他荣誉也不要写在教育背景中。样例如图 7-5 所示。

教育背景

| 2017.09-2021.06 | 美好未来大学 | 通信工程 | 本科 |

主修课程：Java 程序设计、数据库原理与应用、Linux 应用基础、嵌入式系统开发与应用、C 语言程序设计、计算机网页设计与开发、C++程序设计等。

图 7-5　教育背景样例

4. 技能掌握

技能掌握就是围绕应聘岗位展示的能力，是求职者的专业技能范畴。我们在整理这部分内容的时候，一定要谨记和应聘岗位的匹配性。这部分内容也是面试官重点检索的内容。当然，对于一些非常基础的内容就没必要写了。

在写法上，我们建议采用描述法来呈现，其结构为：技能内容＋掌握程度形容表述。不要干巴巴地罗列几个词组，一个描述性的句子有利于建立一个场景，而场景有利于帮助查阅简历者的记忆。还有的求职者喜欢用视图来展示自己的技能，其实这是不对的。因为视图的主观性太强，你总不能做个进度条来显示掌握 Axure 的水平。另外，一些大型企业会使用软件来检索筛选简历，图示非常有可能被其忽略。

样例 1 如图 7-6 所示。

专业技能

- 熟练使用麦客表单等网站进行需求采集
- 熟练使用 Xmind、Processon 绘制思维导图、流程图
- 撰写 PRD、竞品分析、商业需求文档
- 掌握百度指数、阿里指数等数据分析工具进行数据分析
- 自学 Axure 软件及其相关操作
- 熟悉 Boostrap、Element UI、Vue 等前端框架

图 7-6　专业技能样例 1

样例 2 如图 7-7 所示。

专业技能

➤ 英语六级（有一定的听说读写能力）；
➤ W3Cschool 前端高级编程实战证书（熟练使用前端技术 Html、CSS、JavaScript 等）；
➤ 自开发网站 www.xxxxx.cn（熟练使用 Java+Vue）；
➤ 系统掌握产品经理知识体系，熟悉 Axure 原型工具，使用 Visio 绘制流程图；
➤ 国家三级心理咨询师证书（对用户需求以及行为有一定感知能力）

图 7-7　专业技能样例 2

5. 项目经验

产品经理是一个实践岗位，要求知行合一。良好的项目经验有利于向 HR 展示我们这方面的能力水平。这部分也是我们此前谈到的相关性的重要佐证。

这部分的内容主要包括：项目介绍（概述项目的基本情况、特点）、工作内容（你在本项目中的角色，承担的任务，运用的技术、工具和工作方法）及工作成果总结（总结本次项目做得如何）。

- 应届毕业生项目经验关键词：成果 / 总结 / 收获，如图 7-8 所示。

```
项目经历
2019/01 - 2020/12        基于单片机的智能加湿器设计                      在校学生
项目介绍：
本项目是一个根据外界空气的干湿情况和水位情况控制加湿器自动工作的智能产品。

项目职责：
• 搜集国内外加湿器行业的市场数据，并对新疆部分地区进行实地采访调研，编写 MRD 市场需求文档；
• 根据数据分析报告，研究不同场景下需求的差异化，确定用户画像，输出 PRD 文档；
• 使用 Visio 输出智能加湿器的工作流程图，并不断优化其流程，延长加湿器的使用寿命；
• 使用 Xmind 输出智能加湿器的功能结构思维导图；
• 从硬件的使用性能和价格评估选取元件的合理性；
• 在办公室、图书馆、自习室等场景进行用户测试，记录用户反馈，不断提升产品的用户体验。

工作成果：
• 本项目编程使用 C 语言，加深对 C 语言开发的理解；
• 产品从 0 到 1，其中要考虑成本、市场、场景、风险、技术、商业等因素，制定可执行的最佳方案，本次项目使我的逻辑思维和分析能力得到很好的锻炼，使理论知识付诸实践。
```

图 7-8　项目经验（应届毕业生）

- 非应届毕业生项目经验关键词：业绩 / 增长 / 应收 /ROI，如图 7-9 所示。

```
项目经历
2019/01 - 2021/12        XXAPP                                        产品经理
项目描述：
1.XXXAPP 是一款以女性用户为主体，专注女性、母婴高品质闲置物品交易的 C2C 交易平台，提倡闲置资源与生活空间再利用。
2.主要功能包括：XXXX、XXXX、广场沟通社交、奢侈品寄卖等。
3.APP 目前总下载量 260 万，日新增 560，客单价在 300 元，日活 2 万。

工作业绩：
1 V1 2 8 版本新增"*"社区功能，用户可在该功能下，发布自己的动态，记录分享美好，设计上将入口摆放在首页醒目位置；该功能上线后，人均日使用时长增加了 5 6min。
2. 首页 V3 4 版本首页专区优化，推出"每日上新"、"同城好物"，帮助用户快速发现时尚达人、潮流好物；改版后首页跳失率由原来的 18% 下降到 11%。
3. 产品栏目化繁为简，优化后台模块，配合运营活动利用明星效益突出粉丝经济，数据显示，母婴专区为平台月成交额提升 2%。
```

图 7-9　项目经验（非应届毕业生）

6. 实践经验

　　实践经历是一个很宽泛的词汇，对于一个学生来讲，其实践经验主要包括社会实践（如实习经历、兼职活动）、校园实践（如学生会干部、社团活动）、论文课题或者其他专题性活动等。对于一个有工作经验的人，则对应的是工作经验。相信大家都有许多不同的上述经验，但是哪些是可以写入简历中的，这个就需要斟酌一下。我们尽量选取能够突显你个人价值的活动，并且展示出"你做的什么活动 + 做得怎么样"。

　　在筛选活动的时候，还要多想一下这些活动和你要应聘的岗位之间的"关联性"。关联性越强，越能引起企业的重视。此外，在内容呈现版式上，建议用提纲式，而不要用段落式。

- 社会实践样式。对于在校生来讲，学生会参与一些社会实践活动，如课外兼职等。不过，简历中呈现的社会实践活动一定要和应聘岗位相关，不相关的就不要写了。比如，你要应聘产品经理，但在简历中写的却是在暑假曾经做过一段时间的外卖小哥。那么这段经历即便很辛苦，甚至你自认为收获很大，也是没必要写在简历中的。

　　此外，关联性的实践是个亮点，如以下描述：负责公司旗下 ** 产品的用户增长。** 产品是一款面向 ×× 群体帮助解决 ××× 痛点的手机 App。目前拥有 ** 注册用户，活跃

DAU***。根据数据分析、用户画像等，选择了 ** 作为用户增长的突破口，在最大限度避免用户流失的情况下，上线第一天就获得了 ** 付费用户，获得 **GMV。半年的时间用户量从 ** 增加到 **，突破了 ×× 瓶颈，成功完成用户增长试水，为公司在 ×× 中赢得了时间。样例如图 7-10 所示。

工作经历

2018/11 - 2021/12　　XX公司　　XX职位

- **产品介绍**：**产品是一款面向xx群体帮助解决XXX痛点的手机APP。
- **工作内容**：根据数据分析、用户画像等，选择了**作为用户增长的突破口，在最大限度避免用户流失的情况下，上线第一天就获得了**付费用户，获得**GMV。半年的时间用户量从**增加到**，突破了XX瓶颈，成功完成用户增长试水，为公司在XX中赢得了时间。
- **业绩成果**：目前拥有**注册用户，活跃DAU***。

图 7-10　社会实践样例

- 校园实践样例如图 7-11 所示。

校园实践

2018.09~2019.09　　院学生会　　主席

- 全面监督指导学生会工作，每学期举办大小型活动 50 次
- 管理学生会 10 个部门，每学期组织部门联谊 3 次
- 每周定期开展学生会例会 1 次，督促并检查各部门的工作落实情况

2017.09~2018.09　　校计算机协会技术部　　发起人/讲师

- 发起IT知识科普会，定期组织计算机基础软件的公益培训共计30余场，累计培训1000人左右
- 组织策划每年 2 次的社区公益活动，开展电脑维修以及电信防诈骗宣传等活动

图 7-11　校园实践样例

校园实践经历还需注意：校园实践若有相关（面试岗位）内容更好，若实在没有，可选择担任管理者内容的工作来写。如学生会各部门负责人，班级中的班长、团支书之类。

7. 资质证书

资质证书属于在某一领域内容达到的水平鉴定报告，是一种第三方对人能力的客观评价，属于“权威”评价体系。为了突显这种专业性的能力，也为了集中展示，我们可以把资质证书集中罗列展示。同时，简历中的资质证书还需要注意逻辑性和完整性，这里的逻辑性指罗列顺序，如你可以按照资质的权威程度从高到低来写；完整性指资质证书要写全称。当然与应聘职位和职业发展关联度不大的资质证书可以不写。如驾照或者二级乙等以下的普通话资格。

8. 所获荣誉

荣誉要考虑和应聘职位相关，或者公认对于学生（如奖学金）或者本领域具有重要性的荣誉。罗列时，荣誉也应秉承重要性递减的原则，将一些重要的奖项放在最前面，比如：国家奖学金分量要高于三好学生，所以要把国家奖学金放在前面。

此外，也可以罗列出能够体现你综合能力的荣誉。特别是一些荣誉会反映到面试岗位能力范畴。假若面试产品经理，一些可以表现出组织能力、沟通能力、应变能力的奖项就可以

写出来。比如：在校期间主持院系年会，获得优秀主持人称号等；荣誉项的内容其实是不需要过多的，用有含金量的内容点睛即可，过犹不及。当然，若无任何荣誉，就不要呈现此项内容，万不可虚构任何荣誉。样例如图 7-12 所示。

获奖经历

2020 年XXXX大学国家奖学金
2020 年"互联网+"大学生创新创业大赛一等奖
2019 年"外研社"杯英语阅读、写作、翻译三赛各获优秀奖
2019 年全国大学生英语竞赛(NECCS)二等奖
2018 年XXXX大学数学建模大赛成功建模奖

图 7-12　所获荣誉样例

9. 兴趣爱好

现代职场喜欢"做事靠谱 + 做人有意思 + 发展有潜力"的人。兴趣爱好就是能够反映出"有意思"及"有潜力"的人。一些心理学家甚至认为一些兴趣爱好还能折射出其性格特质。大量的招聘过程中也引入了诸如职业性格测试来了解面试者就是这一理论的体现。

除此之外，借此内容求职者也能从这个兴趣爱好的侧面来呈现本人的综合状态及个性化特征，因此，兴趣爱好值得我们用心表达。当我们知道了简历中兴趣爱好的这个作用，就不用担心了，兴趣爱好不一定非得达到高级类水平，只要喜欢某项事物就可以将其写进简历。当然你的兴趣爱好必须是正面的、积极的。

怎样能让你的兴趣爱好的写法深入人心又能呈现特点呢？我们推荐句子化表达，即每个兴趣爱好用一句话来表述，其句子结构为：爱好是什么 + 爱好怎么样 / 爱好的领域。

样例 1：若你喜欢读书，可以写为：
- 爱好阅读，特别喜欢阅读科幻题材小说。
- 业余时间喜欢科幻小说，喜欢凡尔纳、刘慈欣等的作品。

样例 2：若你有艺术类爱好，可以写为：
- 喜欢人物手绘，曾经参与某平台动漫人物日历的设计。
- 擅长美工设计，校文艺部成员，多次参与学校活动及晚会舞台效果设计。

样例 3：如果你应聘的是 Keep、咕咚、悦动圈这类跑步健身类公司，你可以写自己爱好健身、喜欢骑行，经常参加某类体育赛事，获得什么名次等，其他无关的兴趣爱好不要写。

兴趣爱好示例如图 7-13 所示。

兴趣爱好

读书：喜欢阅读治愈心理或启发性书籍，例如《零秒思考》、《非暴力沟通》
乐器：喜欢演奏多种乐器，比如：吉他，架子鼓，贝司
跳舞：6年民族+3年爵士、韩舞
打篮球：院男子篮球队主力，代表学院参赛，多次获得冠亚军

图 7-13　兴趣爱好写作示例

兴趣爱好的选择，最好能够折射出职业素养相关的内容，同时兴趣爱好内容不要有评价歧义。兴趣爱好最多写两项即可，过多的兴趣爱好会容易暗示你没有腾出过多的时间给你的主业。此外，两项兴趣爱好最好是不同领域的项目。比如，动静结合、专业级别和非专业级

别结合、竞技类和人文类结合等。

10. 自我评价

自我评价是全篇简历的点睛之笔，其作用是向 HR 表明：综上所述我是怎样的人，您看我是多么符合面试的要求呀！

因此，在动笔写自我评价前，应该查阅面试岗位的能力要求，同时结合自己的优势。简历整体的内容由"事实"和"评价"构成，因此自我评价应该成为全篇简历的画龙点睛之笔。

还有一点请应聘者注意，简历是一个整体，在呈现结构上有着内在逻辑。简历各项目之间，既独立又关联。基于简历的写法逻辑，因在自我评价之前，大部分内容都以"事实"呈现为主，故自我评价就主要承担了总评作用。所以，本部分就没必要再次出现大量的"事实"展示。

内容呈现上，可总结自己的性格、习惯、态度、价值观等。同时注意语言要精要简练，真实可信，态度诚恳，且尽量与岗位要求相匹配。上述内容在写作中要做好归类，同一句话尽量概括一类特点，避免既说性格特点又说技术能力。句式上，少用短句子和词组，多用长句子。

样例 1 基于总评的逻辑来写，如下：

本人热爱产品设计，喜欢钻研，大学期间不断学习产品经理领域的各类知识。生活中的我是一个性格活泼开朗的女生，在校期间学生干部的经历进一步锻炼了我的组织能力、协调能力及跨部门沟通能力。我的观察能力好，也善于分析、总结，凭借较强的执行力，总能做到保质保量地完成各类任务。此外，我的心理素质不错，可以快速地适应环境并且融入其中。

样例 2 基于评价与事实结合的逻辑来写，如图 7-14 所示。

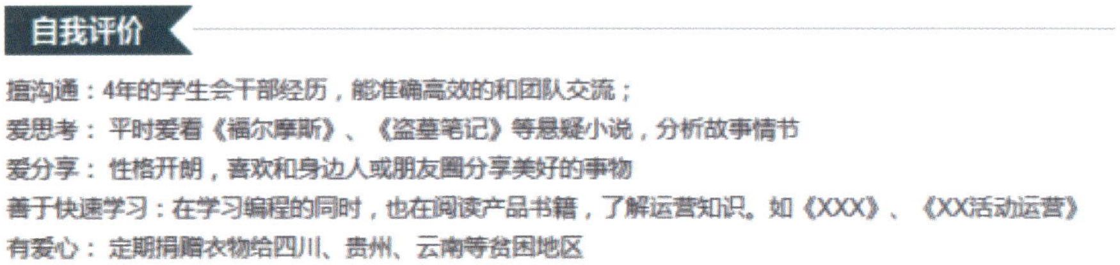

自我评价

擅沟通：4年的学生会干部经历，能准确高效的和团队交流；
爱思考：平时爱看《福尔摩斯》、《盗墓笔记》等悬疑小说，分析故事情节
爱分享：性格开朗，喜欢和身边人或朋友圈分享美好的事物
善于快速学习：在学习编程的同时，也在阅读产品书籍，了解运营知识。如《XXX》、《XX活动运营》
有爱心：定期捐赠衣物给四川、贵州、云南等贫困地区

图 7-14　自我评价示例

简历的风格设计

设计简历的风格时，我们先谈几个重点的注意事项：

- 简历里不要出现个人的座右铭或者口号、理念。
- 简历不要有封面或者封底。
- 多页简历在每一页都要标注"范围值页码"，如在首页可标注为"第 1 页，共 2 页"，第二页可标注为"第 2 页，共 2 页"。这样做的好处是，既体现了阅读顺序感，也告知了阅读者一个整体范围，提醒其不要漏掉信息。
- 字体选用：一般简历字体首选"微软雅黑"或者"宋体"。
- 颜色运用：简历中的颜色不应该过多，整体不要超过三种颜色。
- 注意相同信息的使用，所谓相同信息是指同一篇简历中，时间格式、标点符号、段落

缩进、英文拼写、标点符号、半角全角等都要统一格式。
- 简历版式建议采取不分栏的瀑布流格式。

其实，一般来讲，对于非设计类岗位，面试官是不会过于注重简历版式的。因此，我们只要选择那些简约版式即可。好的简历版式样例如图 7-15 所示。

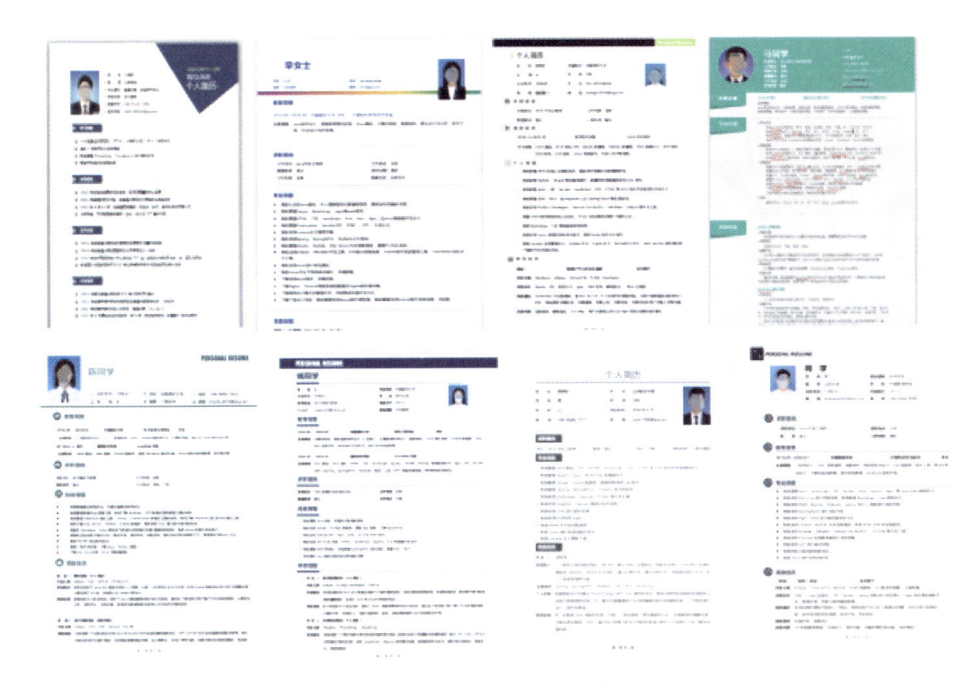

图 7-15　好的简历版式样例

简历的质量检查

参见简历检查表。

简历文档的格式与命名

通常我们用 Word 或者是 WPS 之类的软件来制作简历，但是在最后成稿之后，我们应该将文档格式转换成 PDF 格式。PDF 的最大好处是稳定，基本上在多种环境下打开都能保持文档原有的效果。

简历文档命名也是一项重要的事情，本着"接触者友好"的法则，我们应该将简历文档命名如下：求职岗位 + 姓名 + 学校 + 手机号 .pdf，例如：产品经理 + 方世玉 + 中国美好大学 .pdf。

7.3　简历的投递

7.3.1　应届毕业生

一般来说，大学生比较关注的是"春招"和"秋招"，春招开始时间为当年的春节后～5月份，招聘高潮集中于3～4月份，秋招开始时间一般为7～12月。

1. 校园招聘的流程

不管是春招还是秋招，正常的招聘流程是：简历投递→校园宣讲会→简历筛选→线上笔试→分批面试→差额体检→录用通知，如图7-16所示。这里要介绍的是，通过笔试后就进入了面试环节，一般技术岗有三次面试，其中两次为技术面试，一次为HR面试；非技术岗有四次面试。面试分类主要有现场面试、视频面试或者电话面试。

图 7-16　校招流程

2. 如何获取招聘信息

校园招聘是直达大公司的最佳也是最快途径，作为没有工作经验的应届生来说，想通过社招进大公司工作的机会较小，建议大家要把握住这两次重大的机会。那么关于校园招聘信息，我们如何获取？

- 综合招聘网站

一些综合招聘网站都会有校园招聘专区，比如：前程无忧、智联招聘、猎聘网、拉勾网、BOSS直聘。

- 垂直类校园招聘网站

也有一些垂直类的校园招聘网站，比如：大街网、应届生求职网、实习僧、牛客网、秒聘网（人人都是产品经理旗下品牌）等，这类网站会及时更新各大公司的网申信息、宣讲会信息和网申时间提醒，这样我们就不用到各大企业网站去查看。

- 目标公司的官网/微信公众号

一线大厂在官网中都有自己的招聘栏目，企业官网的招聘信息都是最准确和最及时的。大家要经常关注目标公司的官网信息和微信公众号，避免错过良机。一些大型企业会有专门的招聘网站，如图7-17所示为腾讯招聘主页，上面既有招聘信息的发布，也有针对求职者角度对公司的介绍，是一个不错的了解企业和岗位的渠道。

图 7-17　腾讯招聘主页

- 社群 / 社交

互联网职场人士在知识星球、知乎、脉脉和微博这些社交网站上较为活跃，可以有目的性地私信他们获得帮助。

- 内推

企业内推方式一直深受广大应届生的喜爱，很多应届生会通过导师 / 同学介绍，认识一些目标公司中的师兄师姐，让他们直接帮忙内推或者获得内推码。同时在求职过程中，也可以向他们了解公司业务发展情况和面试经验。

7.3.2 社招产品经理

产品经理跳槽主要考虑两个方面：薪酬待遇和职业发展。经常有人在换工作的时候，选择了不合适的渠道，导致面试机会少，可选择的范围也较小。在此介绍一些投递渠道的建议和投递方法，希望对你有所帮助。

1. 跳槽时机

一般来说，每年会有两个跳槽的黄金期，一个是春节后三、四月份，另一个是秋高气爽的九、十月份，所以在招聘行业有"金三银四""金九银十"的说法。

每年春节后的三、四月份都是一个跳槽的高峰期，年终奖也发了，一年的工作也结束了，跳槽的人也多，导致公司很多职位出现空缺。而且很多公司在新年后会开展新的计划，启动新的项目，会有很多的岗位需求释放出来，所以在春节后"金三银四"跳槽是一个比较好的选择。

另一个跳槽的旺季是九、十月份，年初很多求职者达成就业意向，3～6 个月试用期过后企业并没有履行当初承诺的待遇或者由于其他原因，这部分求职者也集中在秋季跳槽；还有部分企业会根据业务需求，为了迎接冬季节庆（双十一、感恩节、圣诞节、元旦、春节、元宵节等都集中在冬季）的消费高峰，在秋季进行大规模招聘以加强企业人手，提高生产销售能力。此外，经过了酷暑，九月气候适宜，一些在职者也愿意利用闲暇时间在市场上寻觅更好的工作机会。

对个人而言，跳槽的最佳时机还可以考虑在一些大型项目成功之后、在个人或公司业绩最辉煌的时候、在声誉达到顶点的时候。这时候跳槽，是身价最高的时刻，因为带着巨大的光环，个人价值往往能得到最大的体现，职业发展也能获得巨大的提升。

最后要说一下，"金三银四"和"金九银十"是大部分求职者的招聘旺季，如果你已经做到了行业大咖的水平，那么任何月份都适合跳槽。

2. 社招面试流程

社招面试流程分两种：一种是社招，还有一种是内推。下面简单地对两种面试流程做下介绍。

（1）社招面试流程

接到面试电话→第一面试（组长面试：聊得比较多，主要是看行业经验和个人的经历）→第二次面试（leader 面试）→第三次面试（总监面试）→HR 面试，全部通过之后，会由 HR 告诉你是否通过，并且是否发送了 offer 邮件。如果是高级人才则需要高层领导面试，也有一些公司面试流程环节会减少。

产品经理岗位比较重要，所以面试会比较严格些，一些大厂会进行背景调查，除了验证你的专业能力之外，还要求证你的以往工作经验、贡献值、协作方式、人际关系等。

（2）内推面试流程

内推面试具体的流程就是：员工上传内推人简历→HR 筛选→推荐给业务招聘方→组长或者组内面试→leader 面试→总监面试→HR 面试→反馈内推结果。如果是高级人才则需要高层领导面试。

内推是帮你跳过简历筛选和初面，能不能进行面试还要靠自己实力，内推结果无论成功或者失败，你的推荐人都可以第一时间收到想要的信息，可以查到面试情况。

3. 投递渠道

经常有朋友在换工作的时候选择了不合适的渠道，导致机会少，所以在此介绍招聘渠道的选择。

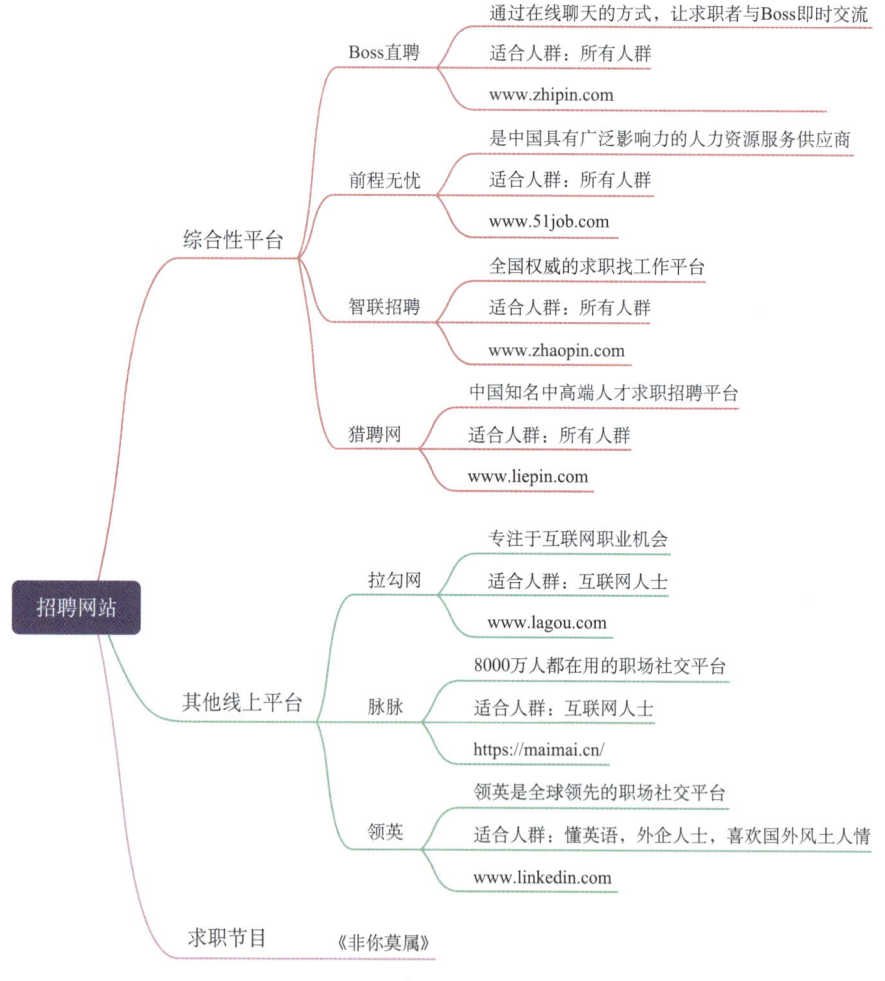

（1）招聘网站投递渠道整理

招聘网站投递渠道整理如图 7-18 所示。

招聘网站
- 综合性平台
  - Boss直聘：通过在线聊天的方式，让求职者与Boss即时交流；适合人群：所有人群；www.zhipin.com
  - 前程无忧：是中国具有广泛影响力的人力资源服务供应商；适合人群：所有人群；www.51job.com
  - 智联招聘：全国权威的求职找工作平台；适合人群：所有人群；www.zhaopin.com
  - 猎聘网：中国知名中高端人才求职招聘平台；适合人群：所有人群；www.liepin.com
- 其他线上平台
  - 拉勾网：专注于互联网职业机会；适合人群：互联网人士；www.lagou.com
  - 脉脉：8000万人都在用的职场社交平台；适合人群：互联网人士；https://maimai.cn/
  - 领英：领英是全球领先的职场社交平台；适合人群：懂英语、外企人士，喜欢国外风土人情；www.linkedin.com
- 求职节目：《非你莫属》

图 7-18　招聘网站投递渠道整理

（2）投递渠道优劣势比较

职场人士投递简历的渠道主要有 5 种。

- Boss 直聘、智联、前程、猎聘、拉勾网等招聘网站。

优势：大部分求职者的首选途径，适合白领，这些网站上涉及的公司多，职位多。

劣势：企业 HR 每天收到大量求职者简历，所以容易漏看。

- 内部推荐。

优势：同一岗位简历，HR 会优先处理内推简历，成功率较高。

劣势：有人情成分在，在双向选择时双方往往失于理性，容易埋下后续合作不愉快的隐患。也有因 HR 担心出现拉帮结派的局面而被否决。

- 猎头推荐。

优势：获得成功的机会更大，谈薪资、面试、入职各个环节均有猎头协调、辅导，比较适合行业大咖或在某领域有特殊技能的求职者。

劣势：猎头行业良莠不齐，很多猎头并不能进行很有效的协调，并且增加了 HR 的招聘成本，增加了实际录用的难度。

- 一些媒体平台，比如：天津卫视的《非你莫属》。

优势：求职者有机会直接与企业负责人对话，只要表现优秀，入职概率最大，有时还会有意外惊喜。

劣势：台上压力较大，而且入职后，工作能力可能与直接主管的要求有一些差距。当然有时候此类招聘栏目也会为了营造节目舞台效果而用一些娱乐编导方法，难免在面试过程有一些"娱乐化"倾向，因此求职者很可能会受到不同于常规面试的考验。

- 线下专场招聘会。

优势：求职者和企业 HR 面对面地互相了解、互相交流，成功率高，而且可以在短时间内同时面试多家企业。

劣势：职位参差不齐，可选择企业少，工作岗位有限。

7.4 面试

如果把简历比作敲门砖，那么面试无疑就是定音锤了。面试官可以面对面地和求职者交流考察，因为可以在现实环境里进行交流，所以面试通常属于立体式考察的一种，也就是综合考察。在这个环节里，不仅会对求职者的专业能力范畴进行考量，也会对其综合素养做一测试。

7.4.1 面试的基本准备

在面试中，人的仪容仪表也会起着较为微妙的作用。这不仅仅是由人类都有颜值欣赏的本性决定的，而且本质上面试官也会从一个人的外表打理来推测面试者的自我管理水平。在当今社会，外表可以说是一个人的文化符号的载体。对于应届生来讲，从准备面试开始就意味着开始步入职业阶段了，所以求职阶段的形象与礼仪应该是职业范式的，而不是校园范式的。

1. 形象（着装、发型）

（1）关于男士

在发型上，男士一般以短发为宜，头发长短要适中。一般来讲，前发不遮眉；侧发不掩耳；后发不及领。超出这样的长度就该打理下头发了。另外，也不要染烫头发，尽量以自然色或者深色的发色为宜。发型上也不要有怪异的发型，要符合行业要求。

男士们还要注意打理好自己面部，每日剃须修面是一个基本的要求。此外，还有一个细节，就是请关注下鼻毛的长度，任何时候都不能让它外漏出来。

（2）关于女士

女士发型发饰要注意时尚得体、美观大方、符合职业身份。面试时不建议佩戴华丽的头饰，头发颜色也以自然色或者深色为佳。还有一点非常重要，女生在面试时应该画一个清新的淡妆。

2. 着装原则

在同等条件下，那些穿着得体的、形象气质好的求职者容易被面试官打高分。更为重要的是，合理的着装既可以显示你良好的自我管理的基本素养，也更能传达出对应聘企业的良好重视态度。

接下来，我们来看看有哪些着装原则是需要注意的。

- **牢记"TPO法则"**

在任何场景下着装的黄金法则——"TPO法则"都不过时。所谓"TPO法则"，是指在穿衣服时要考虑的三大维度，T即Time（时间、时令、时代），P即Place（地点、场合），O即Objective（目的、对象）。在这个法则标准下，我们希望读者朋友们在面试抑或出席重要场合时，能够规划好自己的着装。比如参加面试，我们就先想下这是什么季节？面试场所属于哪种类型？我们即将与之沟通的是谁？明确了这几个基本问题，就能明白面试着装是我们要重视的了。

- **面试着装和企业所在行业有关系**

一般来讲，竞聘创意行业、时尚行业岗位时，着装可以稍微个性一点。若是体制内单位、金融机构，或者央企国企，则一般应穿得正式一点、庄重一点。当然正式并不意味着要着西装，比如在天气炎热的时候你也可以穿正式的白衬衫。但要记得，应该将衬衫塞进你的腰带里，而你的腰带，也应尽量选择一款不外露品牌Logo的腰带。

若是面试IT互联网企业，则可以穿得适当休闲点，比如休闲西装。休闲西装不需要打领带，面料选择上也很宽泛，如粗纺、混纺、棉麻等都可以。颜色可以选择棕色、驼色等。休闲装和正式西装还有一个最大的区别，就是裤子不要和上装配套，穿一件颜色和上装颜色不同的休闲裤、牛仔裤（不要有洞）均可。

另外，面试任何类型的企业都不可穿运动装、登山服之类。

对于女士，不妨尝试一下以黑白灰作为主色调的衣服，面试衣服的颜色切忌"多"（一般不要超过三种颜色）和"怪"，不然的话会很容易分散面试官的注意力。不要觉得这样的衣服太过素了，其实它是形象、立体的，加上你的淡妆，特别是适当涂红一点的口红，效果一样很好。另外，还要注意千万不可单色搭配。

除此之外，还要牢记衣服的面料、款式比品牌、价格更重要。不要穿着新衣服新鞋子去参加面试，其实衣服都有"磨合期"，应提前穿着适应一段时间，再穿着去面试。

3. 礼仪细节

现代职场礼仪的作用也是很微妙的。说它微妙是因为即便你做错了也没有人会当场纠正你，但是会在心中默默地给你打印象分。面试更是如此，特别是对刚刚步入社会的学生们来说，每一个不懂礼貌的动作都容易带来瑕疵。

问候与致意——进入面试室要记得敲门，哪怕门是开着的时候也要敲门，经过允许后再进入。初次见面，应届生可以说"您好，面试官"或者"老师，您好"；有多年工作经验的应聘者可以称呼对方"您好"或者若已知对方姓名资料，可以按照"您好＋姓＋职位/职称"来打招呼。面试结束时，无论你整场表现好与坏都要礼貌地表达再见。

微笑——当我们进入企业时就应该开始微笑，一个真诚的微笑是最好的破冰动作。

眼神——当我们和面试官交流时，应该认真地看着对方眼部区域。大体上把目光落在对方眉心的区域，而不应在交流过程中眼神左顾右盼，那样会显得我们很不礼貌。当我们在回答问题时，自己的眼神或者动作也不应该表现出各种思考痕迹，如抓耳挠腮、眼神四处张望等，这些都是不对的。

站姿——职业的站姿应是抬头、挺胸、收腹并且要目视前方，这样给人一种雅致的气质。女士的手臂应该自然下垂或者是交叠放在小腹前，双膝应该靠拢在一起。切记，左右手的位置为右手在上，左手在下。男士的手臂可以自然下垂，也可以交叠放在身前或者身后，双腿应微微分开，但不宜超过肩部的宽度。当手交叠放在身前时，应该左手在上，右手在下。

坐姿——出席重要场合或者面对尊者时，一个重要的法则就是"不满座是谦恭"。无论如何，我们的后背不应该紧贴在座位的后背，而应坐在座位的二分之一处（也没有必要只坐在座位边上）。坐下后，双手自然放在腿上即可，女士的双膝应贴在一起，男士的双膝可以微微分开，但不应超过双肩的宽度。一些人会有抖腿的习惯，该习惯一定要克服。

走姿——身体保持正直，双臂要自然摆动，双目平视前方。至于走的节奏，女士要轻盈优雅，男士要稳重矫健。请记住，任何时候都不要在面试场所小跑，哪怕是迟到了，也不应该小跑。

递物——除了在递物时要用双手，还要注意"接触者友好法则"。比如，我们递简历的时候，文字应冲着对方。

其他细节——面试是我们第一次把整体形象展示在企业人员面前，所以一些细节管理不好就容易被面试官放大。

比如，注意整体个人卫生，无论是衣服还是裸露在外的皮肤都应该干净卫生，并且没有令人不愉快的味道。面试时不应该出现任何干扰声音，如手机的声音、钥匙的声音、鞋子的声音过响，同时也应切忌出现各种"多动症"类的小动作。

最后，别忘了，作为应聘者是没有握手主动权的。但是若对方很热情地伸手握手，那么请大方地伸手去握即可。只是要记得，男士握手时要满握（虎口对着虎口）；男士和女士握手则要轻握对方的四指。

7.4.2 面试内容材料准备

1. 了解行业信息

（1）我们需要事先了解什么
- 在面试之前一定要对招聘企业所在的行业有所了解。
- 关注该行业最新的动向。

- 看专业人士对行业发展趋势的分析。
- 了解这个行业目前的发展趋势和前景。

针对以上行业问题，我们可以借助迈克尔·波特教授的五力分析模型（五种力量：供方力量、买方力量、同行业的竞争力量、潜在进入力量、替代者力量）来系统化表达自己独特的看法和理解，是否具有系统性和专业性会在一定程度上决定你的薪资水平。

（2）可查阅的资料源

第一个是一些政府机构发布的行业资料。比如工信部会在其官网上发布软件行业、通信行业、汽车行业等资料。

第二个是一些咨询机构或者研究机构发布的免费行业研究资料。比如著名的四大会计师之一的德勤，每年都会发布各个典型性行业研究报告。

第三个是每个行业的行业协会定期发布的信息资源。

2. 了解面试公司信息

在面试之前一定要对招聘企业的情况有所了解，做到知己知彼。实际上，很多人面试成功的一个共同点就是对面试单位的情况十分了解，尤其是面试企业的公司规模、组织架构、融资情况、主营业务、核心产品、目前的发展状况、企业文化及未来的发展前景等。

如果可以的话，求职者对面试官的个人履历、办事风格、个人喜好等最好都有个了解，以便面试时在自身的优点和对方特点之间找到切入点和共同的话题，以利于拉近自己和面试官之间的距离，使双方建立一种亲切、融洽的关系，从而增加面试成功的可能性。

3. 各类材料的充分准备

（1）一段"自我介绍"

"请你先自我介绍一下"，基本上90%以上的用人企业都会这么问，求职者事先最好以文字的形式写好并背熟。自我介绍建议要准备三个版本，基本足以应付各种可能情况，分别是30秒、1分钟、2分钟的版本。

求职者在自我介绍中的内容要与个人相一致，表述方式上尽量采用口语化，注意内容简洁，切中要害，不谈无关、无用的内容，条理要清晰，层次要分明。

对于做过的事情，如果能用数据化来体现的就以数据来介绍，这样会更加容易让人记住。此外，不同资历的人需要阐述的内容侧重点也不一样，比如：一个具有5年以上丰富工作经验的人，在做自我介绍的时候还在花不少时间突出自己学习能力强、抗压能力强，其实反而会起反面效果，他更应该突出自己解决问题的能力和所创造的价值。

参考样例：面试官您好，我叫××，本科毕业于××××，曾在某某公司从事产品经理工作两年，这家公司主要经营××××业务，目前我处于离职状态。

之前的工作主要是负责公司的×××产品线，属于产品创新中心，分为×个小组，我负责×××小组，汇报对象是VP，我日常工作的流程是：从需求池（来源于老板、市场销售、售后服务、用户调研反馈）中得到用户需求，然后评审确定用户需求是否真实，将用户需求转化为产品需求，输出PRD给设计、研发团队，跟踪开发进度，确保落地测试方案有效，推向市场后进行整改提升，跟踪市场反馈。通过所负责的项目，将最新一款××××推向市场，年销售额同比增长30%，销量同比增长3倍。

针对贵公司××一职，从JD上了解到，主要是从事××工作，需要具备××的能力。我在之前的工作或者项目实践中做过××相匹配的内容，优点是××。

（2）一份"纸质简历"

面试前，要提前复习简历的要点，如教育背景、项目经验、产品实习、校内实践等方面，还要预测下面试官提问的点可能在哪里，并思考该怎么回答等，尤其是那些跟职位匹配的工作经历和项目经验。比如对于自我介绍中你为什么想加入我们的团队、你对我们单位了解多少、你的特长是什么等问题，自己可以假设面试官就在面前，然后模拟回答问题。

在去面试的时候，要多带几份简历，因为很多面试官习惯上是不打印纸质简历的，稍微大一些的公司都有自己的纸质简历模板让求职者填写，另外面试你的人可能不止一个。

（3）一份"作品集"

如果求职者有一份高质量的优秀作品，可以随身携带（作品存放在手机里或者计算机硬盘中），等机会合适的时候向面试官展示，例如，求职者可以通过言语来引导面试官去看他的作品集。产品经理的作品集主要有：《竞品分析报告》《MRD需求文档》《BRD需求文档》《项目规格说明书》《系统应用设计》《用户体验报告》《需求池+Featurelist》《PRD需求文档》《产品原型》。

> **特别提醒：遵守面试时间**
>
> 面试时，最好提前到达，这样可以稳定自己的情绪以准备面试。要估算好路途时间，一定要留出富裕时间，最好提前半小时到现场，熟悉下周边的环境，感受下办公环境。
>
> 如果遇到意外情况，如因堵车等原因不能准时到达或赴约，一定要电话或微信通知联系人，这是职场人最基本的礼貌和素质。

7.4.3 面试考察

1. 面试考察彰显着企业用人逻辑

职位不同，面试考察的重点就会不同。即便是对相同职位，由于应聘人员的背景、资质各异，其面临的考察侧重点也是不同的。

（1）对于应届生，一般面试官会侧重考察其岗位胜任力

这主要集中在三方面：一是硬技能的水平，硬技能属于生产力方面，特别是围绕产品经理岗位的直接技能和工作工具的运用；二是软技能的水平，软技能是指有关岗位本身的底层职业素养类能力，比如沟通能力、学习能力、团队能力、对待事情的态度等，通过对你过往经历的考察就能轻而易举地了解这些内容；第三，求职动机，比如很多企业就很关心应届生的求职动机。对那些以纯粹学习或者是获取资源为目的的求职者，企业都会很警惕。

（2）对于有工作经验的求职者，企业会重点考察你的经验和能力

在一些有经验者看来，过去的辉煌成果是一道很好的背书。不过，在专业的面试官眼中评价这些"过去"可没这么简单。专业的面试官对人和事这两个方面，他们还是会很冷静客观地审视的。比如，有的人过往成功不一定是因为他做得好，而是因为所在平台好。在好平台之上，特别是在有良好的构架体系的加持下，通常容易做出成绩。换言之，好平台会相对容易地掩盖一部分人的能力短板。这样的人一旦进入一些新公司或者小公司，其很可能受平台或者业务体系的限制，在新企业中发挥不出其在原有平台的作用。所以，为了避免此类偏差，好的面试官会很冷静客观地评判求职者的经验。

2. HR 面试在考察些什么

（1）价值观类问题

价值观是一个人做事情的底层逻辑，在认知、决策、理解等方面起到一个算法作用。通过此类问题，企业会综合判断你是一个什么样的人，特别是在爱岗敬业、诚信及企业文化的认同感等方面。

还有一类价值观问题企业也很关心，那就是你的价值观和企业文化是否相符合。当然这一类问题除了要梳理个人价值观，还需要自己提前了解企业的文化或者是价值观的内容。

（2）求职动机类问题

很多面试官都会有一个职业反应式发问，就是"你为什么要来我们单位面试？"那是因为企业很害怕那些"动机不纯"的人加入他们的团队中。若是某位应聘者回答说："是来企业学习的，然后想自己创业。"想想哪家企业会愿意培养自己的竞争对手？更何况企业也并不是给学员发工资的学校。

（3）经验知识

对于不同的应聘群体，面试官的考查方向是不一样的。对于应届生来讲，即便你此前从未做过任何产品项目，那么从你过去在大学里曾经参与的活动依然可以判断你的特质是否符合岗位要求。比如通过你参与的事情就可以发问：在做这个活动的过程中对你的最大挑战是什么以及你是如何解决的？有什么收获吗？在这个对话过程中，可以发现面试官注重的是你的思考能力和总结能力，而不是你参与的这个事情的大小或者级别高低。所以我们需要对自己在大学期间所参与的事情做好解构和总结。一定要明白，做事的结果或者事件的层次高低并不是面试官最关心的。

对于有经验的社会求职者也是类似的道理。我们前面也谈过，企业重视的是你做事的能力，而不是仅仅关注你参与了多么重大的项目或者产品。所以，有经验者要表现出你在过去的经历中贡献了什么。还有就是，参与的项目细节也是需要你提前准备的。有些人口才好，逻辑性强，即便没有真正地参与项目，面对宏观问题的回答也能做到头头是道。但是一旦追问细节，就会暴露缺点。常见的细节问题一般围绕"怎么想？怎么做？有何收获？"等。

（4）行业知识与职业知识水平

这部分主要表现在考察求职者对岗位、对面试企业及对所处行业的认知水平。无论是面试，还是要致力于某一行业去发展，自己一定要有此类职业视野意识。特别是当面试官和你谈论某个话题时，抛出一些行业词汇和新的趋势，你都没有听过，这真的很令人尴尬。最起码你要了解基本的行业术语及面试企业的业务、目前企业所处的阶段、这个岗位所在部门或者项目及所在行业的主要竞争对手。

（5）职业生涯规划

经常被常问到的是，你的长期目标、短期目标是什么？现代公司很重视员工的职业发展规划，完善自身的人力资源构架体系，公司对你在这方面的了解也有利于协助员工聚焦职业发展路径，并给予更多的针对性帮助。

（6）性格志趣

先说性格。没有人会喜欢一个性格古怪或者性格傲慢的人，哪怕他业务精湛。设想一下，人与公司团队在一起的时间可比和家人待在一起的时间长多了，谁会愿意天天看见一个令人不愉快的家伙，而且还要硬着头皮和他一起忙项目。

再说志趣。面试中聊聊爱好，也是为了全方位了解你这个人。前面我们就谈到，企业喜欢那种"做事靠谱+做人有意思"的人。一个积极的爱好无疑会快速地塑造自己的良好形象。每一位面试官都希望你的爱好表述属于积极、阳光、健康而且没有评价歧义的。你也别担心自己的爱好没有那么优秀，事实上只要是你喜欢的就行。

（7）自我认知问题

面试官提问诸如"你的优缺点是什么？"或者"谈谈周围人对你的评价？"等问题其实就是想了解你的自我认知如何。希望每一位面试者在回答此类问题时，能够用"高自尊"理念来回答。所谓"高自尊"理念就是在回答上述问题时总给自己积极性评价——也就是永远不要主动说自己的不好。

人在每次评价自己时，就像给自己贴上了标签，这些标签则勾画出了你的整体形象。若你贴的标签都是负面的，哪怕是所谓的"谦虚的"，那么这张人才的画像给面试官带来的就是负面印象。

（8）其他"刁难"性问题

- 隐私类问题

一些隐私类问题，其实来自面试官的担忧，我们只需要给对方一个稳定预期，打消对方的担忧即可。比如，若问到你的家庭？其实面试官想听的是家人很支持你的工作选择。若是问到你的婚恋问题，其实面试官想听的是你的婚恋状况会不会影响到彼此的工作。这些答案听起来很现实，但是却很真实。

- 两难类问题

两难类问题考察的是你的价值判断，可不能因此会错了意，掉进二选一的困境了。比如，是学校的学习重要还是社会的学习重要？毫无疑问，两者都重要，因为侧重点不同。

- 评价他人

面试中，还有一类问题较为常见，就是问求职者对他人的评价。关于这一点，我们结合在"自我认知"中讲的"高自尊"理念来回答。也就是说，提及对他人的评价也应该是积极的、正面的。特别是如遇到面试官让大家对现场其他求职者的点评时，更要如此。不要担心我们说了别人的好，就会助推他成功，任何人都左右不了面试官的决策权。相反，在面试官眼中，通过你的回答早已对你的胸襟、积极态度及尊重他人的优点留下了深刻的印象。

- 向企业发问

向企业发问，一般会出现在最后一个环节。当面试官问得差不多了，通常他们会问你还有什么要问的吗？很多求职者不了解原因，就直接回答没有要问的了。其实这是一个很大的误区，遇到这种问题，我们要问一些问题。当然也不能瞎问，有些人很着急就问一些何时能够加薪升职的物质类问题，这就不好了，没准"苦心经营"的良好形象就因为这句话而大打折扣。正确的发问应该是围绕岗位情况来问。比如，你可以问：请问能否描述一下这个岗位的具体情况？或者问：关于这个岗位还有什么特别要求吗？请问贵公司较为看中应聘者的哪些特质？

3. 面试的常见题型解析

（1）产品设计类

比如：设计一个团队协作软件；设计一个论文查重软件；设计一个社区团购App；如果给微信加一个功能，你会做什么等类似问题。

多数问题是围绕如何从 0 到 1 设计一款产品或者推广运营一个产品来展开的，更多考察的就是你的逻辑能力、分析能力、商业能力和创新能力。

如何回答“产品设计问题”？这里提供两个工具：“圆圈方法（Circles）”和“5W2H”。

● 圆圈方法（Circles）

明确问题（Comprehend the Situation）→分析问题：指明受众、汇报需求、优化次序→决策（解决问题）：罗列方案、平衡优劣、总结建议。

● 5W2H

What（做什么）：这是什么产品？

When（何时）：什么时候需要上线？

Where（何地）：在哪里发布这些产品？

Why（为什么）：用户为什么需要它？

Who（是谁）：这是给谁设计的？

How（怎么做）：这个产品需要怎么运作？

How Much（多少钱）：这个产品有付费功能吗？价格是多少？

（2）优先级排序类

比如：《真正男子汉第二季》第六期，无领导小组讨论环节有这样一道题。

题目情景：经过五天的艰辛努力，登山队终于登上了海拔 7500 米的山峰，在返回下降到 3000 米的高度时，突然发生了雪崩，此时气温在零下 20 摄氏度左右，周围是冰雪世界，庆幸大家都未受伤，并留下了一些必要的生存装备和物品。

问题：为尽早返回安全地带，请将所剩物品按照求生的重要程度进行排序。

A 压缩饼干　B 求生卡　C 火柴　D 指南针　E 匕首　F 保暖睡袋　G 手电筒　H 紧急避难帐篷　I 急救药品

卡通头像	很小的.exe文件
QQ表情	视频
聊天记录管理器	聊天室
看谁在线上	语音
安全性	反应速度快
传文件	

图 7-19　用户需求

这就是一道优先级排序题，真正做产品经理时经常要面临各种选择，即如何评估各个需求的投入产出比，争取用最小成本获取最大收益，也就是投资回报率 RIO。

类似的题有很多，比如：QQ 发布第一个版本时，有如图 7-19 所示的用户需求。请从中选出最重要的三项，发布 QQ1.0。

参考答案：看谁在线上、聊天室、反应速度快。

（3）案例分析类

例如：

问题 1：以后工作中如果出现一个程序员不愿意修改你的需求，你如何说服他？

问题 2：某个兄弟部门有一些二手车的价格的统计数据，现在需要你去让卖车的用户把车交到你手里。你如何来吸引他们？

问题 3：微博、贴吧、抖音，各有什么不同，微博为什么在娱乐方面做得比较好？

案例分析类涵盖的内容比较广泛，可能是真实的产品案例，也可能是引申的生活场景，核心在考察用户的思维、营销推广、创新性等能力。

综上所述，这几类面试题型是面试中经常出现的类型，无论哪一种题目，考察的内容和方法都是不变的，最终都回归到产品的专业度，尤其是软实力上。大家只要了解面试流程、出题人意图以及答题思路，任何题目都会迎刃而解。

7.4.4　50个常见面试问题

下面罗列常见的互联网产品经理岗位的面试问题。

1. 一句话介绍自己。
2. 为什么想做产品经理？
3. 你觉得一个产品经理应该具备哪些能力？
4. 你为什么来应聘 PM 这个岗位？你的本专业是电视编导啊！
5. 你认为什么样的产品是一款好的产品？
6. 说一款比较好的 App，并说出它好在什么地方？
7. 飞机有雨刷器吗？如果有，为什么需要？
8. 北京有多少辆汽车？
9. 一个产品的美观程度和性能哪个更重要？
10. 你是如何发现产品的商业价值的？
11. 你是如何做需求调研的？
12. 画下你的产品整体业务 / 数据流程。
13. 某款产品为什么会成功？
14. 如果一个项目工期比较紧急，但是某程序员家里小孩感冒要去医院照顾，你怎么办？
15. 你在项目中负责哪些业务？你觉得你的产品的亮点是什么？
16. 介绍下目前产品的运营情况。
17. 你是如何规划和迭代产品的？
18. 你的团队有多少人，是如何分工的？
19. 你对我们公司的产品了解吗？
20. 产品有什么不"爽"的地方，你是怎么改进的？
21. 你对这个行业了解吗？
22. 有没有讨厌的产品？它哪里引起你的不快？
23. 你觉得自己从事产品经理，有哪些优势？
24. 你和你的父母曾经最大的争执是什么？你是怎么解决的？
25. 如果领导不同意你的需求，你会怎么样？
26. 你原来团队协作中有遇到推进不下去的时候吗，你是怎么做的？
27. 规划一下重庆加油站。
28. 最喜欢的 App 是什么？觉得它最好的功能是什么？
29. 如果让你把刮胡刀卖给张飞，你会如何销售？
30. 请设计米字型马路的交通灯规则，使得该路口的通过效率最高（假设每条路双向车流量均同）。
31. 摩拜单车和美团单车你怎么看？
32. 王者荣耀为什么会火？你喜欢哪个英雄，为什么喜欢这个英雄？
33. 对区块链你有哪些了解，它对互联网有哪些影响？

34. 为什么要离职?
35. 近期,你觉得最有意义的三件事是?
36. 你最近看的一本书是什么?给我推荐一下?
37. 你的缺点是什么?
38. 你的职业发展规划是什么?
39. 你有哪些兴趣爱好?
40. 你对加班怎么看?
41. 如果这个问题让你处理,你怎么办?
42. 你对自己的薪资有什么要求?
43. 向我证明一下你的思维逻辑?
44. 你还有什么问题要问我?
45. 把你自己当成一款产品推销给我?
46. 以后工作中如果出现一个程序员不愿意修改你的需求,你如何说服他?
47. 刚才你提到了正确的需求,你如何证明这个需求是正确的?
48. 学习产品的过程中你有什么收获?
49. 你觉得 PRD 最重要的点有哪些?
50. 你有自己做过什么吗?

7.5 大厂面试真题解析

面试题 1:列举一款你常用的手机 App,并分析它的最核心功能、满足的需求、超预期的功能及竞争优势和发展趋势。

【考查知识点】

主要考察求职者的洞察力、分析能力、产品思维。

【题目拆解成 4 个问题】

1. 我们选择什么类型的 App 来举例?

回答思路:选择一款自己熟悉、有一定品牌知名度且对方感兴趣的 App,这样你在回答的时候才能与面试官有共同话题,容易产生共鸣。同时有利于面试官针对你的回答进行判断正确与否。所以建议求职者选择一款求职企业的竞品 App 来说,这样更能引起面试官的兴趣。

考虑到很多求职者都会海投简历,不可能有太多时间去梳理分析面试企业的竞品 App,所以可以提前准备几款通用的 App,像衣食住行、吃喝玩乐等通用易懂方向,比如:唯品会(衣)、饿了么(食)、Airbnb(住)、曹操专车(行)、流利英语说(学)、Keep(健身)。不要选择多品类的大众化主流的 App,比如淘宝/支付宝/京东/美团/头条,因为已经有很多专家、大咖都分析过了，你很难再提出独特的价值主张。也不要选择太小众类的 App，太小众的用户群体窄，面试官不了解，就很难与你产生共鸣。

2. 这款产品什么功能解决了什么需求？

回答思路：解决用户的核心痛点。

3. 在使用这款产品的时候，哪些地方超乎我的预期，也就是引起用户尖叫？

回答思路：用户为什么会使用它，而不是竞品 A 或者竞品 B？举例说明 App 什么地方戳中用户的痒点和爽点。

4. 这款产品未来的发展趋势是什么？

回答思路：分析现有行业的诟病和弊端，对行业未来发展动态进行前瞻预测。

【参考答案】

以 Keep 为例。

1. 用户痛点：
- 现有的健身房必须办卡（年卡、季卡、月卡），大部分人交了很多钱后，就不去了。
- 工作太忙没有时间去健身房，家里又没有器械。
- 健身房训练没有私教指导，不知道如何正确地开始健身。
- 网上攻略太多，不知道哪个靠谱，练了之后没有效果。

2. 最核心功能：海量视频课程、量体裁衣训练计划，让很多用户找到科学的健身方法。

3. 超预期的功能：Keep 在让用户坚持上做了很多功课，满足了用户的兴奋需求。比如
- 训练前，告诉用户大概需要多久，多少个动作，有什么效果，有了预期后一定程度上不会让用户半途而废。每次健身完，非常直观地显示此次运动消耗了多少卡路里，类似把私教请回家，让用户对下一次运动充满期待。
- 每日的训练会有打卡和看到其他人的训练成果，在这样的激励下鼓励用户坚持训练。
- Keep 有自己的店铺专营，省去筛选的时间和精力，作为一个运动型 App，它的商品也值得信赖，给用户提供了方便，同时也刺激了用户的消费。

4. 缺点：不能自己随意编辑餐食，记录饮食热量，只能选择系统规定的食物，如果和"卡卡健康"结合一下就完美了。

5. 发展趋势：体育运动类 App 改变了传统的体育健身方式，具有数字化、科学化指导体育锻炼健身的新形势。

面试题 2：在求职面试中，经常会考"费米"试题

- 上海有多少辆自行车？
- 北京有多少个加油站？
- 某胡同口的煎饼摊一年能卖出多少个煎饼？
- 深圳有多少位产品经理？
- 一辆公交车里能装下多少个乒乓球？
- 一个正常成年人有多少根头发？

【考查知识点】

这类问题称为费米问题,是以科学家费米命名的。这类问题其实没有一个标准答案。为什么面试官会问这种问题呢?

面试官想要考察求职者的"系统思维",其实就是一种从整体和全局上把握问题的思维方式,是一种看透事物相关结构之间关系的智慧。

很多求职者看到费米问题就会感觉摸不着头脑,凭感觉随意猜一个数字。这其实忽视了面试官本意,他不是要你给出一个准确的数字,而是想看到你面对问题的分析思路。

【回答思路】

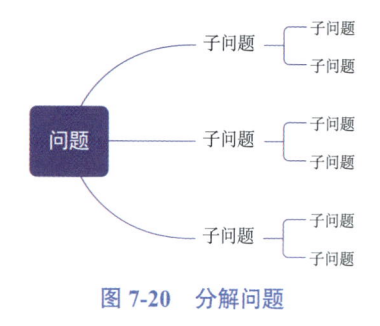

如何回答费米问题?可以用逻辑树分析方法。逻辑树又称问题树、演绎树或分解树等,它是将所有问题进行分层罗列,从最高层开始,并逐步向下拆解。

简单概括:把问题看作树木的树干,通过不同的分枝,把问题拆解为一个个的子问题,如图 7-20 所示。通过解决单独的子问题,从而汇总得出问题的答案。

图 7-20 分解问题

以"上海有多少辆自行车?"为例,这道题测试你发现自行车和人群、自行车和街道、自行车和车牌或者和这个生态中其他因素的关系的能力,也就是建立系统模型。以下提供几种思路,供大家参考:

- 你可以先查一下上海一共有多少人口,接下来可以估算一下,这些人口当中有多大比例是骑自行车的?比如可能 20～60 岁之间,工作的人会骑自行车,通过该比例你可以估算出有多少自行车。
- 你还可以大致算一下上海有多少条街道,每条街道大致能容纳多少辆自行车,这样也能得出一个相对准确的数字。

【参考答案】

以"上海有多少辆自行车?"为例,通过逻辑树方法进行问题的拆解,如图 7-21 所示。

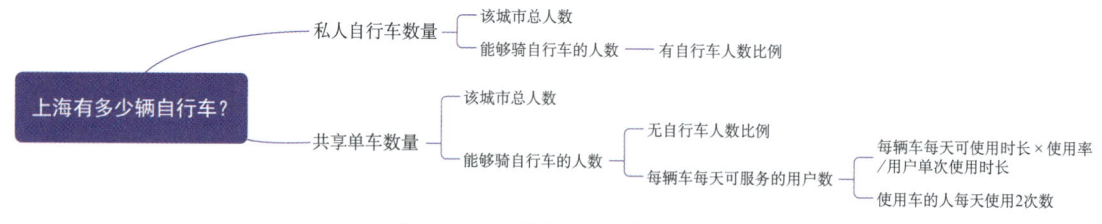

图 7-21 逻辑树方法拆解问题

- 上海市的自行车数量 = 私人自行车数量 + 共享单车数量。
- 私人自行车数量 = 该城市总人数 × 能够骑自行车的人数 × 有自行车人数比例。
- 共享单车数量 = 该城市总人数 × 能够骑自行车的人数 × 无自行车人数比例 / 每辆车每天可服务的用户数。

1. 共享单车投放量

假设城市总人数为 2400 万人，能够骑自行车的人数（18～60 岁年龄人群）：2400 万人 × 42/80=1260 万人。

无自行车人数比例：5/6。

每辆车每天可服务用户数：假设使用车的人每天使用两次，每辆车每天可使用时长 × 使用率 / 用户单次使用时长 =12h×1/3 /0.2h=20，则服务的人为 =20/2=10 人。

故：总投放量 =1260×5/6/10=100 万。

2. 私人自行车数量

假设城市总人数为 2400 万人，能够骑自行车的人数为 18～60 岁年龄人群：2400 万人 × 42/80=1260 万人。

有自行车人数比例为 1/6，故私人自行车数量 =1260×1/6=200 万。

3. 总自行车数量

故总自行车数量 =200 万 +100 万 =300 万。

面试题 3：在短视频直播间促销价格写错了，如何做危机公关？

【考查知识点】

此类问题主要考察求职者应对突发事件的思考完整性和重点性。

【回答思路】

题目的重点是"危机公关"，我们回答的思路是：了解情况→分析影响损失→制定公关方案。

了解情况：价格写错，是运营人员问题？还是系统出现了 Bug？

分析影响损失：公司的损失是多少，受影响人数有多少，对品牌有什么影响……

制定公关方案：根据前两步的整理，分析问题的主次，迅速制定方案。

【参考答案】

情况一：影响人数较少，而且损失金额不大，一般公司会采用正常发货方案。

情况二：影响人数较大，而且损失金额较大，如果发货会对公司造成严重损失，那么会采取不发货，到期自动关闭退费方案，但是需要发文或者短信说明理由，并得到买家的谅解，让买家主动取消订单。也有些实力雄厚的大公司 CEO 会利用这个事件诚恳道歉，承诺为错误买单，并额外赠送福利，然后通过媒体大肆正能量宣传，转败为胜。

情况三：影响人数较大，而且损失金额较大，如果发货会对公司造成严重损失，公司会采取不发货、不补偿方案，那么这类企业一般离倒闭不远了。

面试题 4：××学院全院体育达标人数与未达标人数之比是 3：5，后来又有 60 名同学达标，达标人数是未达标人数的 9/11，全院学生数为（　　）。

【考查知识点】

此类问题主要考察求职者数值运算分析能力。

【回答思路】

这类试题可以利用一元二次方程进行解答，假设全院学生为 x，达标学生人数 $3/8x$，未达标学生人数 $5/8x$。

【正确答案】

$(3/8x+60) / (5/8x-60) = 9/11$
解方程式：$x=800$

面试题 5：项目总是不能按期上线，你会如何解决？

【考查知识点】

此类问题主要考察求职者的项目管理能力，可以从项目规划、任务分解 WBS、控制方面进行回答。

【参考答案】

明确项目目标：制定项目里程碑，告知项目所有干系人。

任务分解 WBS：对项目进行 WBS 任务分解，将任务详细分解到每一个人，精确到每一天。

定期跟进，避免镀金：实时跟进项目进程，了解项目进展，每日站会，每周总结，避免成员镀金。

培养团队意识：对项目组成员进行必要的技能培训或者团建，增强彼此信任，培养团队精神，提高协作意识。

面试题 6：你觉得网易云音乐为什么会火起来？

【考查知识点】

此类问题主要考察求职者的分析能力和归纳总结能力。

【参考答案】

公司战略产品：最初网易做这款产品的想法是丁磊本身很喜欢音乐，但是对国内的所有音乐产品都不入眼，所以在人力、财力、物力方面都给予了很大支持。

差异化优势：与其他竞品相比，网易云音乐的一个核心竞争优势在于精准推荐，根据用户的试听习惯、用户偏好，给用户推荐高质量的歌曲。

深挖用户社交需求：有态度地点评，每个人可以在听歌的时候与其他网友一起互动交流，发布自己的独特观点和犀利点评。

体验方面：播放界面旋转的 CD 唱片机界面，让用户很有代入感，沉浸在美妙的音乐中，视觉上清爽透气，沉浸流畅。

面试题 7：人们常常会不知道把钥匙丢在哪里，不考虑实现的可能性，请给出你的解决方案。

【考查知识点】

此类问题主要考察求职者的解决问题的能力。

【回答思路】

首先我们先通过定性 / 定量等手段，整理丢钥匙的场景都有哪些，然后围绕每一种场景假设各种解决方案，最后择优选取可以覆盖 90% 以上场景的公共解决方案。

解决需求的四种方式：直接满足、间接满足、降低需求、超预期满足。

- 直接满足：对方需要什么，就开发什么。
- 间接满足：了解需求本质后，采用另一种可以解决需求的方案。
- 降低需求：满足用户需求的一部分，降低用户的预期。
- 超预期满足：也就是根据用户需求，所制定的方案超出了用户的需求范围，也称为"创造需求"。

【参考答案】

通过调研访谈我们发现用户丢钥匙主要有以下几种场景：

- 在家中将钥匙随手一丢，在使用的时候，由于钥匙不是很大的物件，很容易看不到。
- 钥匙没有固定的存放地点，每次总是找不到。
- 钥匙带出门，不小心丢失或者忘记放在某个地方。

解决方案：

对于以上场景的假设解决方案有：直接满足、间接满足、降低需求、超预期满足，具体如下。

1. 智能报警贴片：在钥匙环上挂一个智能报警贴片。钥匙无法找到的时候，通过手机 App 操控贴片，让设备扬声器发出声音。
2. 把钥匙放在家中固定的一个位置，每次用完放回原位，找的时候，直接在固定的地方找即可。
3. 钥匙上挂一个名贵的挂件或者放在钱包中，这样每次开锁完毕后，就会放在钱包中或者放在一个很重要的位置。
4. 使用智能门锁，进门通过指纹 / 密码 /App 进入，这样就不再需要钥匙了。

5. 使用 App 或者小程序，拍照记录自动生成钥匙模具，钥匙丢失后可以通过 3D 打印机制作钥匙。

面试题 8：假设有一个池塘，里面有无穷多的水。现有 2 个空水壶，容积分别为 5L 和 6L。问题是如何只用这 2 个水壶从池塘里取得 3L 的水。

【考查知识点】

此类问题主要考察求职者的逻辑思维能力和推理能力。

【回答思路】

采用递推法，也就是自上而下，一步步推理。6L 水壶想取得 3L，就需要倒出 3L，如何才能倒出 3L？需要 5L 水壶中有 2L 水才行，5L 水壶中如何才能有 2L 水？……就这样一步步不断地推理。

【参考答案】

参考答案 1：5L 水壶取 3L 水。

1. 将 5L 水壶打满。此时两个水壶盛水 5/5、0/6（即有 5L 的水在 5L 水壶中，0L 的水在 6L 水壶中，下同）。
2. 将 5L 水壶中的水全部倒入 6L 水壶中。此时两个水壶盛水 0/5、5/6。
3. 将 5L 水壶再次打满。此时两个水壶盛水 5/5、5/6。
4. 用 5L 水壶中的水倒入 6L 水壶中，直至 6L 水壶变满。此时两个水壶盛水 4/5、6/6。
5. 将 6L 水壶清空，并将 5L 水壶中的水倒入 6L 水壶中。此时两个水壶盛水 0/5、4/6。
6. 将 5L 水壶打满。此时两个水壶盛水 5/5、4/6。
7. 重复 4 的过程。此时两个水壶盛水 3/5、6/6。

至此，我们取得了 3L 的水。

参考答案 2：6L 水壶取 3L 水。

1. 将 6L 水壶打满。此时两个水壶盛水 6/6、0/5。
2. 将 6L 水壶中的水全部倒入 5L 的水壶中。此时两个水壶盛水 1/6、5/5。
3. 将 5L 水壶清空，并将 6L 水壶中的水倒入 5L 水壶中。此时两个水壶盛水 0/6、1/5。
4. 将 6L 水壶打满。此时两个水壶盛水 6/6、1/5。
5. 用 6L 水壶中的水倒入 5L 水壶中，直至 5L 水壶倒满。此时两个水壶盛水 2/6、5/5。
6. 将 5L 水壶清空，并将 6L 水壶中的水倒入 5L 水壶中。此时两个水壶盛水 0/6、2/5。
7. 将 6L 水壶打满。此时两个水壶盛水 6/6、2/5。
8. 用 6L 水壶中的水倒入 5L 水壶中，直至 5L 水壶变满。此时两个水壶盛水 3/6、5/5。

至此，我们取得了 3L 的水。

面试题 9：你做过最满意的一款产品是哪个？详细介绍一下，如果让你复盘，你会采用哪些办法让产品实现盈利？

【考查知识点】

此类问题主要考察求职者在用户增长方面的知识。

【回答思路】

这道题的重点在于叙述产品复盘的经验教训，对个人能力的提升、产品增长变现带来的帮助和启示，尤其是商业变现方面的技能与构想能力。

【参考答案】

复盘通用的做法为：回顾目标—评估结果—分析原因—总结经验。

先了解下企业盈利模式，主要以下几种。

- 产品盈利：以卖的东西为根本，追求极致性价比。
- 品牌盈利：持续不断地提高品牌附加价值；想尽办法让品牌溢价。
- 模式盈利：隐形盈利，把看得见的钱都分出去，赚背后看不见的钱。
- 资源盈利：依靠垄断盈利，拥有资源的稀缺性。
- 收租盈利：依靠专利、版权等盈利。
- 金融盈利：主要依靠杠杆盈利。
- 生态盈利：构建自己的生态体系。

然后我们根据产品的用户画像和使用场景，通过大数据、人工智能盘活公司的数字资产。

面试题 10：请说一下，你是如何将用户需求转化为产品需求的？

【考查知识点】

此类问题主要考察求职者对需求挖掘和分析的理解，系统地解决问题的能力。

【回答思路】

产品经理要解决用户的痛点，所以我们要站在人性角度去挖掘现象背后的本质。只有深入挖掘出用户真实的需求，才能给用户提供最合适的解决方案。

【参考答案】

首先，我们先站在人性的角度分析用户的显性需求，然后从显性需求探知用户的隐性需求，也就是通过现象看到事物的本质，这个过程我们叫作需求诊断。

在显性需求中，用户可能并不知道如何表达他真实的想法，需要产品经理对需求进行提炼和分析。比如北京西二旗某上市公司人力总监向 CEO 提议新增公司班车，方便员工上下班。HR 这句话的显性需求是员工上下班坐公交/地铁太绕路、人太多、没座位，有了班车就可以一站式到站，方便快捷。其实 HR 看到的是问题的表象，而没有抽丝剥茧分析事物的本质，用户的本质需求不是坐班车而是快（住的地方离公司太远，上班不方便），这时候产品需求是想一个解决用户上班路途长的方案。所以 CEO 最后决定给每一位员工发放住房补贴 1500 元 / 月，让用户搬到公司附近住，每天可以走路上下班。

从用户需求到产品需求，需要产品经理透过现象洞察问题的本质，运用连环追问法，不断问"为什么"，找到第一性原理。

第 8 章　实战"电商"篇

8.1　后台权限分配模块

需求背景

利用北京某大学后台管理平台可以增删改查老师信息，并对其授权系统的某些功能。下面我们来分析它的角色权限系统。

目的

权限管理是一个几乎所有后台系统都会涉及的重要组成部分，主要目的是对整个后台管理系统进行权限的控制。

解决思路

后台权限管理系统主要包括三个元素：账号、角色、权限。权限控制和角色产生关联，角色再和用户账号关联，即创建用户账号时选定一种角色，该角色已经分配好了功能和权限。

北京某大学后台管理系统是一个内部院系管理系统，使用人群是老师、财务、行政等部门，所以简单分析下系统的用户和角色的特点，如表 8-1 所示。

表 8-1　系统的用户和角色的特点

类型	特点
组织架构	用户基数大；用户属性多样
权限（岗位）	岗位承担着角色的权限；角色可以继承上级
用户	用户角色多样

143

总体流程

系统的主要流程为：将权限设置成不同的集合，即角色，再将角色绑定到账号上，那么这个账号就拥有了这些角色的权限集合。一个账号可以绑定多个角色，一个角色又拥有多个权限。

如图 8-1 所示，某用户拥有了角色 A 和角色 B 两个角色，从而拥有了功能 A、功能 B、功能 C 的权限。

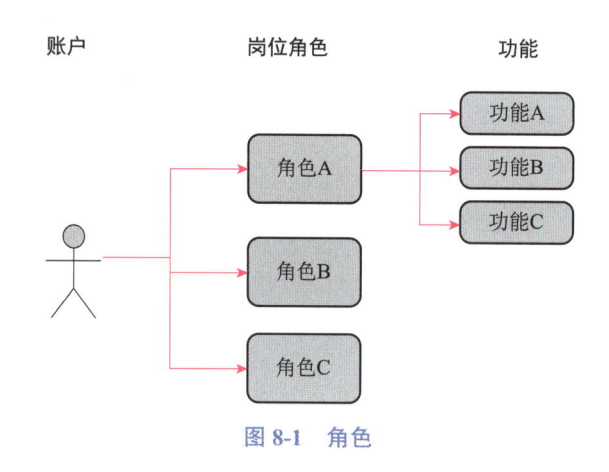

图 8-1　角色

超级管理员和部门管理员的流程图，如图 8-2 所示。

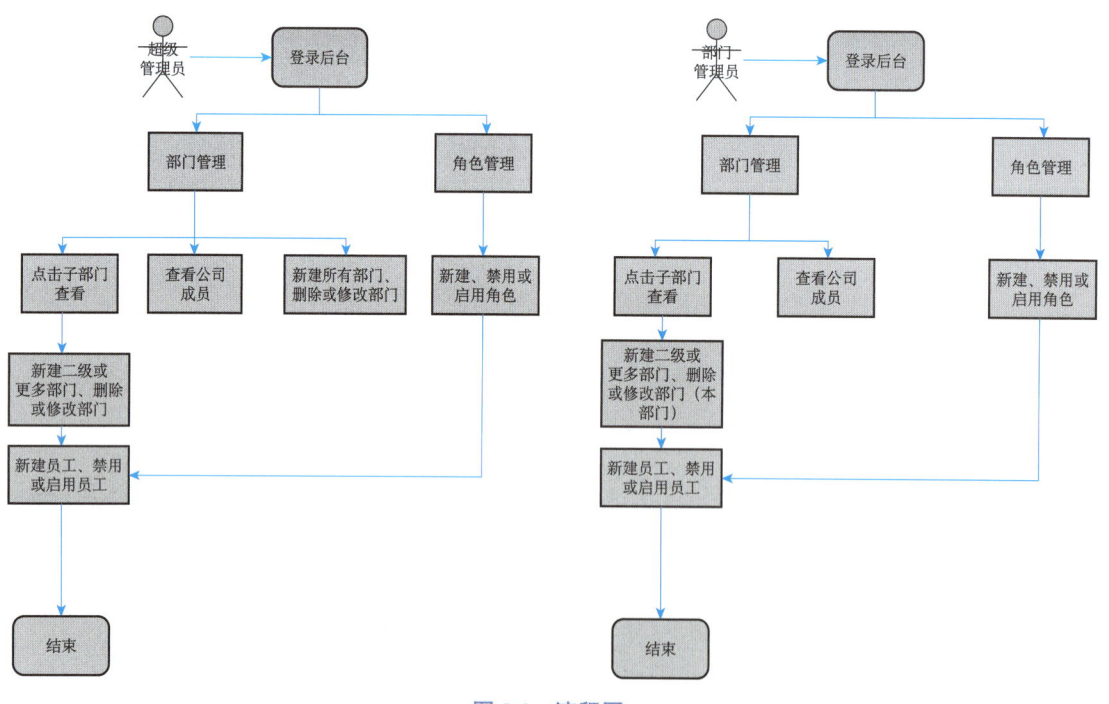

图 8-2　流程图

功能

权限是资源的集合。该系统的做法是将所有应用的页面、模块、功能、字段都作为一种资源类型,进行统一权限管理,如表 8-2 所示。

表 8-2 功能及描述

序号	功能	描述
1	部门管理	对公司部门的设置和管理等操作
2	账户管理	可进行增删改员工操作,根据公司业务需要,可进行增改、禁用和启用角色及对角色进行不同权限分配设定
3	角色管理	设置系统使用角色名称,并设置其功能权限和数据可见范围

原型设计

(1)部门管理:通过后台创建公司的组织架构,支持创建多级部门,如图 8-3 所示。

图 8-3 部门管理

在部门管理页面中,左侧"组织架构"模块可以进行添加子部门、编辑/删除部门、选择成员、移动部门等操作,如图 8-4 所示。

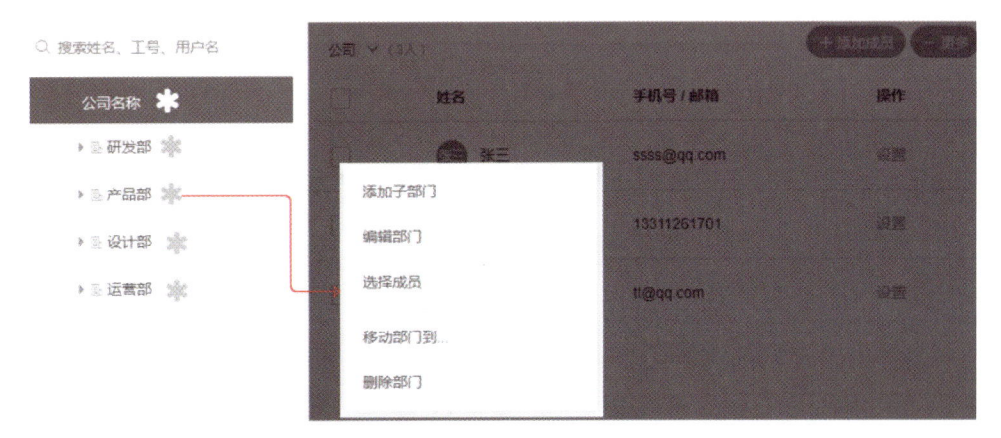

图 8-4 部门管理页面

在创建账号时,一般都需要填写基本信息和设置角色。基本信息主要包括姓名、所属部门、员工编号等,不同企业需求不同,如图 8-5 所示。

图 8-5　基本信息

此外，为了控制数据权限，还可能会有账号等级的选择、账号关联、上下级关系绑定等操作，具体流程视设计情况而定。

也可以对某位员工进行账户的禁用、密码修改和角色修改等操作，这里需要注意的是，账户禁用是用于防止员工离职后产生的问题。它可以跟人事系统打通，人事那边设置某员工离职后，所有系统账号自动设为禁用，如图 8-6 所示。

图 8-6　员工离职处理

（2）角色管理：需要说明的是，角色不能随意删除或禁用，需要判定该角色有没有被哪个账号绑定，若该角色正在被使用，则不允许删除并给出相应的提示。角色管理如图 8-7 所示。

通过功能权限给公司的各个职务角色分配功能，如图 8-8 所示。

针对公司各部门的职务角色，比如教学、行政、人力等，设置该角色的查看、管理数据范围，如图 8-9 所示。

图 8-7　角色管理

图 8-8　角色分配功能

图 8-9　职务角色设置

最后，优化产品细节，编写 PRD

将原型和脑图都梳理完毕后，就要把流程、细节从头捋一遍，将要点全部整理到 PRD

里，最后拿着 PRD 去和技术人员开技术评审会。

完成以上步骤，基本就完成了一套后台角色权限系统的设计。

8.2　商品管理模块

商品管理系统属于电商产品中最基础、最核心的系统，是支撑整个电商产品的核心，基本上所有的系统都离不开商品数据，商品贯穿整个电商平台。从商品的采购、到达仓库、商品上架、前台的展示、下单、物流配送、收货、售后服务等，整个流程都离不开商品。其目的就是：通过相应属性对商品进行分类、快速检索商品、生成唯一的 SKU。

8.2.1　商家希望用户看到哪些商品信息

下面我们从京东商城中随便找到一款国内化妆品"百雀羚爽肤水"，用户看到的样子是这样的，如图 8-10 所示。

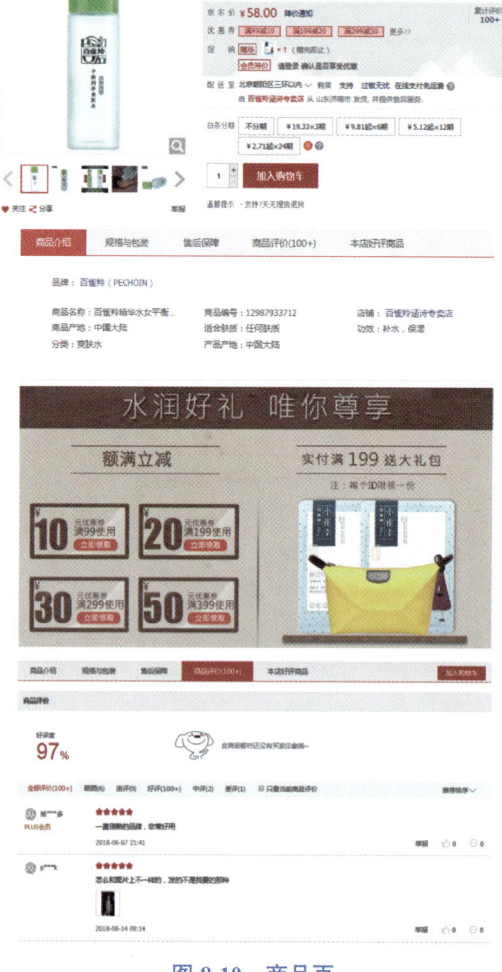

图 8-10　商品页

8.2.2 后台商品模块如何搭建

我们已经了解了用户看到的页面信息，下面根据前台的信息，通过七步来规划商品后台模块。

第一步：从商品信息框构到商品信息架构的过程

我们通过前台页面，制作这款爽肤水的商品信息框架，如图 8-11 所示。

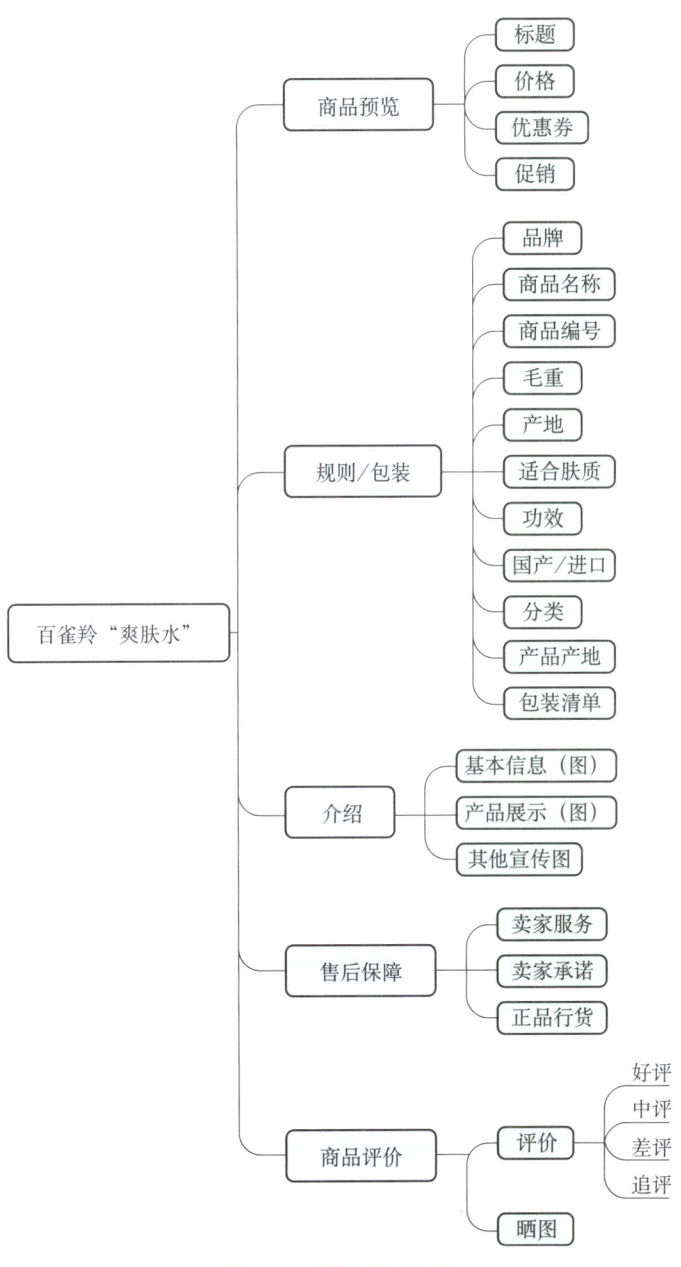

图 8-11 商品信息框架

我们对上面的商品信息框架进行分类和提炼，得到商品信息架构图，如图 8-12 所示。

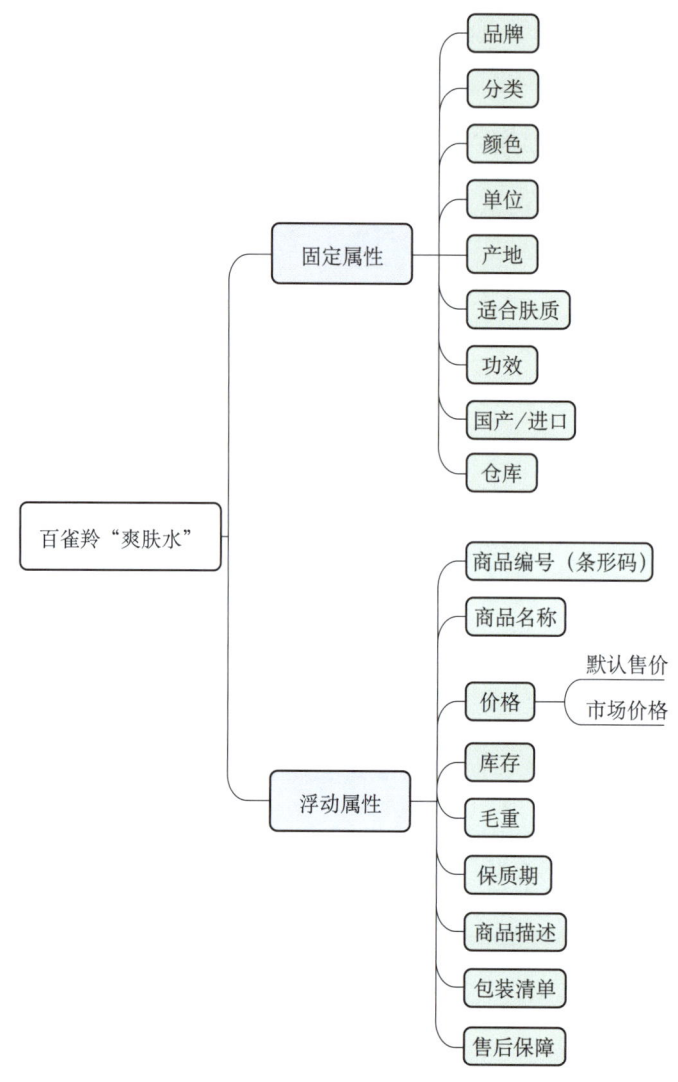

```
                                    ┌─ 品牌
                                    ├─ 分类
                                    ├─ 颜色
                                    ├─ 单位
                        ┌─ 固定属性 ─┼─ 产地
                        │           ├─ 适合肤质
                        │           ├─ 功效
                        │           ├─ 国产/进口
                        │           └─ 仓库
    百雀羚"爽肤水" ──────┤
                        │           ┌─ 商品编号（条形码）
                        │           ├─ 商品名称
                        │           ├─ 价格 ──┬─ 默认售价
                        │           │        └─ 市场价格
                        │           ├─ 库存
                        └─ 浮动属性 ─┼─ 毛重
                                    ├─ 保质期
                                    ├─ 商品描述
                                    ├─ 包装清单
                                    └─ 售后保障
```

图 8-12　分类和提炼信息架构图

第二步：从商品信息结构到产品功能结构

我们根据商品信息架构，就可以很轻松地搭建后台的产品功能结构了，如图 8-13 所示。

第三步：从产品功能结构到页面流程图

我们根据产品功能架构，利用 Axure 或者墨刀等原型工具就开始制作产品的流程图了。
如图 8-14 所示是商品的发布流程图。
页面结构创建好以后，我们制作一张页面流程图，如图 8-15 所示。
页面流程图制作好后，就该我们的第四步"从页面流程图到原型页面"了。

第 8 章 实战"电商"篇

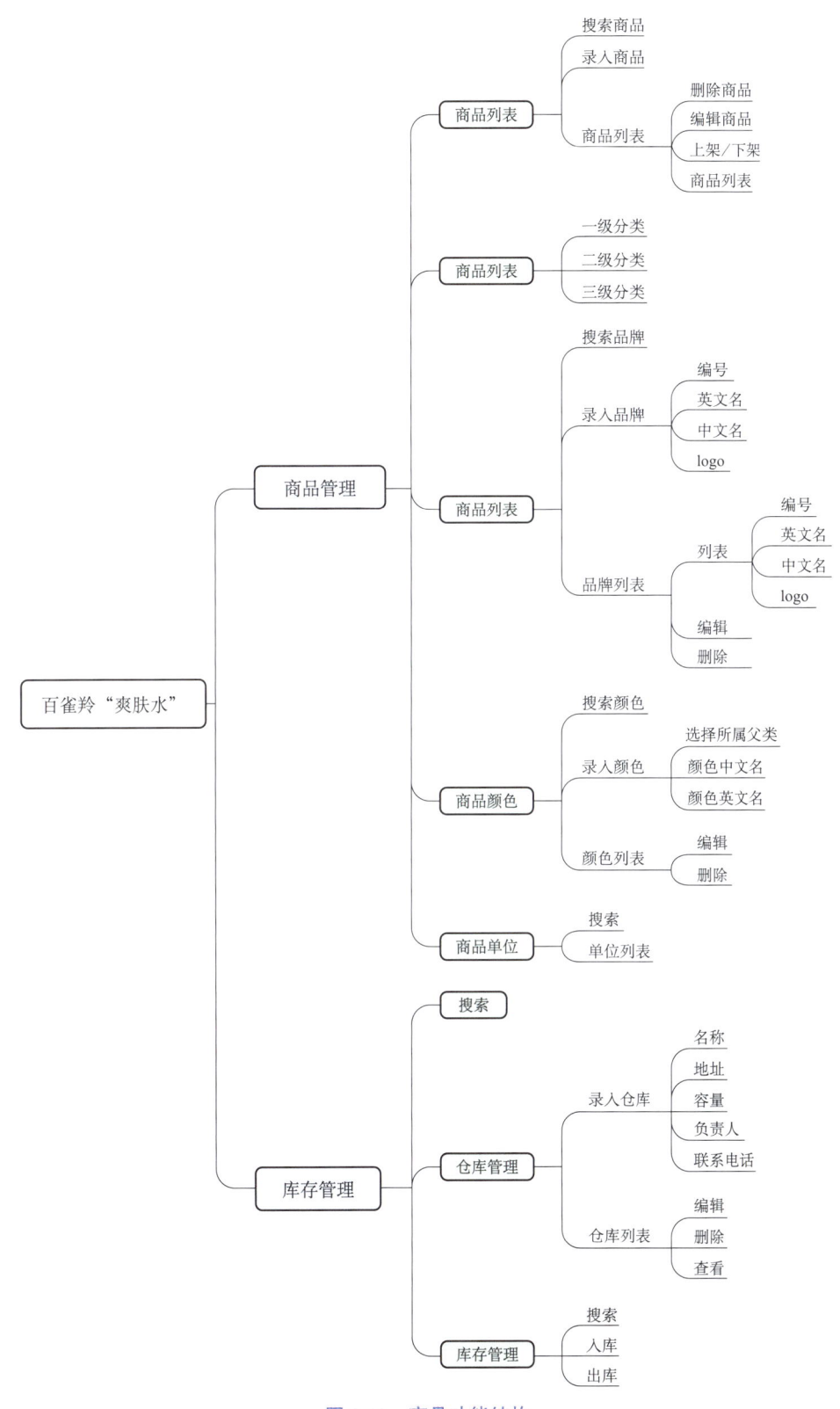

- 百雀羚"爽肤水"
  - 商品管理
    - 商品列表
      - 搜索商品
      - 录入商品
      - 商品列表
        - 删除商品
        - 编辑商品
        - 上架／下架
        - 商品列表
    - 商品列表
      - 一级分类
      - 二级分类
      - 三级分类
    - 商品列表
      - 搜索品牌
      - 录入品牌
        - 编号
        - 英文名
        - 中文名
        - logo
      - 品牌列表
        - 列表
          - 编号
          - 英文名
          - 中文名
          - logo
        - 编辑
        - 删除
    - 商品颜色
      - 搜索颜色
      - 录入颜色
        - 选择所属父类
        - 颜色中文名
        - 颜色英文名
      - 颜色列表
        - 编辑
        - 删除
    - 商品单位
      - 搜索
      - 单位列表
  - 库存管理
    - 仓库管理
      - 搜索
      - 录入仓库
        - 名称
        - 地址
        - 容量
        - 负责人
        - 联系电话
      - 仓库列表
        - 编辑
        - 删除
        - 查看
    - 库存管理
      - 搜索
      - 入库
      - 出库

图 8-13　产品功能结构

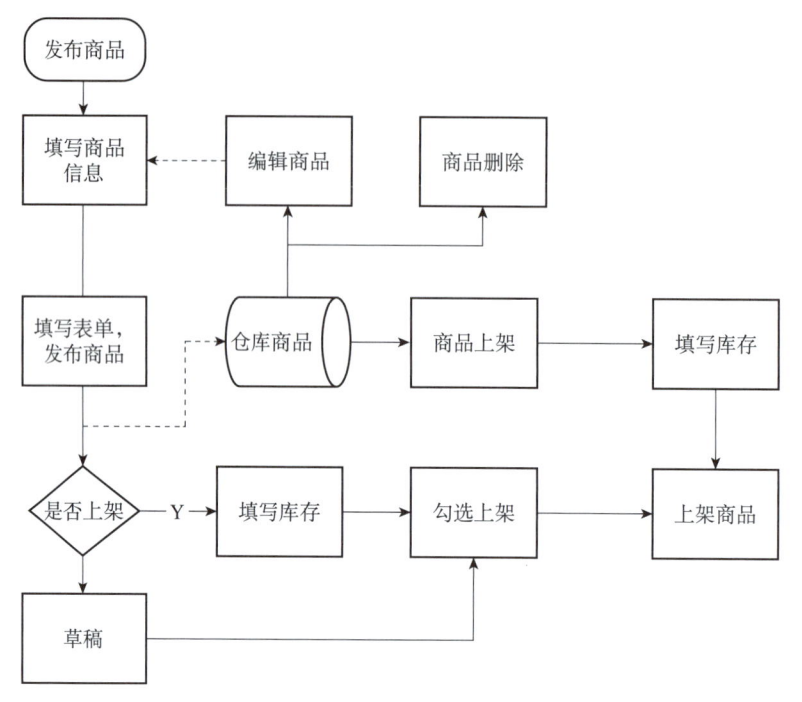

图 8-14　商品的发布流程图

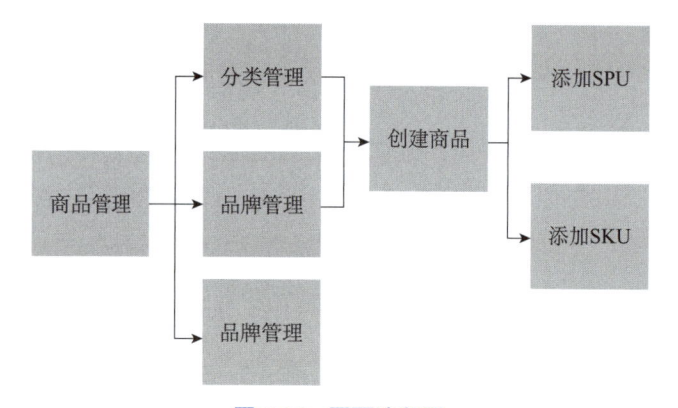

图 8-15　页面流程图

第四步：从页面流程图到原型页面

原型页面如图 8-16 所示。

SPU编号	商品名称	商品分类	课程价格	销售数量	销售策略	状态	操作
129	产品经理基础	产品经理	99.00	6658 >	优惠券	上架/下架	编辑　删除　查看
128	axure教程	axure	59.00	5665 >	邀请好友	上架/下架	编辑　删除　查看

图 8-16　原型页面

第五步：从原型图到 UI 图

原型制作好后，就可以组织产品评审会了，评审通过后，应将原型提交给 UI 设计师。

第六步：从 UI 图到代码

UI 图制作完成后，交给前端工程师制作 HTML 页面，然后交付给技术开发团队。

第七步：从代码到上线

技术开发完毕，经过系统部署、各种黑白测试，然后产品正式发布上线。上线测试如图 8-17 所示。

图 8-17 上线测试

8.3 订单管理模块

首先回答一下什么是订单管理系统（来源于百度的权威解释）：

> 首先接收客户订单信息，以及仓储管理系统发来的库存信息，然后按客户和紧要程度给订单归类，对不同仓储地点的库存进行配置，并确定交付日期，这样的一个系统称为订单管理系统。

设计订单模块的时候，主要考虑两方面：一方面满足公司内部员工的需求，比如财务对账、采购核查、销售数据统计等；另一方面就是订单模块需要符合 C 端用户的使用场景。

第一步：了解订单管理都有哪些组成部分

用户信息：买家账户、姓名、联系方式、收货地址、邮编、备注。
订单信息：订单编号、订单类型、订单状态、订单创建时间、订单金额。
商品信息：店铺名称、商品名称、价格、销售数量、SKU。

物流信息：物流状态、物流公司、物流单号、配送人。
支付信息：支付时间、支付总额、支付类型、优惠信息、实付总额。
优惠信息：减免、折扣、购物券/代金券、积分、红包。
退款信息：交易时间、交易账户、交易金额、手续费、币种。

订单中包含商品、优惠、用户、收货信息、配送信息、支付信息等一系列的订单实时数据。通过订单中心，实现对线上订单、线下订单及第三方订单的管理，支持订单接收、订单自动合并与拆分、自动匹配仓库、库存控制、自动匹配快递、结算与支付等订单生命周期中的一系列协同作业。

第二步：绘制订单流程

在设计订单模块后台之前，需要了解和熟悉 C 端用户的使用场景及在该场景中后台需要支持的操作。如图 8-18 所示是一个简单的订单流转流程。

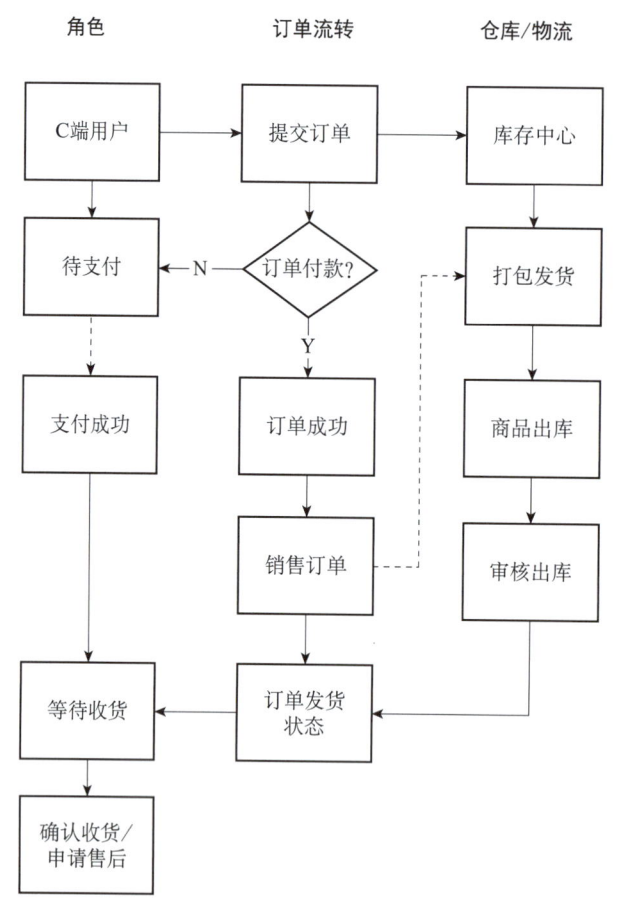

图 8-18　订单流转流程

当然，订单流程还有取消订单/退款/退货等流程，有些订单可能会涉及优惠券、积分抵扣、跨店减免等情况，也会涉及与后台其他模块的数据交互与同步。

第三步：设计订单的状态

明确了订单流程之后，就可以知道从订单创建到交易完成这整个过程中所包含的状态。如图 8-19 所示，整个流程可分为待付款、待发货、待收货和已收货四个阶段。

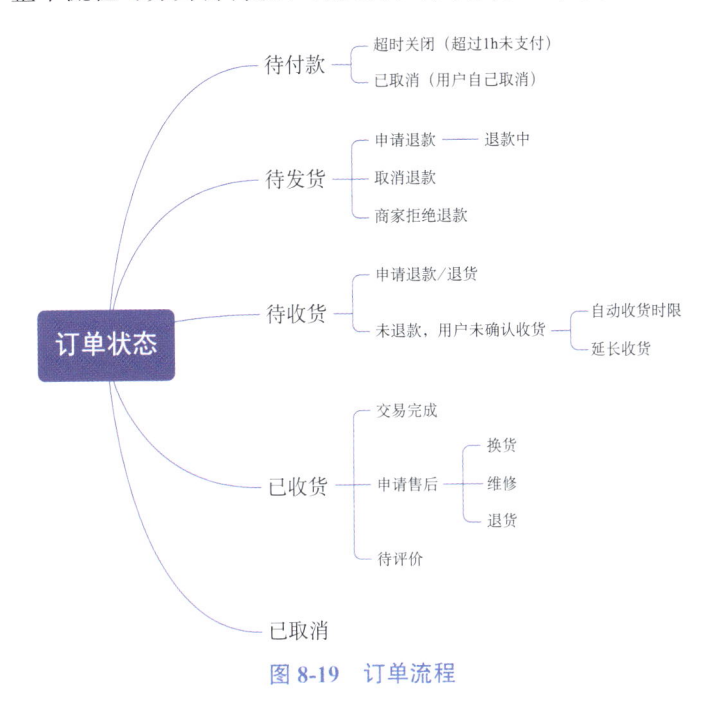

图 8-19　订单流程

第四步：设计订单列表页

上面概述了订单运转流程及主要状态，那么现在就来说一下订单列表页的设计。订单列表页主要包括三部分：列表信息区、检索区、操作区，如图 8-20 所示。

图 8-20　订单页列表页

（1）列表信息区：列表信息主要有商品信息、支付信息、优惠信息、物流信息、客服信

| 155 |

息等，如表 8-3 所示。

表 8-3 列表信息

一级内容		二级内容
订单列表	状态信息	支付状态、支付时间、物流状态、配送方式、退换货状态
	用户信息	买家姓名、手机号、地址
	商品信息	店铺名称、商品标题、图片、数量、价格、保险服务等
	优惠信息	优惠费用、优惠方式（返现/满减/积分等）
	支付信息	支付方式（微信/支付宝/银联）、支付金额、优惠金额
	物流信息	物流状态、配送员位置、配送员联系方式
	客服信息	在线咨询、拨打电话

（2）操作区：订单操作事件，最常用的有批量追单、批量拦截、批量发货、流转、锁单、确认退费等，具体根据业务需求而定。订单操作区如图 8-21 所示。

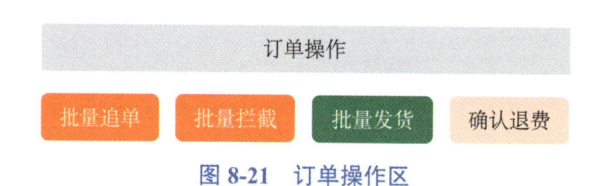

图 8-21 订单操作区

- 批量追单：在买家已付款后，对静默下单买家和有咨询的买家系统自动发送追单卡片，卡片内容包括权益供给（如店铺优惠券、商品券、会员券权益供给）和商品推荐（如店铺爆款商品、搭配商品，促进买家再下一单，大大提升店铺转化率和客单价）。
- 批量拦截：一般用在平台与第三方卖家合作时，在订单出库之后，买家不想要了，或者因为其他的理由取消了订单，那么身为卖家就会有一些运费损失产生。所以就有了平台订单拦截功能，这样买家在退货时，也可以缩短退货时效。有时候也用在商品出库中，取消订单后用户后悔了，想继续收货，这时候平台工作人员就会在后台使用拦截功能。
- 批量发货：商家订单量很大，可以通过批量发货一次性处理有运单号的订单，用后台批量上传功能几秒即可一次完成几百到几万单发货操作。订单上传后支持查看批量处理进度以及结果，并可针对失败的订单办理重新发货。
- 确认退费：退费属于订单的逆向过程，主要有两种情况：一种是在待发货订单状态下买家取消订单时的退款，分为商户缺货退款和用户申请退款。另一种是发货后的退款，发生在仓储已经开始配送货物，在配送过程中商品遗失，或者用户拒收，买家收货后对商品不满意时，这种情况下用户发起退款的售后诉求后，需要商户进行退款的审核，双方达成一致后，系统更新退款状态，对订单进行退款操作，金额原路返回用户的账户，更新库存，同时关闭原订单数据。当然有些商户是不支持用户发起退费的，比如用小程序购买喜茶成功后，只有店面的管理人员才能处理退费操作。

（3）检索区：常用的检索条件有订单状态、订单编号、付款方式、配送状态、配送方式、下单日期等，还有运营人员最常用的"导出"功能。

8.4　会员管理模块

基本上每个后台管理系统都有自己的会员体系，作为一个产品经理，要清楚后台为什么要做会员体系？会员有什么特殊待遇？会员能得到什么、付出什么？只有清楚了会员体系建设，才能最大化地通过结合促销、优惠券玩法等相关营销方式进行会员的拉新促活和转化留存。

总之，会员系统就是让会员享受更好的服务、更好的权益，进而认可平台价值，长期活跃在平台上。这就好比我们去奢华高档餐厅吃饭时享受国宾的待遇，即使消费价格高，但是心情舒畅，感受一种文化的特色氛围和极致的仪式感，有一种奇妙的体验。在各种网站中也能看得出，会员系统建设有等级、权益、积分、余额。后台针对这几点主要表现为：会员等级、会员标签、会员资产和会员营销。

会员等级

会员等级又分为积分会员体系（普通用户、铜牌会员、银牌会员、金牌会员、钻石会员等）、付费会员体系（免费用户、付费用户）、等级会员体系（游客、普通会员、VIP1、VIP2、VIP3、SVIP 等），不同级别会员对应不同的权益。如图 8-22 所示就是一种常见的会员等级，每一种会员都有其晋升的规则和享受的权益。

图 8-22　会员等级

当然，我们也可以对会员的升级规则进行设定，当用户达到规则要求后自动触发，如图 8-23 所示。

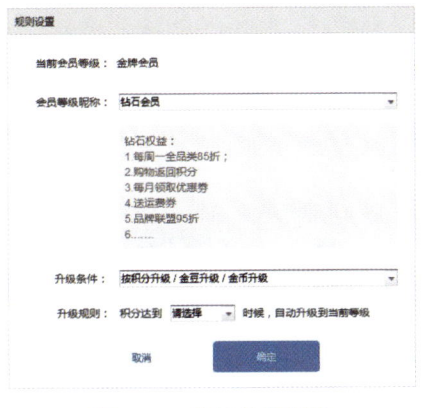

图 8-23　会员升级设定

会员标签

会员标签可以划分为用户基础属性、社会关系、消费能力、行为特征、心理特征、产品属性、产品偏好等。这些信息都是为定义会员标签提供的基础信息，方便对会员进行精准运营，提供标签数据，如图 8-24 所示。

图 8-24　会员标签

管理员可以在后台预置标签库，配置即自动生成。创建标签后，可以供各个业务线使用，也可以根据自身需求，制定个性化标签体系，如图 8-25 所示。员工不仅可以在日常跟进过程中手动给客户打标签，还可以通过内容运营，根据客户的互动行为自动打标签。

图 8-25　创建标签

标签内容参考如下：
- **基础属性**：年龄、性别、星座、身高、城市、职业、教育水平、收入水平等。

- 社会关系：已婚/未婚、有孩子/无孩子、父母、家族。
- 消费能力：月收入、月消费、支付方式、信用卡额度、信用卡种类、有无房贷。
- 行为特征：网购频次、是否加班、是否刷短视频、经常去的购物平台、喜欢喝咖啡。
- 心理特征：品牌偏好、犹豫不决、喜欢攀比炫耀、勇敢、坚强。
- 订单属性：产品总订单数、成长路径是否健康、单均价、单均实付价格、单均补贴优惠等。
- 产品偏好：美食口味、服务风格、内容偏好等。
- 经济属性：优惠敏感度、用户经济价值、用户忠诚度、消费潜力等。
- 渠道属性：iOS、Android、App 用户、H5 用户、小程序用户、用户来源等。

根据会员标签，我们可以精准绘制出产品的用户画像，用户画像是一类人，不是一个人，如图 8-26、图 8-27 所示。

图 8-26　用户画像（1）

图 8-27　用户画像（2）

会员资产

就像维克托·迈尔-舍恩伯格在《大数据时代》一书中曾经提及："虽然数据资产还没有被列入企业的资产负债表，但这只是一个时间问题。"一般我们将等级、钱包、积分、佣金、消费记录、充值记录、优惠券等划分为会员资产，会员可以通过前台看到自己的资产，后台商户可以查看每个会员的资产情况，如图 8-28 所示。一方面会员可以查看自己的资产情况，另一方面对于商户来说这些字段可以用于定义属性标签，用于会员的精准营销，从"数据资源管理"阶段向"数据资产利用"阶段迈进。

图 8-28　会员资产

会员营销

常见消息推送渠道有微信公众号推送、App Push、邮件触达、电话触达、线上直播触发、线下活动触达等多渠道触达，实时跟踪效果。下面以微信公众号消息推送为例阐述如何做会员营销。

微信公众号推送的前提是需要引导用户关注公众号，然后向微信后台申请消息模板，申请通过后就可以预设人群包，圈选推送的人群。虽然微信的模板消息推送次数无限制，但是只有经过认证的服务号才有推送资格，建议推送次数每天不超过 2 次，每周控制在 10 次左右。举个例子，某公司新推一款新品某某纸尿裤，适合 6～12 月龄宝宝，价格是 5 元 / 片左右，准备先对北京地区客单价比较高的忠实用户进行推送，我们就可以根据新品营销方案，使用标签对系统中的用户进行圈选，如图 8-29 所示。

> 参考标签：
> - 城市，收入 ≥ 10000 元。
> - 最近一次消费时间 <10 天。

- 最近 3 个月购买过奶粉 & 单罐内粉消费金额 ≥ 300 元。
- 职业：互联网白领。
- 宝宝出生日期：开始 – 结束。
- 近三个月还购买过小孩零食"泡芙/小饼干"。

图 8-29　会员标签营销

这样我们通过标签圈选好了人群，下一步就是在合适的时间，推送我们准备好的软文，通过这个方法进行精准化运营。推送消息如图 8-30 所示。

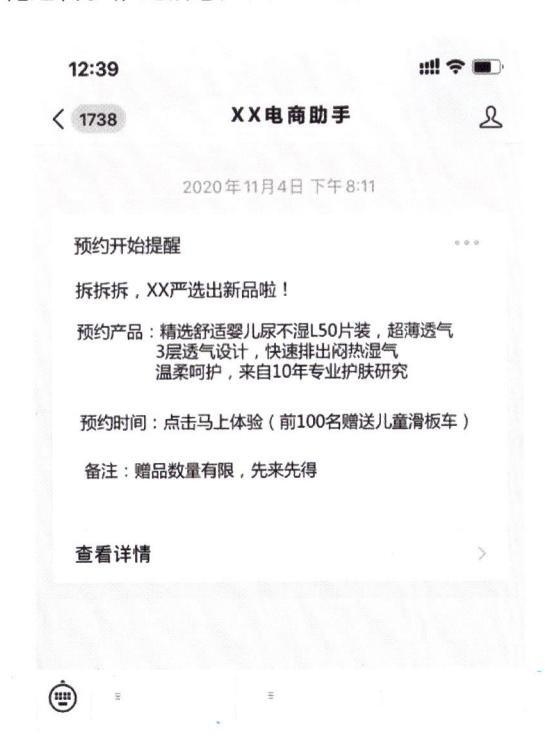

图 8-30　推送软文

| 161 |

以上内容借助用户标签/等级，根据用户的意图和行为数据绘制用户画像，识别每一种"画像"会员的真实需求及兴趣爱好，智能推荐创意，自动根据营销内容分析 ROI，节省运营成本。

8.5 营销模块：优惠券

营销模块是电商后台不可缺少的，它在用户留存/激活/裂变方面有着举足轻重的作用，常见的营销功能有：优惠券、限时优惠、特价、砍价、拼团、分销、分享邀请等。下面以优惠券为例，说一下它的来龙去脉。

优惠券作为一种重要的促销手段，"6·18"也好，"双 11"也罢，都随处可见。对运营人员而言，优惠券是订单转化和拉升客单价的有力工具。对用户运营而言，优惠券是用户维护乃至用户召回的重要营销工具。

在规划优惠券功能的时候，我们先要确认优惠券方案，方案决定了产品框架和产品流程，产品设计是基于流程和框架下的页面详细设计，如图 8-31 所示。

产品方案			
产品框架		产品流程	
应用层	服务层	系统流程图	产品结构图

产品设计	
原型 Demo	逻辑说明（注释）

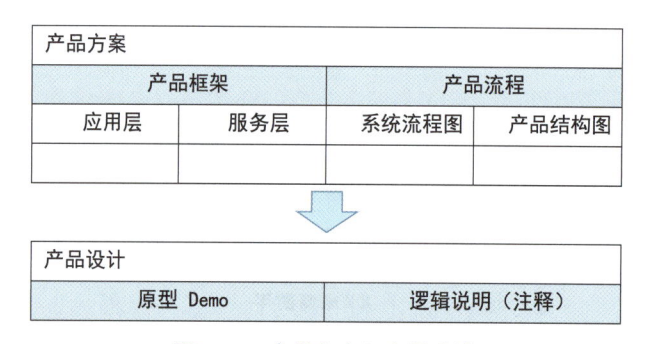

图 8-31　产品方案至产品设计

1. 优惠券产品框架

产品框架设计是很重要的工作，是高阶产品经理的必备技能。整个产品方案和设计的过程是先具象，再抽象，再具象的过程。先具象是指根据业务流程找到行业通常的做法；再抽象是指收集业务场景，抽象出产品框架；最后的具象是指根据产品框架，再修正之前的具象做法。下面是优惠券的产品框架，如图 8-32 所示，我们很清晰地知道优惠券有四大核心功能：生成优惠券、发放优惠券、核算优惠券、统计分析。

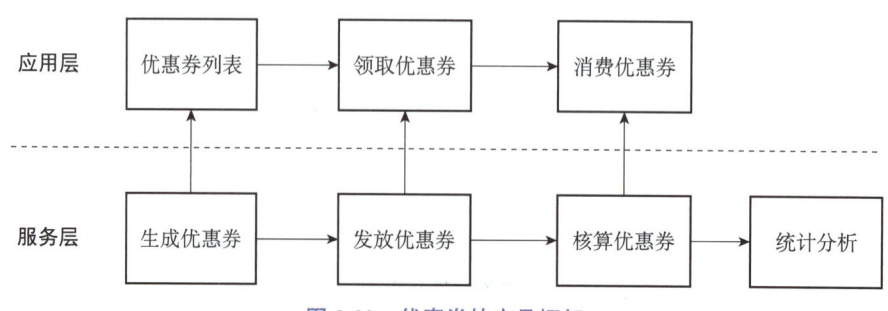

图 8-32　优惠券的产品框架

2. 优惠券产品流程（见图 8-33）

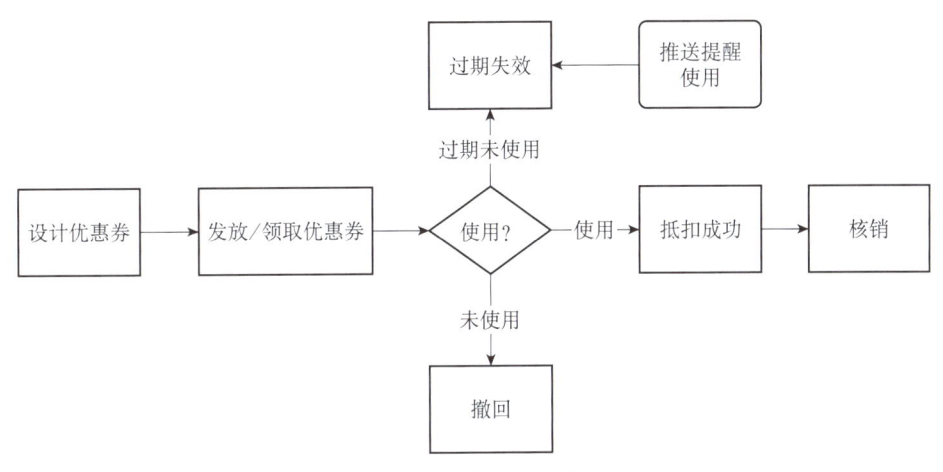

图 8-33　优惠券产品流程

3. 优惠券功能结构图

优惠券的形式多种多样，最常用的有下面两种：
- 直接抵扣固定金额的费用，比如满减券、代金券等达到使用条件就减免券面金额。
- 在订单价格的基础上进行打折减免，比如：折扣券。

优惠券的功能结构图大致如图 8-34 所示。

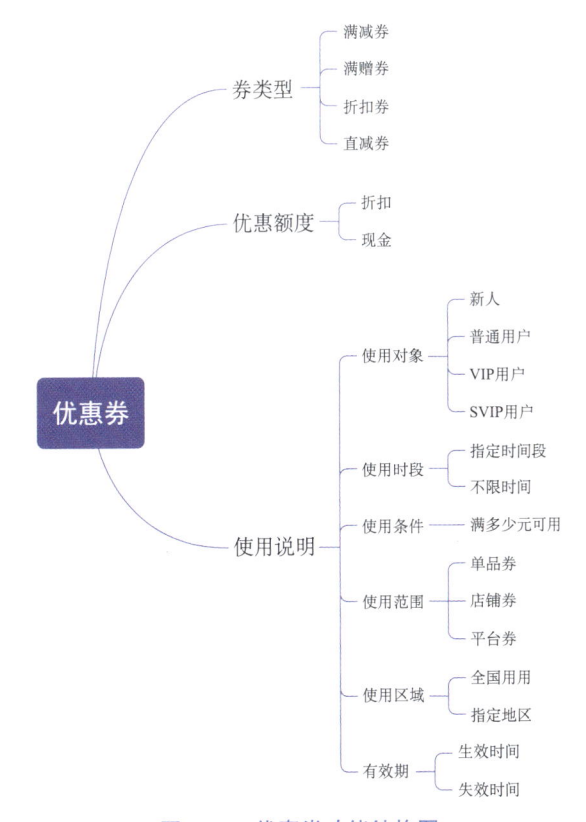

图 8-34　优惠券功能结构图

4. 优惠券后台原型 Demo

后台优惠券列表页，如表 8-4 所示。

表 8-4　后台优惠券列表页

优惠券 ID	优惠券名称	面值	适合商品	数量	已领取	已使用	状态	操作
ID2566	双十一	50	全品牌	1000	600	500	领券中 / 已过期 / 已下架	编辑 / 下架 / 删除 / 详情
……	……	……	……	……	……	……	……	……

后台添加优惠券页，如图 8-35 所示。

图 8-35　后台添加优惠券页

另外要说明以下几点。

- 对"公开发行"方式并处于"领券中"状态的优惠券，单击"下架"按钮可撤销该优惠券，相应状态会变更为"已下架"；但已领取过该优惠券的用户在优惠券有效期内仍可继续使用。
- 对处于"已过期"状态的优惠券单击"删除"按钮可删除该优惠券。
- 可以单击"详情"按钮查看优惠券的领取、使用详情，便于查看及核对用户信息。

5. 优惠券发放与领取

一般情况下优惠券是通过以下三种方式发放的：系统自动发放、用户自主领取、运营人员手动发放。大家根据产品实际，寻找用户喜欢的领取方式。

（1）系统自动发放

- 用户首次注册 App 即可自动获取 N 张 ×× 优惠券，比如：新人专享优惠券，新人专区等。
- 系统后台筛选部分用户直接发放到用户账户，比如发给一些高质量的客户大额优惠券。

（2）用户自主领取
- 用户自己到商家店铺、品牌分类或者优惠券栏目中领取。
- 用户可以通过签到领取、抽奖领取、做任务领取。

（3）运营人员手动发放
- 运营人员导入 Excel 名单，比如：对一些特殊人群发放优惠特权。
- 运营人员圈选画像人群，通过智能营销工具进行发放。

优惠券的发放渠道比较灵活，移动端的优先级更高。大家可根据用户画像进行精准发放，常见的发放通知工具有 QQ、微信、短信、邮件、App Push、云客服等。要说明的是，营销工具一定要与电商后台系统相互打通。

优惠券的领取场景有四类，分别是注册领券、购物领券、分享领券和全场领券。
- 注册领券：吸引新客户，在客户新注册成功后，即可领取新人注册券。
- 购物领券：客户在成功下单后，即可领取相应的优惠券，吸引客户二次消费。
- 分享领券：客户在成功分享上游商家的商品、店铺等信息后，即可成功领券。
- 全场领券：客户可无条件在活动时间内领取指定优惠券用于消费。

6. 优惠券用户端 Demo

优惠券在用户的个人中心查看，可以查看券的类型和状态，如图 8-36 所示。

图 8-36　用户端 Demo

用户操作优惠券的流程比较简单，就是领取→使用。

- 领取有两种途径：一种是直接领取，还有一种是通过做任务的形式获得优惠券。
- 使用：优惠券状态可分为未使用、已使用、已过期、已取消。

待使用的优惠券可正常使用，成功使用后优惠券状态变为已使用，未在有效期内使用的优惠券状态变更为已过期，退款后的优惠券状态为已取消。

在交易过程中，订单确认页面可以看到优惠券一项已经默认选中符合优惠条件的券，金额相同优先使用先过期的券；当然用户也可以自己选择满足条件的优惠券。如果商家有活动优惠券，也可以在订单确认页引导用户领取。

如图 8-37 所示是用户端 Demo 截图。

图 8-37　用户端 Demo 的截图

7. 效果统计

优惠券促销活动之后，需要对促销活动做有目的的数据统计分析，从而查看活动效果。投入多大成本，带来多大转化率，也就是大家经常提到的"复盘"，便于发现原因、总结经验，持续改进营销策略。以下提供几个统计维度，仅供参考。

- 领取量：指用户成功领取的优惠券数量、具体时间段和面额，不同时间段、不同面额的优惠券领取量不同。
- 领取率：其计算公式为领取率＝已领取总量/发放总量。
- 使用率：其计算公式为使用率＝已使用总量/领取总量。
- 用券总成交额：使用该优惠券的订单付款总金额。
- 优惠总金额：使用该优惠券优惠的总金额。
- 优惠总单量：使用该优惠券的订单数量合计。

- 费效比：其计算公式为费效比 = 优惠总金额 / 用券总成交额。
- 用券笔单价：其计算公式为用券笔单价 = 用券总成交额 / 使用该优惠券的付款订单数。
- 用券老客户：使用该优惠券的老成交客户数。
- 用券新客户：使用该优惠券的新成交客户数。
- 购买商品件数：使用该优惠券购买的商品数量。
- 拉新数：领取过优惠券的用户中，标记为新用户的数量 / 总用户数即为拉新数。

统计分析 Demo 示例如图 8-38 所示。

图 8-38　统计分析 Demo 示例

总结：不同的产品其使用场景也略有不同，只要掌握了最基础的设计思路，必能以不变应万变。不管我们怎么设计优惠券模块，最终的出发点就是一切以业务为基础，以提升公司整体利润和品牌认知度为最终目标。一切脱离业务的产品设计都将毫无价值。

8.6　财务对账模块

各业务线都使用相同的支付组件，所有的支付订单都汇入一个系统，我们称为"交易系统"。在交易系统中，我们除了开发一系列财务统计报表之外，还要解决财务同事与业务线的对账问题，对账工作内容如下。

对账人员：财务出纳、每条业务线分别需要 1 人。

对账频率：每月一次，每次持续 3～5 天。

对账流程：如图 8-39 所示。

VLOOKUP 函数功能比较强大，不仅可以在同一个表格中使用，还可以对两个不同的表格进行匹配查找。关于 Excel 中的 VLOOKUP 函数的使用方法较简单，网上有很多资料，在此不做赘述。对账产出 Excel 样本，如图 8-40 所示。

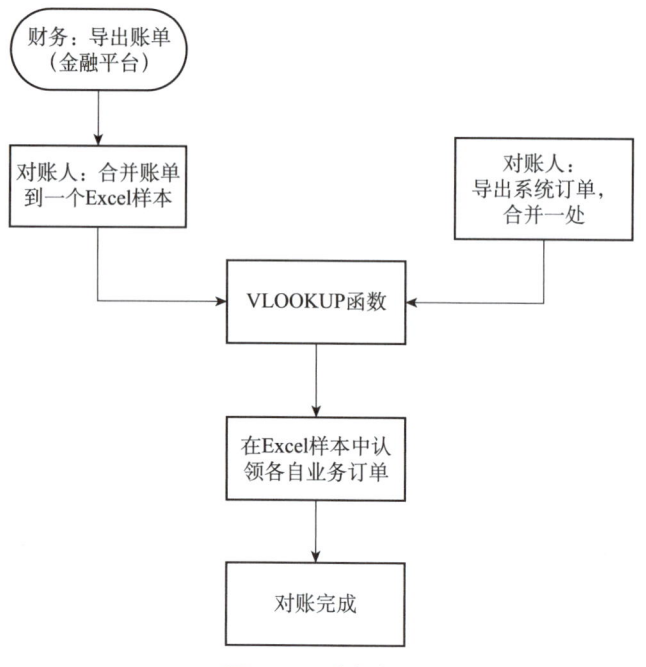

图 8-39　对账流程

图 8-40　对账产出的 Excel 样本

如果有条件，公司也可以通过系统实现，实现思路为：从第三方支付平台（支付宝、微信、银联）获得订单交易信息，然后同步到订单系统，与系统中产品的订单进行对账。我们采用了"业务单号"作为对账的唯一凭证，如图 8-41 所示。对账左侧区域是从第三方支付平台同步的信息，右边区域是各业务线的系统订单汇总。

图 8-41　对账系统

第 9 章 实战"中台"篇

现在中台概念很火,阿里、腾讯、百度、京东、美团、滴滴等一众互联网巨头,接连开始组织架构的调整,意图建设中台。国内的中台兴起,大多是因为阿里巴巴的马云提出的"大中台、小前台"的口号。所以,我们先来看看阿里数据中台架构图,如图 9-1 所示。

赋能小二—数据阿里			社会影响—数据大屏			赋能商家—生意参谋			
阿里数据PC端	阿里数据APP	数据化运营	媒体数据大屏	接待数据大屏	技术大屏	零售电商版	1688版	AE版	CP版 ……

数据资产管理	面向应用及开放->统一数据服务中间件(OneService)	智能数据研发
资产地图	萃取数据中心: 以业务/自然对象+萃取标签为架构构建(OneID体系) 消费者数据体系 | 企业数据体系 | 内容数据体系 | 商品数据体系 | 位置数据体系	数仓规划
资产分析	公共数据中心: 以业务版块+业务过程+分析维度为构架构建(OneData体系) 电商 | 文娱 | 营销 | 物流 | 金融 | 出行 | 社交 | 健康	模型构建
资产管理		指标规范
资产应用		数据同步
资产运营	垂直数据中心: 采集/接入 …… 爬取/采购 淘宝 | 天猫 | 聚划算 | AE | 妈妈 | 优土 | UC | 高德 | 神马 | …… | 天气 | ……	数据开发
		任务调度
		监控告警
计算与储存平台	离线计算 | 实时计算	

图 9-1 阿里数据中台架构图(来源:网络)

| 169

9.1 什么是中台，到底要解决什么问题

2019年，被称为"中台元年"，企业希望通过中台获得未来。中台概念在中国科技界的萌芽最早始于阿里。2014年马云到芬兰参观了手游公司Supercell（Supercell是芬兰的小公司，仅有300名员工，却接连推出爆款游戏，是全球最会赚钱的明星游戏公司。这家看似很小的公司，设置了一个强大的技术平台，来支持众多的小团队进行游戏研发。这样一来，他们就可以专心创新，不用担心基础却又至关重要的技术支撑问题），马云惊奇地发现对方的游戏开发不是以一个个独立的项目组推进的，而是所有游戏共用一个开发平台，这个开发平台被称为"中台"。

回到阿里后，马云提出了"大中台、小前台"战略。其中"大中台"包含两个：一个是业务中台，另一个是数据中台。阿里中台架构如图9-2所示。

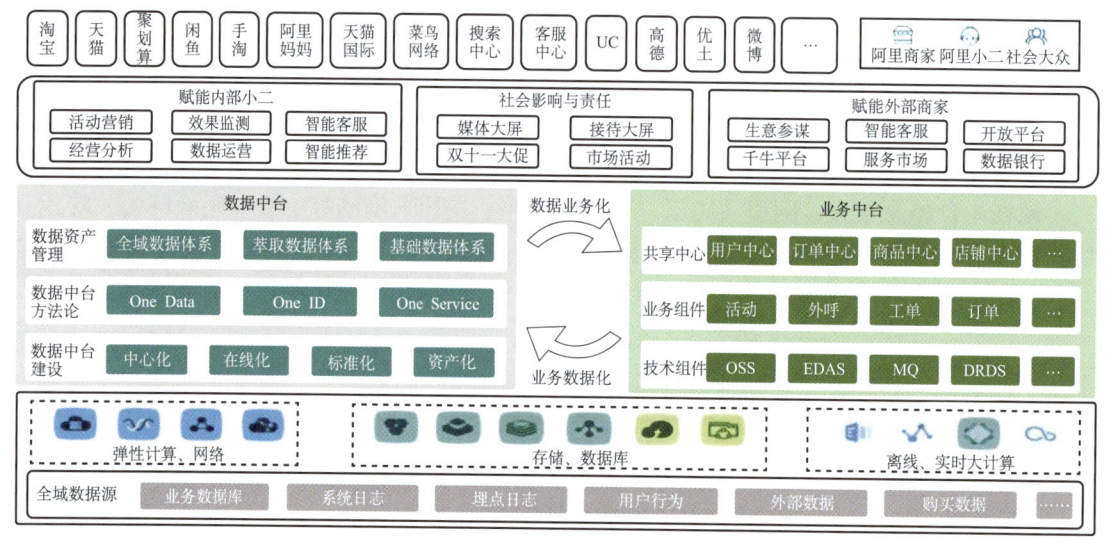

图9-2 阿里中台架构（图片来源网络）

所谓"中台"，其实是为前台而生的平台，它存在的唯一目的就是更好地服务前台规模化创新，进而更好地服务用户，使企业真正做到自身能力与用户需求的持续对接。

下面以两个真实案例，分别介绍"业务中台"和"数据中台"，希望能给大家一些借鉴或启示。

9.2 业务中台：搭建的意义和价值

行业通病

以往的系统开发都采用瀑布式开发模式，瀑布式开发模式最大的弊端就是：开发周期

长、成本高、响应不及时，商业验证迟缓。

虽然现在有些公司声称开始采用敏捷开发模式，但也只属于"半敏捷"。客户需求提出后，依然采用这样的重复循环过程："提出需求—需求调研—需求分析—需求排序—需求评审—原型设计—UI设计—系统开发—联调测试—上线"。敏捷开发 VS 瀑布开发如图 9-3 所示。

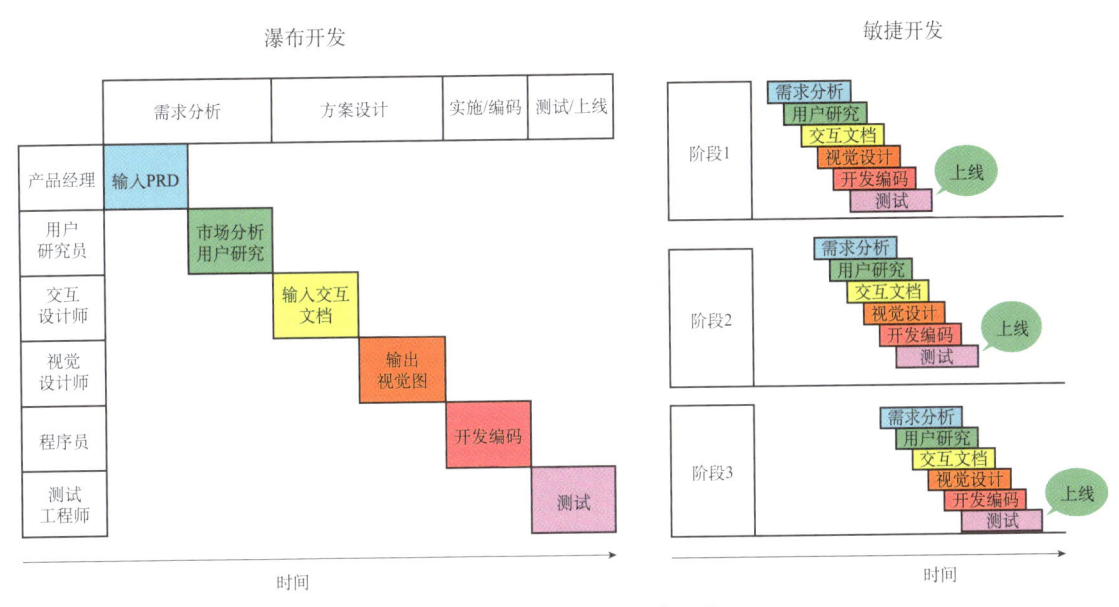

图 9-3 敏捷开发 VS 瀑布开发

业务中台价值

中台在于打破以往瀑布式的建设方法，将系统核心复用的东西规范化、组件化处理，使其容易复用，让前台开发更敏捷，速度更快，而且更标准。即使公司发生了业务改变，底层的一些核心业务也能快速搭建完成，其本质在于提效（业务积木化、功能热插拔）和降本（避免系统重复开发）。

9.3 业务中台：0 到 1 搭建过程

下面以教育公司为例，介绍业务中台从 0 到 1 的建设过程。作为一个中台产品经理，我们需要熟悉公司的各条业务线，找出业务中公共通用的业务，然后将其具象化，形成一个个通用的功能组件，供公司的业务线调用，阿里管它叫作"共享中心"。在共享的时候，要考虑数据源的统一性，用户的唯一性。

9.3.1 梳理各业务线系统功能

首先梳理各业务线系统功能，如表 9-1 所示。

表 9-1 各业务线系统功能

业务线	系统	功能
IT 赛事	大学赛	用户注册登录
		在线报名
		在线缴费
		下载准考证
		参加考试
		查询证书
		证书邮寄（物流）
		发票管理
		消息通知
	少儿赛	注册登录
		报名管理
		订单管理
		参加考试
		发票管理
		成绩查询
		……
1+X 职业（Java）	1+X 管理	注册登录
		在线缴费
		下载准考证
		成绩查询
		参加考试
		证书邮寄（物流）
IT 培训	学员管理	注册登录
		活动签到/抽奖
		在线缴费
		订单管理
		在线签到
		在线考试
		财务统计
		教学统计

通过上面的梳理结果，大家应该看到有很多相似的功能，这些功能就是我们要整合的。我们对模块的复用次数进行了统计，如表 9-2 所示。

表 9-2 模块统计

序号	原始产品线	模块	复用次数	复用业务线
1	大学赛系统	订单管理	7	大学赛系统，少儿赛系统，学员管理系统，1+X 管理，微课系统，云课堂，蓝桥社保
2	学员管理系统	注册登录	10	大学赛系统，少儿赛系统，日本赛系统，1+X 管理，微课系统，招聘系统，社保系统，云课堂系统，电子合同系统……
3	云课堂	消息通知	6	大学赛系统，少儿赛系统，1+X 管理，招聘系统，云课堂系统
4	招聘系统	签到	2	学员管理系统，1+X
5	……	营销中心	……	……

根据表 9-2 我们可以很清晰地看到复用次数越多就代表着其优先级与重要程度越高，可以让业务中台部门优先开发。通过这个方法，我们也可以规范业务线的自主开发内容，避免出现中台建设业务线内部另起炉灶的现象。

9.3.2 找到核心业务流程

如何根据现有业务建设一个通用模型，以便支持不同的前台？通用模型的建设在本质上是为全公司业务建设一个通用流程，而不是简单地将业务线中公共需求模块进行堆叠，也只有这样才能让中台的边界可控，所以通用模型的建设方法就是从企业业务出发去设计一个大体的模块框架，其承载的是我们的核心业务流程。就像面对一棵大树一样，业务中台负责的只是整个躯干的维护，而具体的树叶的维护由各条业务线完成。

接下来我们需要做的是以用户视角找到公司不同业务的使用流程，对各条业务线依次进行任务程序化、业务线子流程定义，接着在这些分析结果的基础上整合出一个通用业务流程。比如，某公司是一家做教育培训的公司，用户的流程是：学生报名缴费→考试领证。我们分别绘制功能流程图，然后进行合并，得到最终的业务通用模型。经过整理我们将一般的教育培训流程定义出如图 9-4 所示节点。

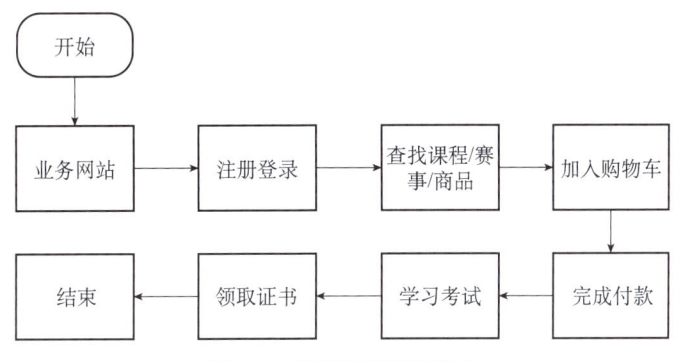

图 9-4 教育培训流程节点

从图 9-4 中我们可以整理出三个环节，分别是报名前、报名中和报名后。然后根据核心流程图，绘制标准业务框架，如图 9-5 所示。

| 173

图 9-5 标准业务框架

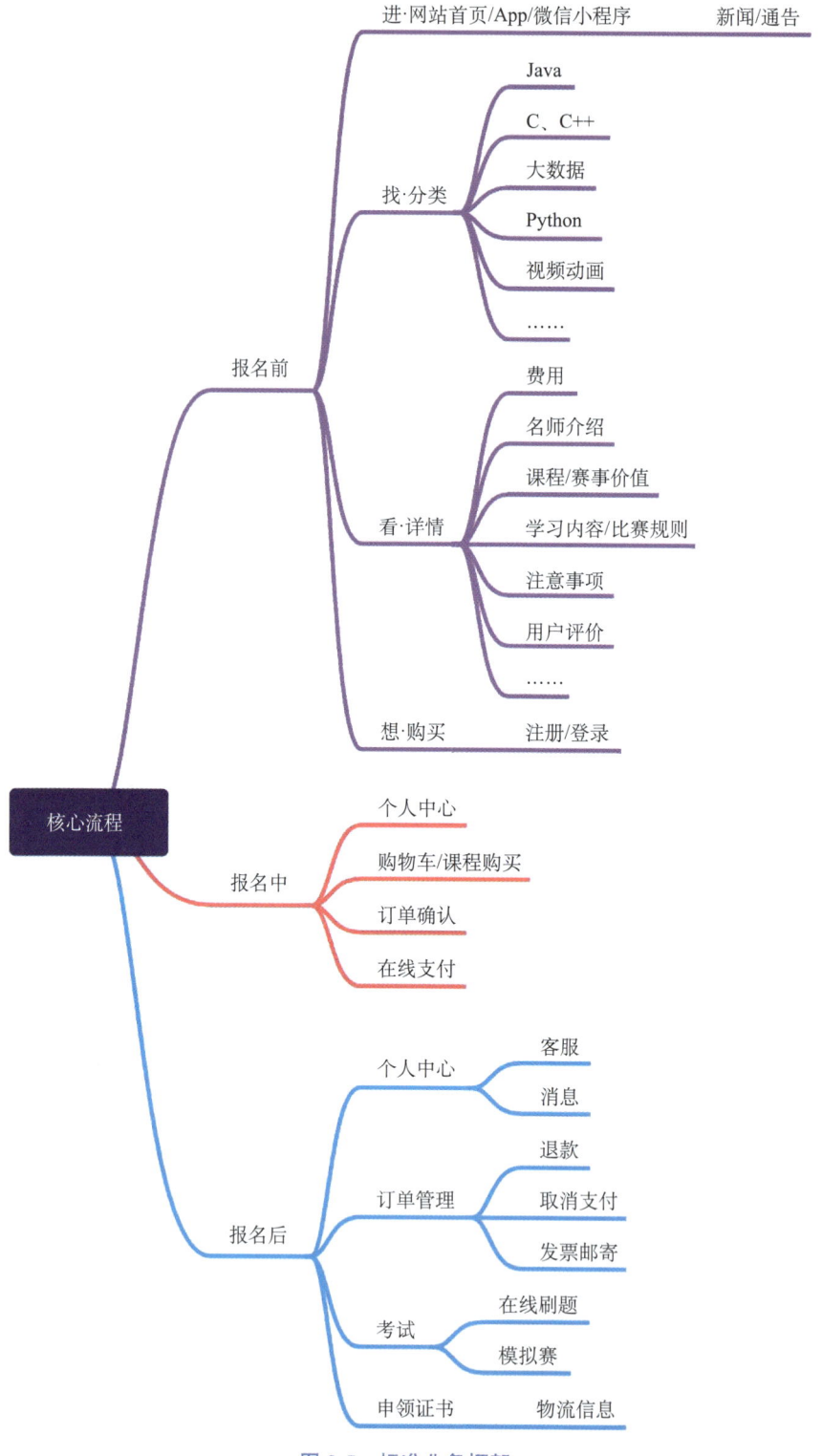

核心流程

- **报名前**
  - 进·网站首页/App/微信小程序 — 新闻/通告
  - 找·分类
    - Java
    - C、C++
    - 大数据
    - Python
    - 视频动画
    - ……
  - 看·详情
    - 费用
    - 名师介绍
    - 课程/赛事价值
    - 学习内容/比赛规则
    - 注意事项
    - 用户评价
    - ……
  - 想·购买 — 注册/登录

- **报名中**
  - 个人中心
  - 购物车/课程购买
  - 订单确认
  - 在线支付

- **报名后**
  - 个人中心
    - 客服
    - 消息
  - 订单管理
    - 退款
    - 取消支付
    - 发票邮寄
  - 考试
    - 在线刷题
    - 模拟赛
  - 申领证书 — 物流信息

图 9-5 标准业务框架

根据标准业务框架，我们可以梳理出几个中台组件，分别是个人中心、课程/赛事中心、支付中心、订单中心、考试中心、物流中心、客服中心、消息中心，具体功能如表 9-3 所示。

表 9-3　中台组件及描述

序号	中台组件	描述
1	个人中心	1. 承载不同业务线的用户注册信息，包括 C 端和 B 端 2. 对于 B 端的用户，我们需要在用户中心增加子模块"B 端认证管理"，提供 B 端注册和信息完善服务，为整个公司提供统一的认证服务，提供多种方式的验证 3. 给不同业务线提供通用唯一标识符（UUID），从而使整个公司都可以识别出该用户，UUID 就类似于人的身份证，不管以后你如何变化户口，只要你的国籍属于中国，你的身份证号码就会伴随终生
2	课程/赛事中心	1. 接收来自赛事、课程等的商品信息，提供商品基本信息介绍录入 2. 提供 SKU 等添加管理功能 3. 为物流、库存提供数据回传
3	支付中心	1. 提供多种支付方式：支付宝、微信、银联、对公转账 2. 为订单、已购商品提供数据回传 3. 在订单支付成功后向发票发出指令
4	订单中心	1. 管理订单状态：待付款/超时/取消/完成/关闭 2. 记录订单详情内容
5	考试中心	1. 接收来自各个业务线的考试申请信息 2. 考试中及考试结束后，对考试成绩进行数据回传
6	客服中心	1. 通过对中台用户进行电话回访的方式实现运营推广 2. 管理用户售后需求 3. 监控用户反馈进度 4. 处理售前服务 5. 承接用户咨询服务
7	物流中心	
8	消息中心	

我们可以将以上的中台组件拆分为公共模块与功能点，得到开发大纲，如表 9-4 所示。

表 9-4　开发大纲

核心能力	公共模块	功能点
个人中心	用户管理	身份识别
		会员管理
		账户存储
课程/赛事中心	商品管理	课程/赛事编辑
		课程/赛事属性
		课程/赛事搜索
		课程/赛事类型
		课程/赛事规则
		课程/赛事注意事项
		课程/赛事评价

（续表）

核心能力	公共模块	功能点
交易中心	订单管理	订单列表
		对账管理
		提现管理
		异常订单标记
	支付中心	支付方式：支付宝、微信、银联、对公转账
		支付配置
客服中心	客服管理	客服列表
		消息管理
	服务管理	角色权限
		系统设置

至此，可能大家有一个疑问：大赛业务与培训业务的商品信息不一样，中台如何进行统一存储呢？答案就是"中间件"。从产品角度来说，中间件就是一个公共模块，提供不同的业务系统前台调用功能，比如报名信息，它在功能上和业务线中的会员管理没什么区别，只是中台研发可以让不同业务线接入，使其余业务线中不需要再单独开发，同时也为后面的数据中台建设提前将各业务数据汇聚到一起，如图9-6所示。中台信息截图如图9-7所示。学员管理系统报名信息截图如图9-8所示。1+X系统报名信息截图如图9-9所示。

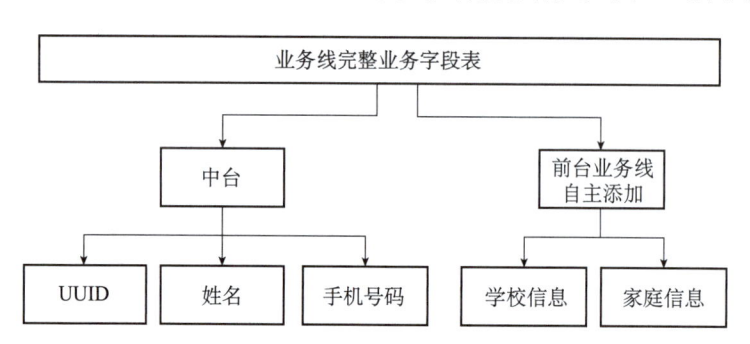

图9-6 业务线完整业务字段表

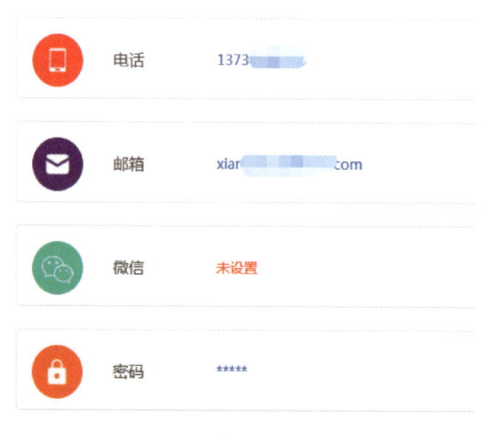

图9-7 中台信息截图

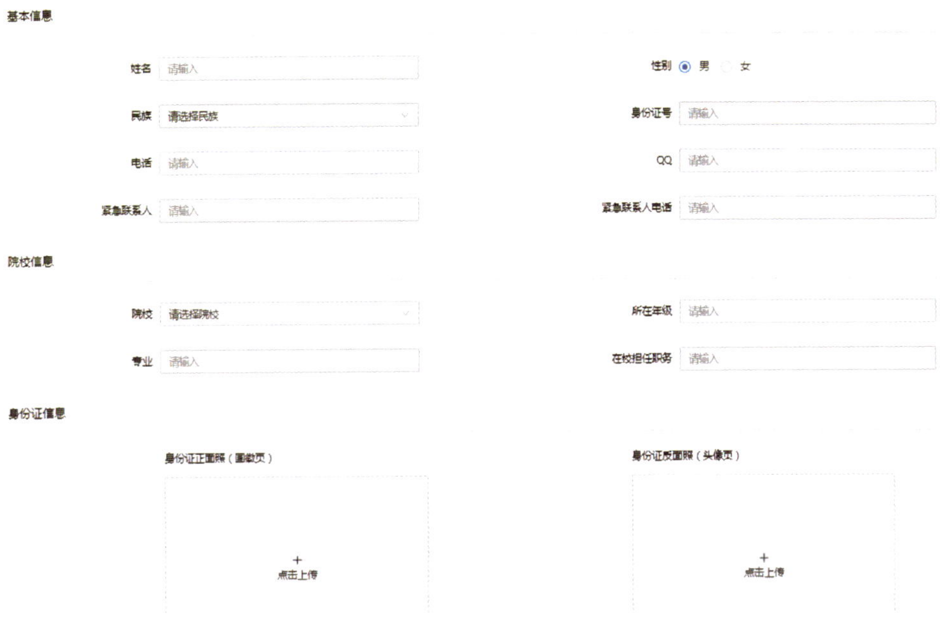

图 9-8 学员管理系统报名信息截图

图 9-9 1+X 系统报名信息截图

这个时候对于前台业务来说，当我们需要个人信息模块时，只需要接入中台的个人信息模块，并在中台会员模块基础上根据自己的业务扩充数据字段。这样既可以享受中台会员模块所有的功能，比如新增、删除、修改，又可以通过存储在前台业务线中的会员业务数据实现在当前场景下的会员特殊功能，这就是中间件的设计核心。

同样类似的还有"交易中心"组件，业务中台定义出一个完整的将订单内容再分发给不同业务线的不同业务模块的基本流程，而具体内容的展示采用哪种形式就不需要业务中台去管理了，而是由前台业务线自己定义维护，中台只负责提供交易订单和数据。

9.3.3 对接后台

到目前为止，我们已经将中台的服务体系设计完毕了，我们要处理的最后一大项任务就是让中台与原有的后台系统进行对接。先看一个目前已经有的几个后台系统，如表9-5所示。

表9-5 几个已有后台系统及描述

序号	系统名称	描述
1	大赛系统	负责学生报名缴费，模拟赛、线下考试，评奖，申领证书的信息管理
2	1+X（Java）系统	负责学生报名缴费，参加线下考试，补领证书等信息管理
3	跨境电商培训系统	负责学生报名缴费，参加在线考试，补领证书等信息管理
4	学员服务系统	负责学生报名缴费，参加在线考试，邮寄证书等信息管理

在没有中台的时候，各个业务部门各条业务线都各自为战，大赛有自己的一套完整的报名考试解决方案，学员管理系统也有自己的单独报名考试系统，1+X也有自己的报名考试系统，之前各个系统都是信息孤岛，没有任何关联。

下面我们需要将参与前台调用的数据通路转至业务中台，由业务中台实现前后台对接。我们来看中台介入后的新的调用关系，如图9-10所示。

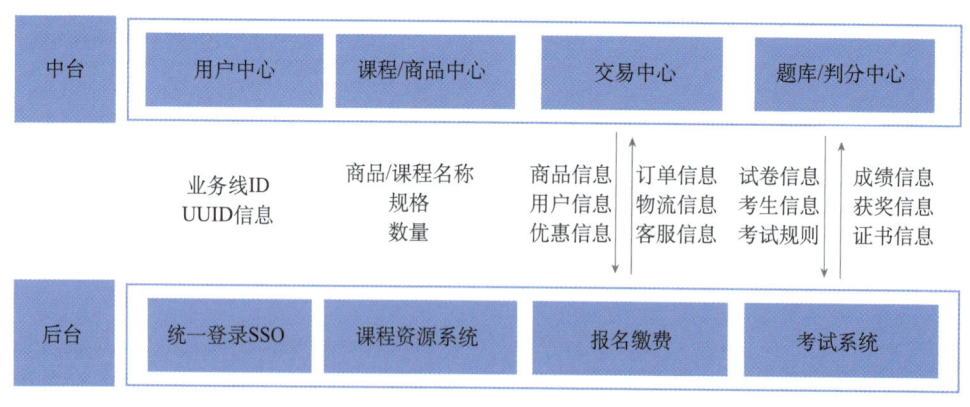

图9-10 中台介入后的新的调用关系

在对接的过程中，我们一般通过下面三种方式进行调用。

- H5接入：适用于业务使用方希望在自己开发的网页中让用户完成操作的场景，一般封装为带有页面的形式。
- SDK接入：SDK相当于开发集成工具环境，API就是数据接口。在SDK环境下调用API数据，实际上SDK包含了API的定义，API定义为一种能力、一种接口的规范，而 SDK 可以包含这种能力和规范。但是 SDK 又不完完全全地只包含 API 及 API 的实现，它是一个软件工具包，它还有很多其他辅助性的功能。
- API 接口调用：API 是前端调用后端数据的一个通道，就是我们通常说的接口，通过这个通道，可以访问到后端的数据，但是又无须调用源代码。

9.3.4 最终业务中台架构

我们绘制出了最终的业务中台架构，由业务中台负责提供核心流程的处理，并将具体业务数据与处理结果返回给前台，由前台业务线负责具体展示形式，如图 9-11 所示。

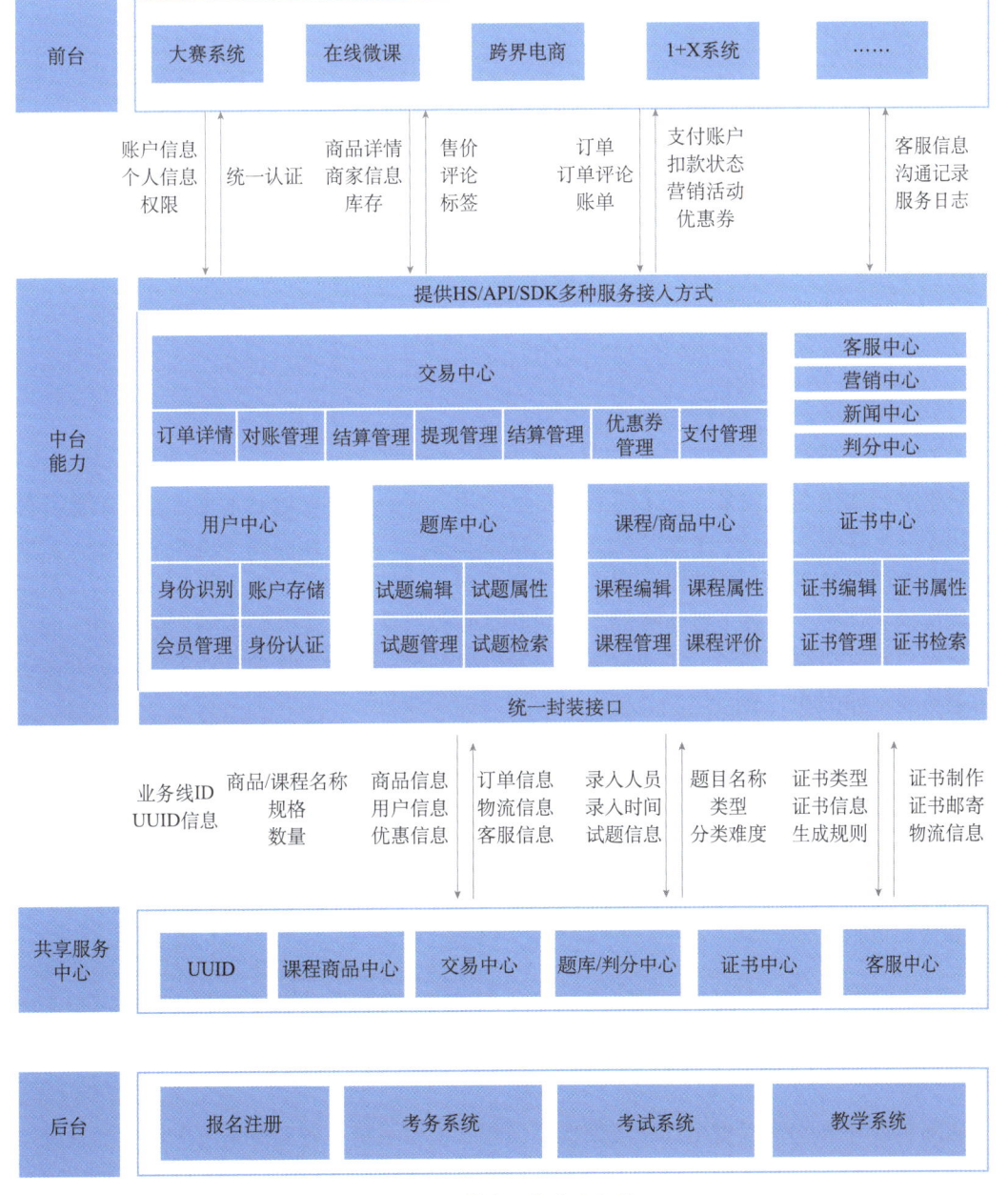

图 9-11 最终业务中台架构

9.3.5 中台实施部署建议

系统的实施上线是一个系统性的工作，不仅要与合作厂商合作协调，还要考虑公司内部的跨部门合作，牵涉业务部门较多，需综合考虑其风险。我们当时采用的是"新旧系统并存，平滑过渡"的策略。在此提供几点不同架构部署的建议，供大家参考。

建议1：平滑过渡

平滑过渡也就是灰度发布，比如新版本的发布，从1%的用户开始，慢慢推到2%、5%、10%、50%，甚至扩大到全体，以此应对可能的突发状况，并给用户更多的接受改变的时间。

建议2：逐步上线

试探性地先放出几个产品模块，待效果得到验证后再陆续上线其他中台模块。

建议3：新旧并存

为原有系统按照中台标准新增接入接口，并保留原接口，两套接口模式并行在很大程度上可以降低风险，还可以监控不同架构的数据。

9.4 业务中台实战实例：交易中心

下面以某教育公司为例，公司赛事种类较多，之前分散于不同的业务部门，独立核算，几个赛事部门属于竞争关系，都不愿意把自己的用户和资源共享给其他平台。当某业务部门又开拓了一个赛事，需要一个系统来支撑，就会发现全部的工作需要再重新来一遍，之前的几个报名考试系统建设产出并没有得到积累和重用，建设周期长，人力投入成本高。经过中台组织架构的调整，打破了各业务部门之间共享资源的壁垒，提升数据资产的价值，成立了用户运营部和支付结算部门，实现运营用户和支付的统一管理，让前台业务部门更专注于业务营销拓展，如图9-12所示。

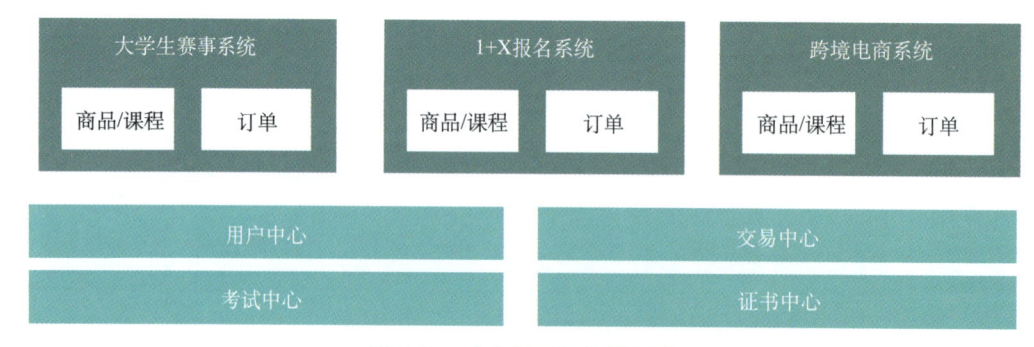

图9-12 中台组织架构的调整

从图9-12中我们可以看出，系统架构上出现了前台系统（各赛事系统）和中台系统（用户中心、交易中心、考试中心、证书中心）。不管是哪个系统，都会使用报名缴费功能，也就是我们提到的交易中心。所以我们把交易中心做成一个公共功能模块，供公司的各条业务线来调用，如图 9-13 所示。

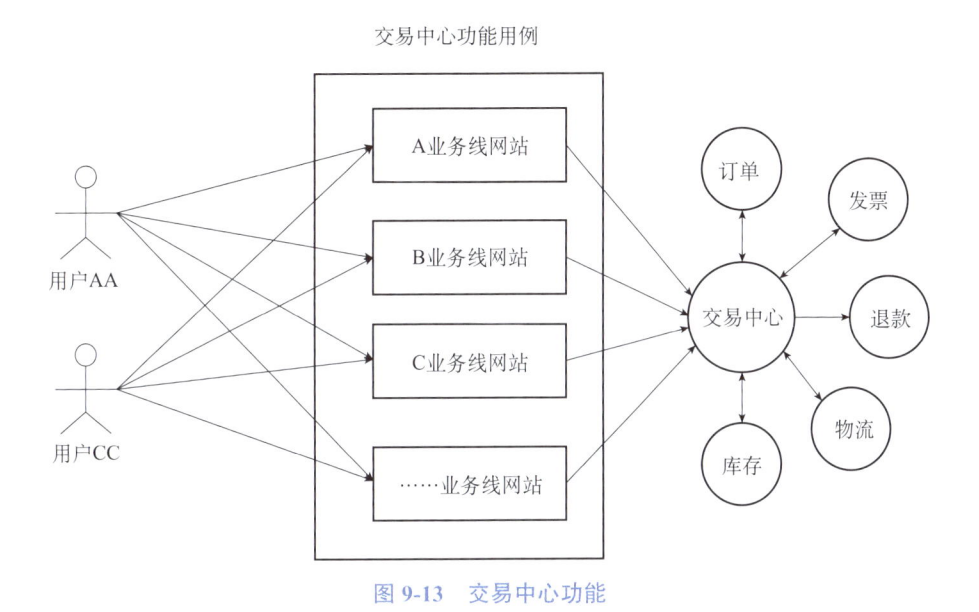

图 9-13 交易中心功能

（1）根据业务中台架构绘制一个学生报名缴费的业务时序图，如图 9-14 所示。

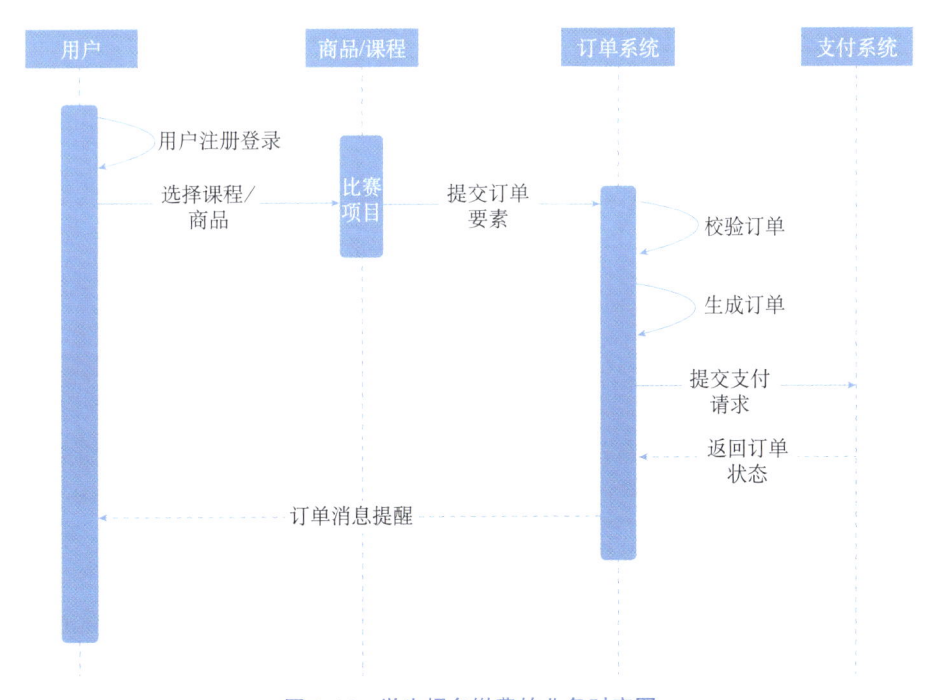

图 9-14 学生报名缴费的业务时序图

（2）绘制后台功能结构，如图 9-15 所示，核心功能就是各个业务线的订单相关业务，比如：订单状态、退费、发票、订单异常等。

```
                          ┌── 业务1
              ┌── 业务线 ──┼── 业务2
              │           └── 业务……
              │
              │           ┌── 检索条件
              │           ├── 订单列表 ── 订单详情
              ├── 订单管理─┤
              │           ├── 操作 ── 详情
              │           └── 导出
              │
              │                        ┌── 电子发票
              │           ┌── 发票类型─┤
              │           │            └── 纸质发票
    交易中心 ─┤           │
              ├── 发票管理─┼── 检索/导出
              │           ├── 订单列表
              │           │            ┌── 开票
              │           └── 操作 ────┤
              │                        └── 同步（对接金蝶）
              │
              │           ┌── 检索
              ├── 退费管理─┼── 退费列表
              │           └── 操作 ── 确认退费
              │
              │           ┌── 系统异常订单
              └── 异常订单─┤
                          └── 标注异常订单
```

图 9-15 后台功能结构

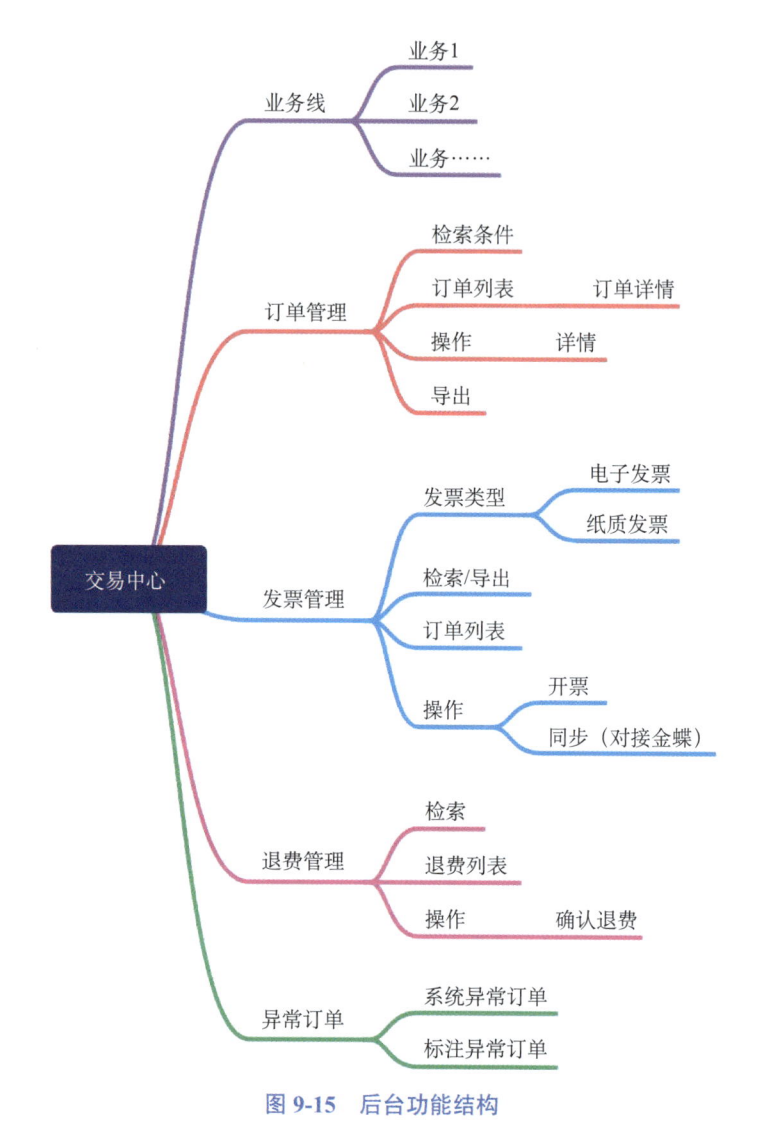

（3）后台页面信息图如图 9-16 所示。不同角色的管理人员配置不同权限，主要有账户管理、支付配置、财务对账等。

（4）原型页面。交易中心后台界面，主要模块有账户管理、支付配置、学员管理系统（订单管理、发票管理、退费管理、异常订单、统计等）、对账单等模块，如图 9-17 所示。

支付配置页面：交易中心的"支付配置"提供了 N 种不同的支付方式，各条业务线可以根据自己的业务实际情况，选择合适的支付方式，如图 9-18 所示。

对于转账支付方式现在比较流行聚合支付，很多金融机构都在做，有成熟的解决方案。金融机构大致的流程是"配置金融产品—合作商入驻—选择配置的产品—输入外部系统编号—完成入驻—发起上线申请—上线完成生产验证"，合作机构需要提供三点：一是密钥，公钥给银行，私钥自留；二是出口 IP 地址；三是参数按照金融机构的生产配置。

订单页面如图 9-19 所示。

第 9 章 实战 "中台" 篇

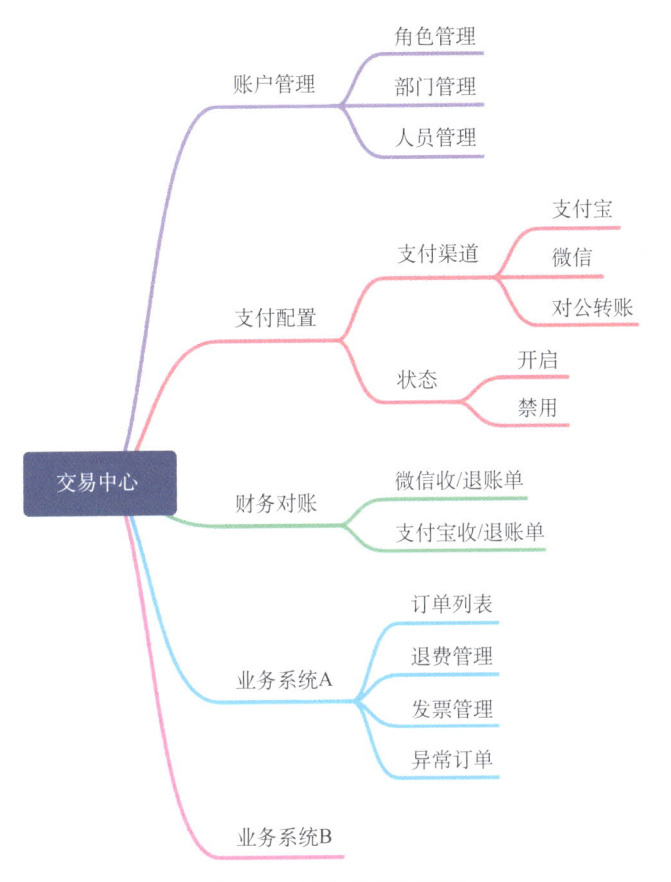

图 9-16 后台页面信息图

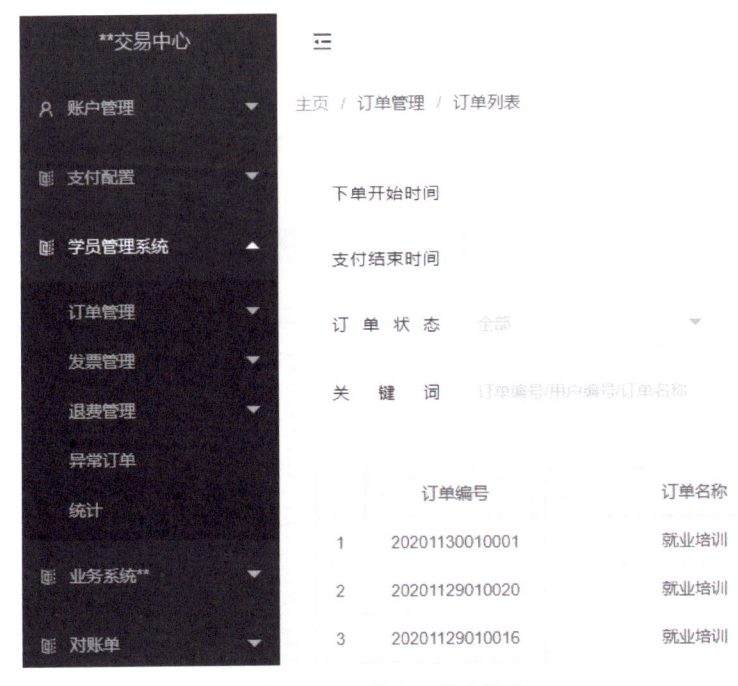

图 9-17 交易中心后台界面

| 183

图 9-18　支付配置页面

图 9-19　订单页面

发票管理页面：发票管理页面可以与第三方（百望云、用友等）合作，基本都支持移动扫码开票、预约开票，开票提供标准接口供外系统调用。这样就可以实现发票系统与企业各业务、财务系统对接，实现高效协同，降低企业内部沟通成本，如图 9-20 所示。如果有客户需要纸质的发票，可以通过邮寄的方式送达，用户在订单详情页输入快递单号，就可以实时查看快递状态。

图 9-20　发票页面

退费管理页面：退费是公司运营中不可缺少的一部分，如图 9-21 所示，退款有支付宝退款、微信退款、对公转账退款、部分退款和全额退款等几种。有时候退费会影响到订单页面，比如：一个订单支付了 10 个学生的费用，共计 500 元，现在有 1 个学生不能参加考试，需要退费 1 人 50 元。当然还有另一种简单的解决办法，那就是通过赠送积分/金币/豆豆或发红包等形式来实现退费。

	退款编号	订单名称	订单编号	费用名称	用户编号	支付方式	订单金额	操作
1	1875	培训费	20200723010002	培训费	1000592	微信支付	0.01	详情
2	1876	会议费	20200716010005	会议费	1120365	微信支付	1800	详情

图 9-21 退费页面

异常订单页面：异常订单主要针对一些走特殊流程的学校，正常情况是先报名缴费后考试，但是有一些学校由于对公转账审批时间较长，为了不耽误学生考试，需要考试结束后才能付款。这时候我们就可以在后台把待支付的订单标注为"异常"，学生就可以参加考试了，如图 9-22 所示。

	订单编号	订单名称	项目名称	购买者	订单总金额	操作
1	20200707010001	(学校名称)12月报名费	报名费	1115709 (演示账户)	1800	✎ 取消异常

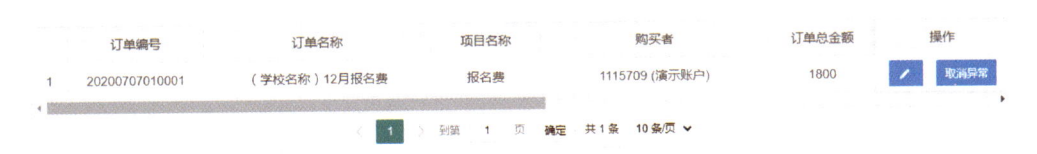

图 9-22 异常订单页面

统计页面：根据业务需求，进行多角度、多维度的报表分析，为企业决策提供有效支撑，如图 9-23 所示。

图 9-23 统计页面

对账单页面：财务对账是交易中心特别重要的一个环节，俗称"钱找人"，就是根据各支付平台的订单信息，寻找各个业务线中的学生缴费信息。所以我们需要把支付宝/微信/银联的后台商家订单汇总到一起，然后通过唯一 ID 与交易中心下的所有业务线订单进行匹配，如图 9-24 所示。

图 9-24 财务对账页面

9.5 数据中台：搭建目标和价值

数据中台的使命是利用大数据技术，通过全局规划来治理好企业的数据资产。数据资产管理平台提供数据集成、数据开发、数据模型、数据服务等功能，是企业业务知识沉淀和数据中台化结合的最佳实践，帮助企业客户快速构建数据运营能力。数据中台一旦建成并得以持续运营，其价值将随着时间的推移呈指数级增长。数据中台最核心的价值就是 data API，它提供一个一个的可以复用的数据标准。数据中台使前台更智慧，当然它也可以加快前台的开发速度，但它更重要的作用是使前台更智慧。数据中台的终极价值是赋能业务、降本增效，帮助企业实现战略规划。

我们创建数据中台的目的是更好地服务公司各个业务部门，我们希望以数字化的方式驱动公司业务的发展，实现公司的战略规划。建设中台的成本是很大的，如果在短期内看不到任何效果，参与项目的技术部门、业务部门、运营部门，甚至公司高层都会对后续建设缺乏信心，所以我们采取快速迭代、快速见效的方式。下面给大家介绍两种快速见效的案例。

9.6 数据中台：架构搭建过程

目前市场上有很多厂商已经研发出成熟的中台解决方案的相关产品，我们采购过来进行拼接组合，就像搭积木一样，快速搭建自己的数据中台。下面站在技术角度梳理数据中台架构的组成部分。

9.6.1 数据采集

数据中台一般采集三种数据：一是用户信息，二是功能数据，三是业务数据。
- 用户信息：是建立用户画像的数据基础，也是产品分析的基础数据。
- 功能数据：检验功能受欢迎程度。
- 业务数据：主要分析业务转化情况和页面访问路径，是建立业务漏斗转化模型的基础。

采集工具有很多，这里给大家推荐几个第三方工具：神测数据、诸葛 IO、GrowingIO、友盟、Talking Data、百度统计。这些工具官方都有介绍及操作说明，此处不再赘述。在采集数据之前，产品经理需要做两件事：统一数据标准和统一数据规范。

1. 统一数据标准

具体来说，大数据部门做的第一件事情是在全公司建立统一的数据标准和数据规范，不管是哪个子公司和业务部门，都要用同一套数据标准。

如何进行数据标准建设？可以参考阿里巴巴集团提出的"OneModel"，在阿里云栖社区上的一篇文章《OneModel 体系能给数据中台的建设带来什么？》中是这样描述 OneModel 的：OneModel 方法论保障了数据唯一性的数据域、业务过程，以及在数据域、业务过程之下的指标、实体属性等的结构性封装、命名和定义。数据规范定义是在开发之前，以业务的视角进行数据的统一和标准定义，确保计算口径一致、算法一致、命名一致，后续的数据模型设计和 ETL 开发都是在此基础上进行的，OneModel 可以说是为数据标准化而生的。

首先，数据模型的标准化。规范和统一业务定义、业务规则、字段命名、字段长度、字段类型等内容，本质上是元数据管理，主要包含三个方面：①业务元数据：对企业数据的业务定义、业务术语、业务规则进行标准化；②技术元数据：对数据的存储位置、数据模型、数据库表、字段长度、字段类型、ETL 脚本、SQL 脚本、接口程序、数据关系进行标准化；③管理元数据：对数据的管理属性，包括管理部门、管理责任人、权限等进行标准化。后续的数据采集、处理、分析等操作都是基于数据模型标准化的基础之上进行的。

其次，业务指标的标准化。主要是对企业业务指标所涉及的指标项的统一定义和管理，构建命名规范、口径一致和算法统一的统计指标，为上层数据产品、应用和服务提供公共指标。阿里巴巴公共数据平台负责人介绍，阿里巴巴通过对 30000 多个数据指标进行了口径的规范和统一，梳理后缩减为 3000 余个，尽管工程浩大，但是此举却为阿里巴巴带来了显著的收益。

2. 统一数据规范

在数据标准统一之后，我们开始建立统一的数据规范。数据规范是什么意思？数据从客户端及服务器发送到我们的大数据平台，看似对数据进行了统一管理，但实际上由于不同部门的数据格式不尽相同，数据本身并未统一。所以为了让各个业务线创建的数据指标是唯一的，需要建立统一的数据指标，数据指标有三个要素，分别是原子指标、时间周期、其他修饰词。例如，业务方提出的需求是：公司第三季度赛事类的成交额。而实际上，这个指标在规范定义中，应该结构化分解为：

原子指标（支付订单金额）+ 时间周期（7月/8月/9月）+ 其他修饰词 - 业务线（IT赛事）

有了数据指标后，就可以创建一条业务线，其他所有业务线都可以直接使用，不再重复创建，从而实现数据的规范化，也有利于数据统计，比如新增用户、DAU、MAU 等。根据不同的业务线也会有一些特殊指标，整个过程只需要将 SDK 植入业务线即可完成。

9.6.2 数据存储

在数据采集中，建议使用 DataX 和 Sqoop 相结合的方案，采集过后的数据，可以从 MySQL 中导入各种数据仓库里面。数据仓库要采用可扩展的客户数据结构，可通过免开发的方式自由定义客户数据模型，满足企业需求。存储引擎都基于 Hadoop 的 HDFS 分布式存储，在 HDFS 上分别搭建 Hive、HBase 作为存储数据库。

在数据计算这一层，可采用 Shark、Spark 及 Spark SQL、Flink、Spark MLlib 等计算框架，不停地吞吐大量数据，尤其是 Spark 及 Spark SQL 在批处理方面拥有出色性能的成熟技术方案，适合大部分的离线处理场景。

9.6.3 数据打通

为了实现资产增值，我们需要打通各业务线的用户数据，同一用户可以在企业多个渠道或品牌留下数据，需要根据身份标识"One ID"汇总合并多样的数据。数据经过整理和合并后，统一进入 CDM 客户数据平台（Customer Data Platform），分析服务创建好后生成 API 接口或交互界面，具体业务系统或业务人员即可调用或通过界面系统操作使用该服务，然后根据不同的行业特征和算法模型进一步挖掘完成从"数据到信息到资产"的过程。比如：通过 Web UI 的查询 SQL 执行工具，让业务人员能够轻松写出数据查询请求；开源可视化工具可以让业务部门自助可视化报表分析。

9.6.4 数据使用举例

通过 OneModel 数据资产构建 +OneID 实体打通和画像 +OneService 逻辑化服务，我们打通了业务系统数据，形成了一份完整的用户画像，并存储在 DMP 中。很多公司把"数据管理平台"叫作"DMP"，英文全称为 Data Management Platform。DMP 旨在以用户为视角，着眼于现在与未来，将所有当前及未来可能收集到的客户标签都纳入其中，形成完整的客户360°画像模型；通过采集企业内部数据（如销售、售后、水平事业、官网、微信、App 等）与外部数据（BAT、银联、垂直媒体等），达成"1+1>2"的效果。DMP 除了用户画像，还有标准 API 接口和可视化工具。

下面举两个数据中台使用实例：京东、滴滴。

1. 京东

京东数科"深海大数据平台"如图 9-25 所示，在 JD Discovery-2020 京东全球科技探索者大会上，京东集团旗下的京东零售 CEO 徐雷、京东物流 CEO 王振辉、京东数字科技集团 CEO 陈生强同台亮相。在他们的演讲中，都提到了一个新的技术商业发展趋势：数字化和智能化技术正在从底层改变商业和城市的发展。京东建设数据中台已经有很多年了，早在 2018 年度京东商城表彰大会上，京东 CEO 徐雷就提及：大中台将是京东商城永不停歇的超级引擎！京东作为电商购物网站平台，数据平台支撑的业务主要体现在通过人工智能算法分析用户喜好及各种需求，进行面向客户的产品创新和精细化运营。

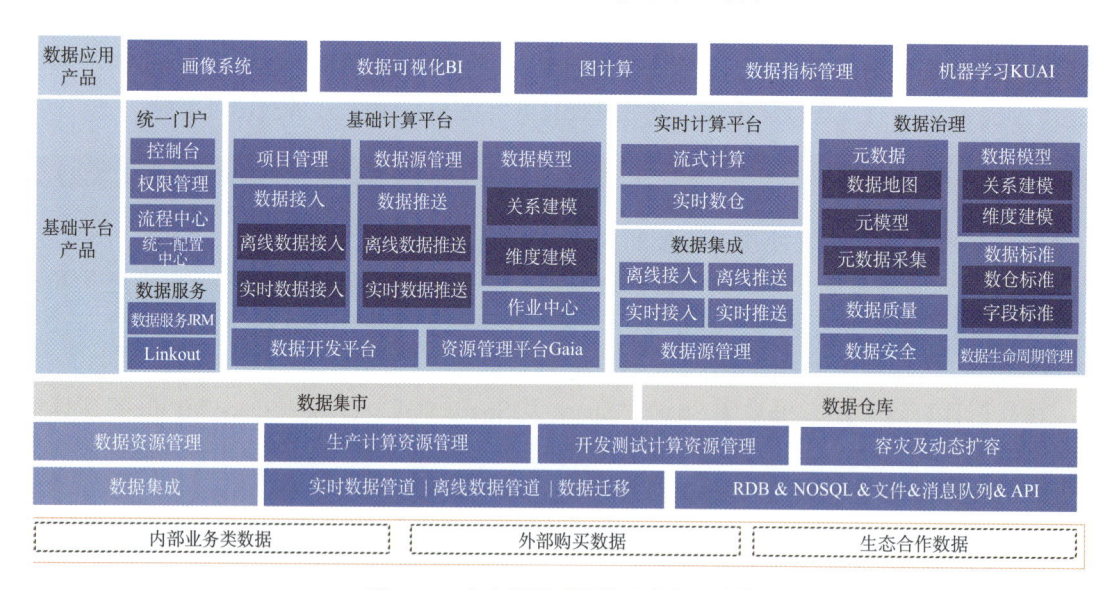

图 9-25 京东数科"深海大数据平台"

- 智能客服：京东智能客服能够识别出 7 种不同的用户情绪，在 1 分钟内回答 9 万个问题。
- 智能识评：通过自然语言分析评论的情感倾向，根据用户评论的正 / 反向判断推荐的商品。

- 智能推荐：依托数据中台整合用户、交易、商品、商家等数据，基于数据算法模型，建立用户画像，帮助品牌洞察用户，实现千人千面的精准推荐，有效提升转化效果。
- 智能补货：动态商品价格预测模型，根据供需数据、季节性数据及特殊事件的预测推荐商品价格。
- 智能 BI：Data+AI 助力提升零售企业实时获取第一手商情的能力，掌握流行趋势，帮助企业挖掘数据价值，京东商智就是数据中台对商家业务的运营支撑。

2. 滴滴

滴滴数据系统组成如图 9-26 所示，滴滴的数据中台使用详情如下。

- 其内部动态价格调整模型，根据供需关系、短期／长期效益进行实时价格调整。
- 提供各种预测模型，向司机提示搭乘需求高发点，对集群资源进行预测以降低开销。
- 大规模实时数据可视化，为城市运营人员提供决策依据。
- 提供数据模型训练自动驾驶，模拟城市车辆、行人移动情况，各交通路口的真实状况。

滴滴数据系统组成

- 自助式自服务
- 高效率全方位
- 全链路能力覆盖

数据服务					
业务分析 ·应用埋点 ·运营分析	产品优化 ·AB Test ·地理围栏	营销服务 ·用户分层 ·标签画像	流程优化 ·业务根因	财务管控 ·多级管控 ·财务根因	CXO仪表盘 ·移动App

数据资产			数据赋能	
DataGraph ·OneSearch ·数据字典 ·数据图谱	DataRank ·资产价值分 ·资产归属 ·资产优化	数据建设 ·数据全链路 ·分级保障 ·数据治理	自助查询 ·协助模板 ·查询加速 ·数据API	可视化分析 ·交互分析 ·报表、仪表盘 ·Notebook

数据研发		数据中间件	
开发工作台 ·数据开发 ·数据测试 ·数据发布	数据质量 ·监控 ·告警 ·运维	数据通道 ·实时采集 ·批采集 ·Binlog采集	DataHub ·Kafka ·ES

数据架构		
实时计算 ·Flink ·Woater ·Druid	Hadoop体系 ·Hadoop ·Hive ·Spark	Key-Value & OLAP ·HBase ·Presto ·Clickhouse

图 9-26 滴滴数据系统组成（图片来源：滴滴工程师张茂森）

以上抽取了几点比较有代表性的内容，滴滴在 2016 年就组建了自动驾驶团队，一直在做自动驾驶业务，所以也会使用数据来训练自动驾驶，这就是滴滴数据中台架构对业务的支撑。

9.7 数据中台实战案例：标签营销

1. 业务场景介绍

某教育公司不仅仅有 IT 赛事、线下培训、云课堂业务，还有人才外包的业务，每年到春秋招聘旺季，就开始为企业全网搜罗各种各样的人才。在寻找人才的时候，如何在现有的公司人才库中检索出符合条件的简历，就成为人才外包部门的一个刚需痛点。

2. 业务部门需求描述

我们先看一下业务外包部门的人才需求：

> 【北京】Java高级研发工程师/技术专家 30～60k·18 薪
> 岗位描述：
> 1. 负责公司 BPMS 平台和应用的研发工作。
> 2. 按照产品计划，按时提交高质量的代码，完成开发任务。
> 3. 学习和研究新技术以满足产品的需求，对产品提出改进建议。
> 4. 规范和文档的编写、维护。
> 任职要求：
> 1. 3 年以上 Java 开发经验，数学、大数据相关专业本科及以上学历，年龄不超过 35 周岁。
> 2. 熟练使用 Java 语言，熟练掌握面向对象设计方法，熟悉 JVM 原理，了解主流框架（SpringMVC、Spring Boot、Spring Cloud）。
> 3. 熟练使用 MySQL，对 NoSQL 数据有一定了解。

通过上面的职位描述，我们非常清楚人才外包部门的招聘画像是：

- 专业：数学、大数据技术及应用。
- 编程语言：Java。
- 年龄：35 周岁以下。
- 技能：JVM、SpringMVC/Spring/Boot/Spring Cloud、MySQL、NoSQL。
- 意向城市：北京。
- 意向薪资：30～60k。
- 福利：18 薪。

要实现上面业务外包部门的需求，我们需要进行以下几个步骤：数据互联互通、标签体系建设、人群圈选、智能推送。

1. 数据互联互通

不同业务线有不同的数据来源，我们需要把所有的数据源汇聚到中台，在汇聚方面主要通过以下几个环节：数据采集、数据计算、数据存储、数据打通和数据服务。数据中台的建设不必从零开始，可以与市场上已经成熟的中台厂商合作，或者找一些开源架构/中间件产品进行组装。公司可根据自身情况进行权衡考虑。

2. 标签体系建设

生成标签的前提是数据的结构化，这一点我们在业务系统创建之初就已经意识到，只不过当时还没有中台的概念，纯粹为了方便统计分析。

标签分为两种：一种是固定的，另一种是可变的。固定的属性标签基本就是用户的**性别**、**年龄段**、毕业院校、大学专业、成绩单、性格、获奖等级、消费喜好等。而可变的行为**标签**基本包括用户的学习、履历、浏览、加购物车、购买等行为。

下一步我们按照公司建立的"统一的数据标准和数据规范"把各个业务数据源汇聚到中台，这样就打通了多个系统数据，可以形成一份企业内的完整用户画像。通过多年的建设，公司不仅构建了完整的用户标签体系，覆盖 IT 赛事、IT 培训、人力资源外包、金融等多个业务线。同时搭建了标签服务平台，通过开放丰富的标签数据能力，为广告、推荐等提供智能化的标签中台服务能力。

3. 人群圈选

标签系统已经建设完毕，下一步就是圈选出符合要求的人群。这里我们用到一个工具叫"人群圈选器"，每家公司对它的叫法不一，大家知道是圈选人群工具就可以了。

根据招聘用户画像，我们开始圈选画像人群，如图 9-27 所示。

图 9-27 圈选画像人群

图 9-27 中的标签选择的集合运算公式为：

{当前所在城市 = 北京} ∩ {用户年龄 ≤ 35} ∩ {性别 = 男} ∩ {专业 = 数学 ‖ 大

数据 } ∩ { 获奖等级 = 一等奖 ‖ 二等奖 } ∩ { 技能 =JVM & SpringMVC & Spring & Boot & Spring Cloud & MySQL & NoSQL }。

当圈选人群与规划的人才需求数量匹配时，需要对人群进行特征分析，看看人群是否符合特征要求。用户画像表的结构举例如表 9-6 所示。

表 9-6 用户画像表的结构

特征类型	特征值	人群包
意向城市	北京	{1, 2}
性别	男	{1, 2, 3, 4, 5, 6}
年龄	35 岁以下	{1, 2, 5, 6}
专业	数学 & 大数据	{3, 4, 5, 6}
获奖等级	Java 一等奖 &Java 二等奖	{1, 2, 3, 6}
技能	JVM & SpringMVC & Spring & Boot & Spring Cloud & MySQL & NoSQL	{2, 3, 4, }

将筛选出的人群包与用户画像表进行关联，详细分析关联出的画像特征，也可以进一步对画像特征进行一些历史数据分析。

4. 智能推送

圈选出人群后就可以设置自动发送招聘信息了，触达用户的方式主要有微信消息、App Push、手机短信和邮件，各业务部门可以自己来决定推送渠道。如图 9-28 所示，选择推送消息类型，然后选择圈选好的人群包，进行自动发送。

图 9-28 发送招聘信息页面

发送成功后,可以在发送记录中查看推送情况,如果推送失败,可以重新发送,如图 9-29 所示。

	名称	群发类型	群发时间	失败条数	成功条数	预计下发…	状态
1	招聘java开发工程师	微信	2020-07-30 14:00:41	12	11813	11825	下发完成
2	云课堂上线优惠券发放	邮件	2020-07-29 10:00:20	36	29964	30000	下发完成
3	C++一等奖祝福语	APP	2020-07-29 09:41:51	0	2	2	下发完成
4	招聘C++5年开发(通信)	邮件	2020-07-29 09:35:02	0	2	2	下发完成
5	招聘java开发工程师	邮件	2020-07-29 09:30:47	0	2	2	下发完成

图 9-29　查看历史推送记录

附录 A　产品术语

一、岗位相关术语

1. 产品经理：英文全称 Product Manager，简称 PM，是指在公司中，针对某一项或是某一类的产品进行规划和管理的人，主要负责产品的需求分析、研发、制造、营销、渠道等工作。

2. 产品运营：产品运营要对用户群体进行有目的的组织和管理，增加用户黏性、用户贡献和用户忠诚度，有针对性地开展用户活动，提高用户积极性和参与度，并配合市场运营需要进行活动方案策划。

3. UI：User Interface（用户界面）的简称。UI 设计是指对软件的人机交互、操作逻辑、界面美观的整体设计。

4. UE：用户体验设计师。

5. RD：技术开发。

6. FE：前端。

7. QA：测试，利用测试工具按照测试方案和流程对产品进行功能和性能测试，甚至根据需要编写不同的测试工具，设计和维护测试系统，对测试方案可能出现的问题进行分析和评估。执行测试用例后，需要跟踪故障，以确保开发的产品适合需求。

8. OP：运维，运维工程师最基本的职责都是负责服务的稳定性，确保服务可以 7×24h 不间断地为用户提供服务。

9. PO：产品负责人，英文全称 Product Owner。

二、常用工具

1. Axure：一个专业的快速原型设计工具，帮助产品经理快速制作线框图、流程图、原型和规格说明等文档。
2. 墨刀：一款在线原型设计与协同工具，借助墨刀，产品经理、设计师、开发、销售、运营及创业者等用户群体，能够搭建产品原型，演示项目效果。
3. Xmind：一款非常实用的商业思维导图软件。
4. Visio：一款基础的办公工具，通过 Visio 可以很方便、快速、高效地把业务流程、系统实现流程画出来。
5. 石墨文档：云 Office 办公软件，支持多人在线协同办公，在线文档即写即存、统一管理。
6. ProcessOn：一个在线协作绘图平台，为用户提供最强大、易用的作图工具，支持在线创作流程图、思维导图、组织结构图、网络拓扑图、BPMN、UML 图等。

三、产品文档

1. 流程图：在产品设计中，流程图就是通过一系列逻辑关系（条件逻辑、先后顺序、因果关联、输入输出等），描述特定情境下满足特定用户需求、完成特定任务的步骤。
2. 竞品分析报告：对同类型竞争产品进行分析，并给出分析结果，形成报告，用以了解现有产品的相关信息，从而借鉴用于研发产品中。
3. MRD：英文全称 Market Requirement Document，市场需求文档。市场需求文档的主要功能是描述什么样的功能和特点的产品（包含产品版本）可以在市场上取得成功。
4. PRD：英文全称 Product Requirement Document，产品需求文档。主要用于完整描述产品需求，向研发部门明确产品的功能和性能。
5. 甘特图：以图示的方式通过活动列表和时间刻度形象地表示出任何特定项目的活动顺序与持续时间，主要用于项目管理。
6. Roadmap：Roadmap 通常翻译为"路线图"或"蓝图"，目前并没有一个公认的定义。在这里，我们认为 Roadmap 是产品经理进行产品管理的一个中长期规划，也称路标规划。
7. 操作手册：详细描述软件的功能、性能和用户界面，使用户了解如何使用该软件的说明书。

四、产品流程

1. 用户画像：根据用户社会属性、生活习惯和消费行为等信息而抽象出的一个标签化的用户模型。构建用户画像的核心工作即是给用户贴"标签"，而标签是通过对用户信息进行分析而来的高度精练的特征标志。

2. 需求评审会：评审产品方案的可行性，包括产品实现的技术难度、实现周期、成本和风险等是否在可接受范围内。

3. MVP：最简化可实行产品。以最低成本尽可能展现核心概念的产品策略，用最快、最简明的方式建立一个可用的产品原型，这个原型要表达出产品最终想要的效果，然后通过迭代来完善细节。

4. Product Backlog 排序：Backlog 的意思为"积压的工作"，Product Backlog 排序其实就是一个具有优先级的需求列表，并对每个需求进行了粗略的估算。

5. Feed 流：简单举例，一条微博就是一条 Feed，你的微博主页就是 Feed 流。Feed 指的内容元，可以是一篇文章、一个视频、一张照片、一条文字等；根据一定规则逐条呈现内容就是 Feed 流。

6. 敏捷开发：以用户的需求进化为核心，采用迭代、循序渐进的方法进行软件开发。把一个大项目分为多个相互联系，但也可独立运行的小项目，并分别完成，在此过程中软件一直处于可使用状态。

7. 测试用例：测试时用，将需要测的所有场景按事件写出来，方便测试人员一步一步去测试验证。

8. 灰度发布：从不发布逐渐过渡到正式发布的一个过程。

9. A/B Test：AB Test 就是一种灰度发布方式，让一部分用户继续用 A，一部分用户开始用 B，如果用户对 B 没有什么反对意见，那么逐步扩大范围，把所有用户都迁移到 B 上面来。灰度发布可以保证整体系统的稳定，在初始灰度的时候就可以发现、调整问题，以保证其影响度。

10. 冷启动：从 0（没有基础）启动达到一定规模。

11. UGC：英文全称 User Generated Content，指用户原创内容，是伴随着以提倡个性化为主要特点的 Web2.0 概念而兴起的。

12. PGC：英文全称 Professional Generated Content，指专业生产内容。

13. OGC：英文全称 Occupationally-generated Content，职业生产内容，即以内容提供为职业的人所生产的内容。

五、常用数据

1. PV：浏览次数，用户每打开 1 个网站页面，记录 1 个 PV。用户多次打开同一页面 PV 累计多次。用以衡量网站用户访问的网页数量。

2. UV：独立访客，1 天内相同访客多次访问网站，只计算为 1 个独立访客。

3. 跳出率：只浏览了一个页面便离开网站的访问次数占总访问次数的百分比。

4. 次日留存：新用户在首次使用后的次日再次使用产品的比例。

5. 7 日留存：新用户在首次使用后的第 7 天再次使用产品的比例。

6. 30 日留存：新用户在首次使用后的第 30 天再次使用产品的比例。

7. DAU：日活跃用户数。

8. MAU：月活跃用户数。

9. 沉默用户：友盟移动统计对于沉默用户的定义是"仅在安装当天及安装次日启动，之后再没有启动过的用户。如果用户在其安装日后续的 90 天内都没有启动行为，则被认为是永久沉默用户"。

10. ARPU 值：英文全称 Average Revenue Per User，每用户平均收入，从每个用户处得到的利润。

11. 支付转化率：所选时间内，支付买家数除以访客数（支付买家数/访客数），即访客转化为支付买家的比例。

12. AARRR 模型：AARRR 是 Acquisition、Activation、Retention、Revenue、Refer 这 5 个单词的缩写，分别对应这一款移动应用生命周期中的 5 个重要环节：用户获取（Acquisition）、提高活跃度（Activation）、提高留存率（Retention）、获取收入（Revenue）、自传播（Refer）。

13. GMV：英文全称 Gross Merchandise Volume，指成交总额。

14. ROI：英文全称 Return on Investment，指获得收益和投入成本的比值。

15. NPS：英文全称 New Product Standard，一般指净推荐值。